P.H.K. von Maack

Urgeschichte des Schleswigholsteinischen Landes

Salzwasser

P.H.K. von Maack

Urgeschichte des Schleswigholsteinischen Landes

1. Auflage | ISBN: 978-3-84605-040-8

Erscheinungsort: Frankfurt, Deutschland

Erscheinungsjahr: 2020

Salzwasser Verlag GmbH

Das urgeschichtliche

Schleswigholsteinische Land.

Ein Beitrag zur historischen Geographie

von

Dr. P. H. K. v. Maack.

Zweite stark vermehrte Auflage.

Mit 3 Holzschnitten.

Kiel 1869.

G. v. Maack's Verlag.

Urgeschichte

des

Schleswigholsteinischen Landes

von

Dr. P. H. K. v. Maack.

Theil I.

Das urgeschichtliche Schleswigholsteinische Land.

Mit 3 Holzschnitten.

Kiel 1869.

G. v. Maack's Verlag.

BREMER

Druck von Sailer & Mollenkopf in Stuttgart.

Allen,

die für

Schleswigholstein

und sein

im Bewusstsein unseres Volkes lebendes Recht,

als **treue** Holsten

gelebt und gestrebt,

gelitten und gestritten,

sei's mit der Feder, sei's mit dem Schwerte,

sowohl gegen den äusseren, als gegen den inneren Feind,

weiht diese Blätter

der Verfasser.

Inhaltsverzeichniss.

Vorwort.

Nachdem die Kritik (Zarncke's Literarisches Centralblatt 1861 Nr. 11
S. 173) es richtig erkannt hat, dass der Verfasser dieser kleinen Schrift, der
Erste, eine neue Methode der historischen Forschung in die
Wissenschaft praktisch eingeführt, so möchte hier wohl die passendste Gelegenheit sich darbieten, über diese Methode und ihre Tragweite einige Bemerkungen
zu machen, weil voraussichtlich sie wohl schwerlich ganz ohne Kampf ihren
Platz in der Wissenschaft behaupten wird. Das Wesen dieser neuen Methode
besteht nämlich in der Heranziehung einerseits der Naturwissenschaften, andererseits der vergleichenden Sprachwissenschaft, sowie der Mythologie als Quellen
der historischen Forschung. Sie ist daher fast ausschliesslich auf die
Erforschung der Urgeschichte der Völker beschränkt als die wahre urgeschichtliche Forschungsmethode. Sie wird, ich habe das stolze Vertrauen zu ihr, sie
wird den Schlüssel abgeben, der uns dereinst, wenigstens theilweis, die Räthsel
lösen, das Dunkel erhellen wird, welches, die Urgeschichte der Völker annoch
umhüllend, unsre Wissbegierde so stark erregt. Auf diesem ihr allein angehörigen Gebiete wird diese Methode noch Grosses, noch Ungeahntes leisten, sind
doch ihre ersten Resultate auf einem ganz eng umgränzten Raume, auf welchem
ich sie hier anzuwenden begonnen habe, nicht ganz fruchtlos gewesen. Wenn
dereinst die Urgeschichten aller Länder, welche das nord- und südeuropäische
Mittelmeer umschliessen, nach dieser Methode gründlich durchforscht sind, dann
werden wir sicherlich einen weit klareren Blick auf die erste Entwicklungsgeschichte europäischer Menschheit werfen. Bis zu diesem Ziele steht aber noch
eine unendlich grosse und schwere Arbeit bevor, denn

Τῆς δ'ἀρετῆς ἱδρῶτα θεοὶ προπάροιθεν ἔθηκαν

'Αθάνατοι· μακρὸς δὲ καὶ ὄρθιος οἶμος 'επ'αυτὴν (Hesiod. '*E. κ. ἡμ* 289.)
vor welcher Arbeit aber, die Erfahrung auf andern Gebieten der Wissenschaft
hat es gelehrt, deutscher Fleiss und Scharfsinn nicht zurückschrecken wird. Das
grösste Hinderniss für ein rasches Fortschreiten auf diesem neu eröffneten Felde
der Forschung wird vorläufig die geringe Anzahl der Forscher sein. Es ist
nämlich die grosse Mehrzahl der einseitig klassisch-philologisch-juristisch gebildeten Geschichtsforscher wegen ihrer Unkenntniss der Naturwissenschaften,
namentlich der Geologie und Anthropologie, sowie der historischen (compara-
tiven) Sprachwissenschaft, dieser Schöpfung des deutschen Geistes, völlig un-
befähigt, das rohe Erz aus den reichen Fundgruben herauszufördern, geschweige

denn es zu verarbeiten; dazu gehört allerdings eine universellere Bildung, wie man sie nur bei einzelnen Naturforschern und hie und da bei einem Arzte finden wird, dessen geistiger Horizont über sein eigentliches Fachstudium hinausreicht. In dem Ideal eines Forschers auf dem Gebiete der Urgeschichte muss sich der weltumspannende Geist jenes hehren Brüderpaars abspiegeln, welches auf den beiden betreffenden Gebieten der Natur und des Geistes (der Sprache) so Grosses geleistet: wir meinen, der Leser wird es bereits errathen haben, die Dioscuren *Alexander* und *Wilhelm* von *Humboldt.* Die eigentlichen Historiker werden sich vorläufig theils passiv, theils polemisch der neuen Methode gegenüber verhalten: einerseits werden sie die Resultate, wenn auch ignoriren, doch nicht in Abrede stellen können, welche die exacte Naturwissenschaft der Geschichtsforschung liefern wird, andrerseits aber werden sie um so heftiger die Ergebnisse bekämpfen, welche die vergleichende Sprachwissenschaft der Geschichte darbieten mag. Wenn einst aus dem Ignoriren die Ignoranz deducirt wird, hat es damit ein Ende. Ueber den letzten Punkt herrscht aber noch ziemlich allgemein eine eigenthümliche Unklarheit der Begriffe. Die Zeiten sind freilich gottlob! vorbei, wo ein *Voltaire* mit einem gewissen scheinbaren Rechte von der Etymologie, d. h. der Lehre von der Wandelung der Wörter sagen konnte, sie sei eine Wissenschaft, in welcher die Vocale gar nichts und die Consonanten sehr wenig bedeuten; aber die Zeiten sind leider! noch nicht vorbei, wo ein jeder Laie, einem Gleichklange der Worte und einer zügellosen Phantasie folgend, toll in den Tag hinein etymologisirt, während in der Etymologie die Aehnlichkeit oder Identität des Klanges und der Bedeutung gar keine Berücksichtigung verdient. (Ein eclatantes Beispiel siehe S. 15. Anm.) Denn der Schein ist nirgends verlockender als in der Sprache. Diese, wenn auch noch so gelehrten Dilettanten sind es, die bei allen Verständigen die Etymologie in Misscredit gebracht haben und noch bringen; jedoch abusus non tollit usum. Der Etymologe wird nicht geboren, sondern durch vielfältige Studien erst gebildet. Die Etymologie ist nicht nur überhaupt eine Kunst, sondern auch eine schwere, die nicht ohne Weiteres Jeder, der da hergelaufen kommt, zu üben ein Recht hat, sondern nur der, wer sie zuvor erlernte (Pott.). Es ist noch viel zu wenig bekannt und erkannt, dass *J. Grimm* feste, dem Geiste der Sprache entnommene unwandelbare Gesetze — die Lautgesetze — entdeckt hat, die in der Etymologie nie verletzt werden dürfen: er hat die Etymologie geschult, die Wörter auf ihre Wurzeln und Affixe und denen Bedeutung zurückgeführt, die Etymologie dadurch der bodenlosen Willkühr entrissen und ihr ein sicheres Fundament geschaffen. Aber mit dem Aufweisen der stofflichen Bestandtheile eines Wortes ist dessen Etymologie noch kein vollkommenes Genüge geschehen: es muss noch die Angabe der grammatischen Form hinzukommen, die sich oft, wie die Bilder und Schrift der Münzen verwischt hat; denn diese ist der Stempel, womit die Wörter geprägt sind und kaum je von geringerem Gewichte, als die Kenntniss des jedesmaligen Stoffes, welcher ihnen zu Grunde liegt (Pott.). Die

Zeiten sind demnach jetzt vorüber, wo es von der Etymologie hiess, sie habe ihren Namen erworben κατ' ἀντιφράσιν, διὰ τὸ μή λέγειν τὰ ἔτυμα. — Nur ein auf dieser Basis erlangtes Resultat darf als Ausgangspunkt der geschichtlichen Forschung benutzt werden: nie ist es aber ohne Weiteres als ein absolut gültiges Ergebniss der Forschung anzunehmen — vocabula sunt modo vestigia, ubi rerum cubicula —, sondern es ist zuvor nach allen Seiten hin der Feuerprobe der strengsten Kritik zu unterbreiten. Wie diese Kritik auszuüben, darüber lässt sich keine allgemeine gültige Regel geben: jeder einzelne Fall, den Scharfsinn des Forschers auf die Probe stellend, verlangt seine specielle Behandlung. *J. Grimm* hat nun aber in der Regel eine solche Kritik gar nicht geübt und seine etymologischen Ergebnisse für historische Thatsachen gehalten. Wenn er z. B. den Namen des Nerthusvolkes der Reudigni von dem gothischen riuds, reverendi, ableitet, so hätte ihm die Kritik sagen müssen, dass kein deutsches Volk sich selbst, noch weniger irgend ein Volk seinen Nachbarn mit solchen Prunknamen belegt. — Die auszuübende Kritik kann nie streng genug sein. So besteht z. B. unsre Deutung des Wortes Mentonomon (1. Ausg. S. 21) der Schärfe der Kritik nicht. Denn 1) ist es unzulässig, das Wort aus dem Oberdeutschen zu erklären, weil an Schleswigs Westküste solche nie gewohnt haben; und 2) macht die Conjectur Metomonon statt Metononom die ganze Erklärung sehr verdächtig. Denn eine jede Etymologie, welche das Wort so nimmt, wie es einmal schriftlich überliefert worden ist, hat den Vorzug vor jeder anderen, welche mit dem Worte Veränderungen vornimmt, welche nur auf reiner Conjectur beruhen. Dagegen lässt sich gegen die keltische Etymologie des Wortes nichts einwenden: ja sie erklärt die allgemeine Lesart des Wortes Mentonomon (S. 65).

Es genügt aber nicht blos, dass man das etymologische Resultat der strengsten Kritik unterziehe, es ist ebenso unerlässlich, dass man der etymologischen Forschung nicht das heutigen Tages gebräuchliche Wort zu Grunde lege, sondern dessen älteste dokumentirte Form. Zwischen beiden bestehen oft grosse Differenzen und nur dadurch entgeht man sonst unvermeidlichen Irrthümern. Diese so einfache, jedem Unbefangenen bei einigem Nachdenken so einleuchtende Regel ist aber fast nie beachtet worden. Nur *Förstemann* weist nachdrücklich auf sie hin. Man hat z. B. sich vielfach bemüht, die Bedeutung des Namens der Schlei zu entziffern und ist immer schliesslich, selbst *J. Grimm*, bei dem Fischnamen stehen geblieben, weil durchaus gar keine andre Ableitung zu entdecken war. (Den Blödsinn zu widerlegen, den *Thorsen* (De danske Runemindesmœrker Förste Afdeling S. 171) auftischt, halten wir für ganz überflüssig). Es ist allen diesen Etymologen nie eingefallen zu fragen, wie die ursprüngliche Form des Wortes Schlei gelautet; dann würde das Resultat ein ganz anderes, ein befriedigenderes gewesen sein (S. 133.) In Fällen aber, wo es unmöglich ist, die älteste oder wenigstens ältere Form eines Namens sicher nachzuweisen, da muss man lieber ganz auf eine etymologische Erklärung verzichten, weil ein fester sicherer Ausgangspunkt der Untersuchung fehlt: lieber gar Nichts als Falsches.

Welche Sprache nun aber den Schlüssel abgebe zur Entzifferung der Bedeutung von Ortsnamen, das ist eine Frage, welche oft leicht, bisweilen aber äusserst schwer zu beantworten ist. Gar nicht selten lässt sich die uralte Form eines Namens aus der Sprache des einen oder anderen Volkes sprachrichtig und sachlich genügend erklären, von dem es historisch beglaubigt ist, dass es das Land einst inne gehabt, oder welches gegenwärtig dasselbe noch bewohnt. Wenn aber ein Name gar nicht oder nur auf die sprachlich gewaltsamste und sachlich gezwungenste Weise eine demnach ungenügende Erklärung findet, aus der einen oder anderen Sprache eines Volkes, welches der geschriebenen Geschichtsüberlieferung nach im Lande einst gehaust hat, so wird man unwillkührlich zu der Ansicht hingedrängt, dass in vorhistorischer Zeit ein Volksstamm hier gelebt, von dem weder Sage noch Geschichte uns berichtet haben. Der Beweiss aber, dass ein Ortsname aus einer fremden Sprache herstamme, muss als geliefert erachtet werden, wenn bei treuer Beobachtung des Gesetzes der Consonantenverschiebung nicht nur die fremde Sprache einen Sinn an und für sich gewährt, sondern auch die gefundene Deutung der Oertlichkeit entspricht oder einst entsprach, welche den Namen trägt. Dazu muss nun aber noch kommen, dass die fremde Sprache nicht einen, sondern eine ganze Reihe sonst unerklärlichen Ortsnamen sprach- und sachrichtig aufzulösen im Stande ist. Bei der oft engen Verwandtschaft der verschiedenen arischen Sprachen unter sich, kömmt auch der Fall wohl vor, dass ein Ortsname ebenso sprach- als sachrichtig aus der fremden Sprache erklärt werden kann, wie aus einer, die noch im Lande gesprochen wird oder ward. Diese Fälle können dann aber nicht als Beweis für das vormalige Dasein des fremden Volkes im Lande angeführt werden. —

Bei der Erforschung der Ortsnamen Schleswigholsteins kommen verschiedene Sprachen in Betracht, nämlich einerseits solche, von denen es historisch bezeugt ist, dass sie einst hier im Lande gesprochen worden oder noch im Gebrauch sind und anderseits die Idiome von Volksstämmen, welche in vorhistorischen Zeiten hier im Lande gehaust haben. Zu der ersten Klasse gehören die germanischen Sprachen in ihren verschiedenen Zweigen und das Slavische (Wendische). Es ist aber von den südgermanischen Sprachzweigen das Gothische, das (Alt-) Sächsische (Plattdeutsche), das Angelsächsische, das Friesische und Niederländische (Flämische), von den nordgermanischen das Dänische und Altnordische zu berücksichtigen. Zu der zweiten Abtheilung werden wir, wie unsre Urgeschichte zeigen wird, das Gaëlische (Irische) und das Kymrische (Wälische) zu rechnen haben. Vorläufig muss ich nun freilich, ohne selbst ein Keltomane zu sein, mir das mitleidige Naserümpfen meiner etwa keltophoben Leser ruhig gefallen lassen. Bekanntlich sagt *Aristoteles*: ἁ μὲν πολλοις δὸκει, ταυτα γε εἶναι φάμεν, ein Satz, den aber die Wissenschaft nicht anerkennt, denn *Plato* hat Recht: τοῖς πολλοῖς πόλλα δόκει.

Bisweilen giebt die comparative Geographie einen unzweideutigen Fingerzeig ab, welche Sprache zur Entzifferung der Ortsnamen anzuwenden sei. Denn Uebereinstimmung der Ortsnamen in verschiedenen Ländern ist ein sicherer Beweis eines historischen Zusammenhanges der Bewohner; denn sie beruht 1) auf der Gleichheit der Sprache und 2) auf den Wanderungen des Volkes oder auf Kolonisationsverhältnissen desselben. Wohin immer griechische, keltische, germanische und slavische Stämme gedrungen, da sind auch die Namen der Heimath mitgewandert, weil die Ansiedler die ihnen liebgewordenen vaterländischen Namen auf ihre neue Heimath zu übertragen pflegten (*Mowers*, die Phönizier B. II 2. S. 67). So finden wir z. B. den Ortsnamen Batum am Schwarzen Meere und in Jütland und dem jütschen Mariáger entspricht ein Mariaquère in der Bretagne. Es hat also einerseits am Schwarzen Meere und in Jütland, anderseits in Jütland und der Bretagne dasselbe Volk einst gehaust, welches an beiden Orten noch vielfache Spuren hinterlassen von ganz ähnlicher Art.

Auf solchem hier nur kurz angedeuteten Wege wird man demnach mit der Zeit dereinst für die Geschichte den verborgenen Schatz heben, der in den Sprachdenkmälern der Ortsnamen verhüllt liegt. Denn die Sprache ist die lauterste, nicht gemachte, sondern gewordene geschichtliche Urkunde des Menschengeschlechtes. Wir stehen jetzt noch bei den ersten schwachen Versuchen, diese Urkunde zu lesen und unsre blöden Augen vermögen ihre blassen Züge nur selten richtig zu deuten; aber wie es uns gelungen ist, durch die Theorie der Störungen die Planeten zu wiegen und durch die Spectralanalyse Stoffe zu bestimmen, aus denen der Sonnenkörper besteht, wie wir aus den Verfinsterungen der Jupiterstrabanten schon vor Jahrhunderten das Gesetz für die Geschwindigkeit des Lichtes ablassen: so wird auch einst der Reflex ältester Sprach- und Völkerverhältnisse, der in den Ortsnamen vorliegt, wesentlich dazu dienen, auf Zeiten ein Licht zu werfen, aus denen kein geschriebenes Blatt eines Schriftstellers, kein in den Fels gegrabenes Zeichen herüberreicht. (*Förstemann* Die deutschen Ortsnamen, Berlin 1863. S. 336 fg.). Die Etymologie, die nur einen Abschnitt der allgemeinen Sprachwissenschaft bildet, soll uns die Verflechtung der menschlichen Sprachen entwirren und das Licht dahin werfen, wo uns keine geschriebene Geschichte leiten kann (*Grimm*, Kleine Schriften, B. 1. S. 302). Denn nicht zu sehen, dass es noch eine Wahrheit giebt, ausser den Urkunden, Diplomen und Chroniken, das ist, wie *J. Grimm* bemerkt (l. c. S. 402.), höchst unkritisch. Und dem Zweifler, ob dieses hohe Ziel auch je erreichbar sei, stehen wir nicht an, den herrlichen Ausspruch Hegels ins Gedächtniss zu rufen: der Mensch darf und soll sich selbst des Höchsten würdig erachten; von der Grösse und Macht seines Geistes kann er nie gross genug denken und mit diesem Glauben — hier ist er an seinem Platze — wird nichts so spröde und hart sein, das sich nicht ihm eröffnete.

Doch nicht blos die Naturwissenschaften, nicht blos die Linguistik, auch die Mythologie ist der neuen urgeschichtlichen Forschungsmethode eine reiche Quelle der Erkenntniss. Denn die mythische Ueberlieferung ist als die Manifestation der ursprünglichen Denkungsweise, als unmittelbare historische Offenbarung eine wahre, höchst zuverlässige Geschichtsquelle. Die Sage in ihren Wandelungen wird der lebendige Ausdruck der Entwicklungsstufen des Volkes. Das wahrhaft wissenschaftliche Erkennen besteht nicht nur in der Beantwortung der Frage nach dem Was; seine Vollendung erhält es erst dann, wenn es das Woher zu entdecken im Stande ist und damit das Wohin zu verbinden weiss. Zum Verstehen wird das Wissen nur dann erhoben, wenn es Ursprung, Fortgang und Ende zu umfassen vermag. Der Anfang aller Entwicklung liegt aber im Mythus. Er trägt die Ursprünge in sich, er allein vermag sie zu enthüllen. Die Ursprünge bedingen aber den späteren Fortschritt, geben der Linie, die diese befolgt, ihre Richtung. Ohne Kenntnisse der Ursprünge kann das historische Wissen nie zum inneren Abschluss gelangen. Die Trennung des Mythus von der Geschichte, wohl begründet, insofern sie die Verschiedenheit der Ausdrucksweise des Geschehenen in der Ueberlieferung bezeichnen soll, hat also gegenüber der Continuität der menschlichen Entwicklung keine Bedeutung und keine Berechtigung. In vielen Mythen, namentlich über sociale Zustände, haben wir Erlebnisse, Erfahrungen des menschlichen Geschlechtes vor uns, sie beruhen auf realer, nicht auf poetischer Grundlage. Denn die Geschichte hat Grösseres zu Tage gefördert, als selbst die kühnste Einbildungskraft zu erdichten vermochte. Vielgestaltig und wechselnd in seiner äusseren Erscheinung folgt der Mythus bestimmten Gesetzen und ist an sicheren und festen Resultaten nicht weniger reich als irgend eine andre Quelle geschichtlicher Erkenntniss. Product einer Culturperiode, in welcher das Völkerleben noch nicht aus der Harmonie der Natur gewichen ist, theilt er mit dieser jene unbewusste Gesetzmässigkeit, die den Werken freier Reflexion stets fehlt. So hat die alte Welt in ihrem Mythenschatz die frühesten Erinnerungen ihrer Geschichte, die ganze Summe ihrer physischen Kenntnisse (*P. Forchhammer*) und das Gedächtniss früherer Schöpfungsperioden und gewaltiger Erdwandelungen niedergelegt (Strabo X 474. init.) und eine spätere Zeit hat in diesen Mythen wiederum die Darstellung religiöser und den Ausdruck ethischer Wahrheiten, die Veranschaulichung grosser Naturgesetze und die Erregung trostreicher Ahnungen lebendig vorgeführt, Ahnungen, welche über die traurige Gränze des stofflichen Fatums hinausführen (*Bachofen*). Diese Anschauungen über den Werth der Mythologie als Geschichtsquelle durch Beispiele zu erläutern, würde uns an diesem Orte zu weit abführen, wir müssen uns mit wenigen Worten kurz fassen. Die Strenge des römischen Paternitätssystems z. B. weist auf ein früheres hin, das bekämpft und zurückgedrängt werden soll. Unmöglich konnte das System der Paternität das Mutterrecht erdichten, sondern nur in seinem Sinne umwandeln. Die vielfachen Hindeutungen des Mythus auf gynaikokratische und amazonische Zustände finden überdiess in vereinzelten Ueberlieferungen aus historischen Zeiten ihre Bestätigung und geben wiederum den Schlüssel ab zu mancher bis jetzt völlig unverstandenen oder gar missverstandenen Erscheinung, welche sich hie und da aus jener Urzeit bis auf den heutigen Tag erhalten hat, z. B. das Erbrecht bei den Basken. Für Jeden, der da sehen will, hat solches *Bachofen* in seinem bahnbrechenden Werke (Das Mutterrecht. Eine Untersuchung über die Gynaikokratie der alten Welt, nach ihrer religiösen und rechtlichen Natur, Stuttgart 1861. 4.) überzeugend nachgewiesen. Wie aus Mythen der geschichtliche Kern herauszuschälen ist, haben *Movers, Nilsson* u. A. gezeigt. Doch genug von der neuen Methode!

Da diese kleine Schrift von der deutschen Kritik beifällig aufgenommen, so lag darin für den Verfasser die Verpflichtung, diese den ersten Theil seiner Urgeschichte des Schleswigholsteinischen Landes bildende neue Ausgabe in möglichst vollkommener Gestalt erscheinen zu lassen. Mehrere kleine Ungenauigkeiten und einzelne Irrthümer sind ausgemerzt, hie und da Literaturnachweisungen und die aus den Alten in Betracht kommenden Schriftstellen nachgetragen, neue schlagende Beweisstellen beigefügt, die Bemerkungen meiner Kritiker, wo sie mir begründet schienen, berücksichtigt und endlich zahlreiche kleinere und einige grössere Zusätze hinzugekommen. Dahin wären unter anderen zu rechnen die Darstellung der Dünenbildung (S. 36), der Excursus über die Fjordbildung (S. 47.) und über die kleinasiatische Halbinsel (S. 95.), der §. 23 über die Landseen Holsteins und die weitere Ausführung der §§. 15, 19, 24, 25 u. 26. nach Peschel, Guthe, Rütimeyer u. A. In das Namenregister sind nicht alle beiläufig in der Schrift vorkommenden geographischen Namen aufgenommen, sondern nur jene, welche näher besprochen oder erklärt werden. Dergestalt ist die Seitenzahl von 59 auf 158 gestiegen.

Eine Schrift, welche den hiesigen Landes (bisher) so verpönten Namen Schleswigholstein an der Stirne trägt, konnte von der dänischen Presse unmöglich unbeachtet bleiben cfr. das Fœdreland vom 27. April 1861, die (alte) Flensburger Zeitung und Blätter ähnlichen Gelichters. Jedermann wird es ganz in der Ordnung finden — denn wie könnte es anders sein? — dass der Verfasser, dessen Schleswigholsteinische Gesinnung aus einzelnen Aeusserungen seiner Schrift durchschimmerte, desshalb denuncirt ward; ebensowenig wird man überrascht sein, dass die Schneiderelle des specifischen Danismus als Massstab der Kritik angelegt worden, diese Schneiderelle, die ja jetzt das Alpha und Omega ist aller dänischen Weisheit. In der Wissenschaft ist aber der Patriotismus ein gar schmutziger Geselle *(A. Schopenhauer)*. Mit Gegnern dieses Kalibers mich einzulassen, fällt mir im Traume nicht bei: solche Hähne kann und muss man ungestört krähen lassen. Mit Gemüthsruhe harre ich demnach der erheiternden Expectorationen der fœdreland'schen Berserkerwuth ob solch eines frechen Attentäters*) (cfr. die Dedication der Schrift).

---

*) Seit jener Stunde des Jahres 1862, in welcher obige Zeilen geschrieben, ist ein grosser Umschwung in der politischen Lage des Landes eingetreten: Die Dänen sind auf eine ihnen nur allein verständliche Weise aus ihrem tollen Grossmachtsdusel geweckt worden; in Schleswigholstein hat jene lange dunkle Nacht der Dänenwirthschaft ihr Ende erreicht; ein neuer Morgen bricht an und wenn auch annoch dichte Nebel das Land decken: die Sonne unseres Rechtes wird die

VIII

Und so übergebe ich denn der Mit- und Nachwelt in geläuterter Form diesen ersten wissenschaftlichen Baustein zum geographischen Unterbau einer Urgeschichte Europas. Sicherlich mag noch Vieles fehlen an einer erschöpfenden Kenntniss des urgeschichtlichen Schleswigholsteinischen Landes. Multum adhuc restat operis, multumque restabit, nec ulli nato post mille saecula praecluditur occasio aliquid adhuc adjiciendi (Seneca Epist. 64.). Dennoch darf sich der Verfasser sicherlich der Worte unsers grossen Dichterfürsten getrösten:

> Weite Welt und breites Leben,
> Langer Jahre redlich Streben,
> Stets geforscht und stets gegründet,
> Nie geschlossen, oft geründet,
> Aeltestes bewahrt mit Treue,
> Freundlich aufgefasstes Neue,
> Heiteren Sinn und reine Zwecke,
> Nun, man kommt wohl eine Strecke.

Möge demnach diess Scherflein der Wissenschaft zu Gute kommen, welche ihre Arme um den ganzen Erdball schlingt, mit ihren Fühlfäden die Unendlichkeit des Himmels erforscht und die Tiefen der Erde durchdringt, einer Wissenschaft, welche ursprünglich nur von Wenigen gepflegt, allmählig in allen Sphären der Gesellschaft ihre Jünger und Priester gefunden, siegend und herrschend nach Ost und West, nach Süd und Nord vorwärts schreitet und schliesslich die Menschheit in ihre vergeistigenden Kreise hineinziehen wird und hineinziehen muss.

Kiel, am letzten Tage des Jahres 1868.

Dr. v. Maack.

---

giftigen Dünste zerstreuen, und alsdann werden die in der Erinnerung der Sage lebenden glücklichen Tage unserer deutsch-provinziellen Selbstständigkeit unter dem achten Adolph im achten Friedrich ihr treues Spiegelbild finden (1865). — Als ein Denkmal der Stimmung jener Tage, die an dem endlichen Siege der Landessache ebenso wenig gezweifelt, als sie jetzt (1868) an ein Gelingen der grosspreussischen Vergewaltigung Schleswigholsteins glaubt, mögen die obigen Worte der Vorrede hier noch stehen bleiben, obgleich das Jetzt so durchaus verschieden ist von dem Damals. Dem grossen gesinnungslosen Haufen erscheinen natürlich gegenwärtig wie einst zur Dänenzeit, solche Anschauungen utopisch, denn

> Alles aber vor's Auge gestellt,
> Hat ein magisches Recht;
> Weil es die Sinne gefesselt hält,
> Bleibt der Geist ein Knecht. (Goethe.)

In solchen trüben Zeiten gilt es aber, diese Knechtschaft des Geistes von sich fern zu halten; denn die Rechnungsträgerei dokumentirt in Principienfragen — und Herzog Friedrich repräsentirt ein Princip — allen Phrasen und Floskeln zum Trotz nur den Sclavensinn, der bald hier, bald dort ein kleines Profitchen für sich (euphemistisch für das Land) bei den Machthabern herauszupressen versucht. An den Bargums hat es zu keiner politischen Zeitperiode gefehlt, am wenigsten jetzt. Conscia mens recti falsi mendacia ridet. (Ovid.)

Einleitung.

Omnia mortali mutantur lege creata,
Nec se cognoscunt terrae vertentibus annis.

Manilius.

Seit Jahren in meinen Musestunden beschäftigt mit den Vorarbeiten zu einer Urgeschichte der Schleswigholsteinischen Lande bis auf die Zeiten des grossen Karl, als einem Beitrag zur Ethnographie des Nordens, drängte sich mir alsbald die Erkenntniss auf, dass eine Urgeschichte Schleswigholsteins, des meerumschlungenen, gar nicht möglich sei, bevor nicht die in historischen Zeiten stattgefundenen, so bedeutenden Veränderungen seiner physichen Bodenbeschaffenheit aus den zurückgebliebenen geologischen Spuren und Thatsachen in ihrem genetischen Zusammenhange erkannt worden waren. So wie die Flüsse des Landes ihren Lauf geändert und das Meer einerseits ausgedehnte Eilande und Landstrecken theils zerrissen, theils verschlungen, so waren anderseits wieder Inseln durch Verschmelzung mit dem Festlande völlig verschwunden. Es musste daher zunächst an der Hand der Geologie und Archäologie und mit Hilfe der Topographie und Philologie der urgeschichtliche Schauplatz der Schleswigholsteinischen Lande wieder restaurirt werden. Die Resultate dieser Forschungen habe ich in den folgenden Blättern in Umriss niedergelegt.

---

§ 1. **Das nordeuropäische Mittelmeer**, das Trennungs- oder vielmehr das Bindeglied zwischen Nord- und Südgermanen, wird durch die 55 Meilen lange Kimbrische Halbinsel in ein grösseres westliches und ein kleineres östliches Becken getheilt: die Westsee und die Ostsee, jenes ein Glied des Oceans, dieses ein Binnenmeer ($\vartheta\acute{\alpha}\lambda\alpha\sigma\sigma\alpha$.) Und eben diese grundverschiedene Theilung des nordischen Mittelmeers drückt ihm einen Charakter auf, der wesentlich abweicht von dem des südeuropäischen, welches ganz ein Binnenmeer darstellt, wiewohl beide den Charakter eines Kulturmeeres an sich tragen.

§. 2. Was nun zuvörderst die **West**- oder **Nordsee** betrifft — den *Oceanus septentrionalis* (Plinius, N. N. IV, 33.), das *Mare Britannicum*, das *Mare Germanicum* der Römer, die *Cimbrica Thetis* des Claudian (Bell. get. 335.), den *Oceanus Britannicus*, den *Oceanus Fresonicus* des Adam von Bremen, den *Oceanus occidentalis* der Chronisten, das Nebelmeer, *Môr tawch* der Kymren —, so bildete dieses, jetzt ungefähr 12,000 Quadratmeilen grosse Meer noch in historischer Zeit, d. h. zu einer Zeit als unser Land bereits bewohnt war, eine ungeheure Meeresbucht, indem England mit Frankreich zusammenhing. Von dieser Thatsache, welche mittelst der Geologie und Archöologie streng zu beweisen ist, muss die Geschichte ausgehen, falls sie auf das tiefe Dunkel der Urzeit einen wenn auch nur schwachen Lichtstrahl werfen soll.

§. 3. Wenn es um die Beweise sich handelt, die darthun sollen, dass England und Frankreich einst zusammengehangen, so kann natürlich nicht von eigentlich historischen Beweisen die Rede sein; nichtsdestoweniger ist die Sache desshalb nicht minder gewiss. Es liegt nämlich hier ein Fall vor, wo die Geschichtsforschung ihren Stoff einer exacten Naturwissenschaft, der Geologie, entnehmen kann und entnehmen muss. Denn da, wo historische Denkmäler und schriftliche Urkunden uns im Stich lassen, da beginnt die Rolle des Geologen. Schon seit langer Zeit (Musgrave De Britannia quondam paene insula dissertatio in den Philosophical Transactions 1717.) hatte einerseits die geringe Breite der Meerenge zwischen Dover und Boulogne, sowie ihre geringe Tiefe und deren Zunahme nach beiden Seiten, nach Norden und Südwesten hin [1]), andererseits die Beobachtung der geologischen Gleichartigkeit und der steilen Form der beiden einander gegenüber liegenden Felsenufer Englands und Frankreichs bei den Geológen die Vermuthung geweckt, dass beide Länder einst zusammengehangen, eine Ansicht, wofür man auch den Umstand geltend machte, dass beide Länder dieselben wilden Thiere, z. B. Wölfe, besassen, welche, weil der Kanal nie im Winter zufriert, nicht auf dem Eise nach England gelangt sein können. (*Desmarest*, bei Lyell Principles of Geology. Vol. 1. 3. Ed. p. 317.) Auch existirt noch jetzt die Sage von dem Durchbruche des Kanals zur Zeit einer grossen Fluth sowohl auf Sylt (vergl. *Hans Kielholt* in Heimreichs nordfriesischer Chronik, Tondern 1819, Theil I, Seite 83. Th. II, S. 345.) als am Nissumfjord in Jütland, wie denn auch kymrische Sagen in der Form von Triaden zu erzählen wissen von dem Durchbrache des Llyn Llion [2]) (*Dieffenbach's* Celtica II. 2. S. 76). Schon *Servius* ad. Virg. Bucol I. 67 weiss, dass Britannien ehemals mit Gallien zusammengehangen: olim juncta fuit orbi terrarum Britannia. Dieser Ausspruch kann aber nicht auf die Erkenntniss geologischer Thatsachen begründet sein, sondern muss in uralten Ueberlieferungen wurzeln. Allein die eigentlichen Beweise für die in Rede stehende Thatsache hat die geologische Beobachtung der neueren Zeit erst geliefert. Sie hat nämlich Verhältnisse ans Licht gezogen, aus welchen unwiderleglich hervorgeht, einmal, dass nur durch das Geschlossensein des jetzigen *Pas de Calais* die Bildung mancher

---

[1]) Der Meeresboden bildet in der Richtung von Dover nach Boulogne einen unebenen, höchst zackigen Bergrücken, welcher sich nach der Nordsee und dem Kanal zu sanft abflacht. Ueber dem Bergrücken ist das Meer 16—28, am wesentlichen Ausgange des Kanals 80—120 und zwischen den Shetlandsinseln und der Küste Norwegeus 72—140 Faden tief. Cfr. Observations upon the Alven of the general bed of the german ocean and the british channel. Edinb. 1817.

[2]) Der Llyn Llion (the lake of the streams) ist der Meeresbusen, den der noch nicht durchbrochene Kanal gen Westen hin bildete.

geologischen Erscheinung sich erklären lasse und demnächst, dass unser Land bereits damals v o r dem Durchbruch des Kanals bewohnt gewesen.

a) Nur in einem ruhigen, gleichmässig fluthenden Meereswasser findet eine Marschbildung statt, denn nur unter diesen Verhältnissen setzt sich der feine, im Meereswasser suspendirte Thon ab, ohne wieder fortgespült zu werden. Die Marsch, ein Erzeugniss des Meeres (§ 8), nimmt nun in Hinsicht ihrer Breite an dem südlichen Ufer der Nordsee v o n O s t e n n a c h W e s t e n zu. Denn es betragen die schleswigholsteinischen Marschen bis zur Elbmündung nur etwa 46, von da bis zum Dollart 75 ☐Meilen, während sie in den Niederlanden 330 ☐Meilen bedecken. Folglich muss der südwestliche Theil der Nordsee einst, als die holländischen Marschen sich bildeten, der ruhigste Theil derselben gewesen sein, während er jetzt durch die Kanalströmung der unruhigste ist. Er konnte aber nur dann der ruhigste Theil des Meeres sein, wenn der Kanal noch nicht existirte. Unter den jetzigen Verhältnissen ist die Naturbildung einer Marsch in Holland unmöglich; selbst die Erhaltung des Gebildeten ist nur durch die grössten Anstrengungen der Kunst zu erzielen.

b) Für die vormalige weit grössere Ruhe des Meeres, die nothwendige Folge des Verschlusses des englischen Kanals, spricht ausserdem noch Folgendes. Die Westseeinseln Sylt, Föhr und Amrum bestehen aus einem oder mehreren Geestrücken, denen sich flaches, theils aus Flugsandbildungen, theils aus Moor und Marsch bestehendes Land anschliesst. Diese Geetsrücken erheben sich stellenweise 50 Fuss über die Meeresfläche und sind selbstverständlich viel ältere Bildungen als die alten Darg- oder Moorlager und die flachen Marschstrecken, die sich am Fuss derselben gebildet und abgelagert haben. Vor der Moor- und Marschbildung waren diese Geestrücken, die noch inselartig aus den Marschen und Watten hervorragen, w i r k l i c h e I n s e l n, die mit hohen Rändern versehen waren. Da nun nirgends diese Ränder der alten Geestinseln zerrissen und zerklüftet worden und der Winkel, welcher durch die Abschrägung gebildet wird, an den Ost- und Westrändern derselbe ist, so deutet dieses auf ein ungleich ruhigeres Meer in der Urzeit, als wie jetzt. (*Johannsen* im 28. Bericht der Schl.-holst.-Lauenbg. Gesellsch. für die Sammlung und Erhaltung vaterländischer Alterthümer S. 15.).

c) Es ist ein allgemein gültiges Gesetz, dass alle Flüsse mit ihren Mündungen sich nach d e r Gegend hinziehen, von woher ihnen die Fluth kommt (*v. d. Wyk* in Leonhard's und Bronn's Jahrbuch für Mineralogie 1838. S. 253 fg.). Daher nehmen alle Flüsse Belgiens und Hollands gegen ihre Mündung hin einen Lauf nach Westen gegen den Kanal zu, von woher jetzt die Fluth kommt. Da aber zu der Römer Zeiten der Rhein nach Norden in den Flevussee — da wo jetzt der Zuydersee liegt —, im Mittelalter bei Katwyk mündete, so kann die Fluth einst nicht aus dem Westen gekommen sein, weil die Flüsse und namenlich der Rhein sonst schon vor Jahrtausenden ihren Lauf westlich genommen haben würden. Folglich muss der Kanal geschlossen gewesen und die Fluth von Norden her gekommen sein, wohin der damalige Lauf des Rheins gerichtet war.

d) Die Beschaffenheit der beiderseitigen Ufer Englands und Frankreichs stimmt auf das Genaueste überein. Dem Granit von Cornwallis entspricht ein ähnlicher der Bretagne, und die Kreideufer bei Dower uud Calais zeigen ein gleiches Schichtungsverhältniss und eine gleiche Entwicklung des Gesteins. Während *Constant Prevost* die Uebereinstimmung zwischen den Kreideschichten beider Ufer des Kanals nachwies, hat *d'Archiac* die Identität der die Kreide bedeckenden Schichten von Rollsteinen dargethan. Eine solche gleichartige Bildung setzt aber nothwendig einen vormaligen Zusammenhang beider Ufer voraus.

e) Auch die Flora entspricht sich auf beiden Seiten des Kanals. Die Flora der Bretagne und der Normandie — wir wollen sie die armoricanische nennen — findet man auf den Kanalinseln, in Cornwallis und im südlichen Irland wieder, dagegen nimmt die germanische Flora den Rest der französischen Nordküste ein und hat sich über den grössten Theil von England und Südschottland bis gegen die Hochlande hin verbreitet (Ausland 1865. Nr. 15. S. 337—339.).

f) Auch die niedere Fauna ist auf beiden Seiten des Kanals eine gleiche, wie die Species der Genera Helix (Helix pomatia, pisana etc.), Clausilia, Bulimus u. A. beweisen cfr. *E. Forbes*, On the Connexion, between the Distribution of the existing Fauna and Flora on the Britisch Isles, and the geological changes which have affected their Area in den Memoirs of the Geological Survey of Great Britain Vol. I p. 336. 1846.

Man hat beobachtet, dass die fossilen Exemplare von *Cardium edule*, der häufigsten Muschel unserer Küstenfauna, welche in unzähligen Massen in den gehobenen Schichten Jütlands vorkommen, grösser sind, als die jetzt lebenden. Woher rührt dieser Unterschied? Der Grund liegt nicht etwa in einer grösseren Wärme, welche damals das Meereswasser besass; denn, wie wir bald sehen werden (§ 4), es hatte eine niedrigere Temperatur als gegenwärtig, sondern vielmehr in der grösseren Ruhe des Wassers, wie denn ja auch noch heutigen Tages aus demselben Grunde die Muscheln im kleinen Belte grösser sind, als die in der Westsee; denn das Thier macht, um der Gewalt der Wogen zu widerstehen, seine Schaale dicker, aber kleiner. War aber einst das Wasser der Nordsee weniger bewegt oder dem Einflusse der Fluth und der Stürme mehr entzogen als jetzt, so muss der Kanal damals geschlossen gewesen sein.

g) Da die später eintretende kimbrische Fluth, welche England von Frankreich abriss, mit ihren Spuren, wie wir alsbald sehen werden (§ 9), uralte Gräber überdeckte, so sind eben diese Gräber die unverwerflichsten Zeugen, dass sie vor jener grossen Naturrevolution aufgeworfen worden, dass also mit anderen Worten das Land vor dem Durchbruch des Kanals bereits bewohnt gewesen.

§ 4. So bildete also einst die Nordsee eine grosse Meeresbucht, einen ungeheuren Golf, in welchen Rhein, Ems, Weser und Elbe, an ihren Mündungen grosse Deltaländer bildend, sich ergossen. Die Ufer Schleswigs liefen damals noch weit in die Nordsee hinaus; die äusserste Reihe der Klippenriffe bezeichnen als Reste der Küste noch jetzt ihre Lage. Das Land ragte hier nur wenige Fuss über den Meeresspiegel empor, so dass, begünstigt durch örtliche Senkungen des Bodens, die See schon frühe das Neugebildete wieder zerstörte. Das Klima war ein viel kälteres; die Föhre und Birke waren die vorherrschenden Waldbäume des Landes; die Atmosphäre war weniger nebelig, Wintergewitter fehlten.

A) Das Klima war ein viel kälteres. Zwei Ursachen trafen zusammen, um, abgesehen von dem vormals grösseren Waldreichthum des Landes, welcher an und für sich die mittlere Jahrestemperatur erniedrigt (*Boussaingault, v. Humboldt*), das Klima kälter zu machen. Einerseits wurde durch Verschluss des Kanals das wärmere[1]) Wasser des Golfstromes aus dem subtropischen Meere von den Küsten der kimbrischen Halbinsel abgehalten, so dass er nothwendig eine andre Richtung seines Laufes nehmen musste, anderseits ging ein eiskalter Strom des Polarmeeres, grosse Eismassen mit sich führend, direct von dem weissen Meere in die Ostsee und quer durch Schweden hindurch ins Skagerrack hinein.

I. Das weisse Meer, welches nur während der Hälfte des Jahres von Eis frei ist, hing mit der Ostsee zusammen. Die Beweise für diese Thatsache liefert uns theils die Geologie und Palaeontologie, theils die Zoologie. Noch jetzt ragt ganz Nordrussland und Finnland nur wenige Fuss über das Meer empor. Selbst noch im vorigen Jahrhundert fuhr man von Uleåborg, von dem aus eine grosse Niederung bis ans Ufer des weissen Meeres sich hinzieht, auf den Flüssen Finnlands aus dem botanischen Meerbusen ins weisse Meer (General *Lafrén*), so dass sich hier kaum eine scharf ausgeprägte Wasserscheide vorfindet. Ebenfalls ist der finische Meerbusen, abgesehen von dem kleinen Wodla, durch das Wassersystem des Ladoga und Onega, tiefer Bassins im ehemaligen Meere, mit dem weissen Meere verbunden. Bedenkt man nun, dass erwiesener Maassen ganz Scandinavien und Finnland fortwährend langsam sich heben, dass diese Hebung gen Norden zunimmt und dass sie am botnischen Meerbusen durchschnittlich in einem Jahrhundert ungefähr 4 Fuss beträgt, so kann kein Zweifel obwalten, dass vor etwa 3 Jahrtausenden ein grosser Theil Finnlands vom Meere noch bedeckt gewesen, dass also die Ostsee mit dem weissen Meere damals noch in Verbindung gestanden. Dass aber eine solche Hebung des Landes in die Jahrtausende, ja bis in vorhistorische Zeiten zurückgeht, das erhellt daraus, dass tief landeinwärts, zum Theil 500—600 Fuss über dem jetzigen Wasserspiegel gelegenen Standmarken, namentlich von der noch

---

[1]) Der Golfstrom hat unter dem 45—50sten Breitengrade im Januar eine Temperatur, die nie unter 7° sinkt und sein Wasser zeigt dann von dem des angränzenden Oceans eine Temperaturdifferenz von 11—17°. Durch den Golfstrom wird Europa von dem Gürtel des Polareises durch eine Zone eisfreien Wassers getrennt. (Kabs, das Pflanzenleben der Erde. Hannover 1865. S. 43. Siehe hinten die Zusätze.

im dortigen Meere den Strand bewohnenden Muscheln beobachtet worden sind. Vergl. die Abhandlung *Bravais'* über die alten Meerspiegellinien in den Voyages au Scandinavie de la corvette la Recherche. Geographie physique t. 1. p. 1. und *Reclus* in d. Revue des deux mondes I. Janvier 1805. Nach *Holmberg* ist Finnland noch in späterer Zeit von Hebungen betroffen und hat vormals das grosse Saimawasser eine beträchtlich grössere Ausdehnung besessen, als heutigen Tages, indem der Hoyitiäinen und der Pielisjörvi im Norden, mehrere Seen im Gouvernement Olonetz im Nordosten und das Newabecken im Zusammenhang standen und der grösste Theil von Karelien von Wasser bedeckt war. Diess zog sich bei den Hebungen zurück, Inseln und Höhen traten hervor, Sümpfe und Torfmoore traten an die Stellen der Seen. Auch das Vorkommen der Phoca annellata, einer hochnordischen und zugleich baltischen Species, im Saima Finnlands beweist einen ehemaligen Zusammenhang dieses Landsees mit dem Meere. Wohl gehen die Seehunde weit in die Flüsse hinauf, z. B. in die Oder bis Frankfurt, in die Elbe bis Dessau,[1] aber der Saima ist gegen eine solche Wanderung im Wuox beim Imatra durch einen 50 Fuss hohen Wasserfall abgesperrt. Ebenso sind die Lachse des Wenersees durch den Trollhättafall vom Meere abgeschnitten worden *(Baër)*. Auch die Seefischfaune Finnlands giebt ein Argument ab für den ehemaligen Zusammenhang der Ostsee mit dem weissen Meere. Vergleicht man nämlich die Fische, welche der nördliche Theil der Ostsee mit der Nordsee gemeinsam hat, die aber an den finnischen Küsten des Eismeeres nicht angetroffen werden, so kommen alle diese Species mit Ausnahme von Clupea Sprattus und vielleicht von Nerophis Ophidion an den finnischen Küsten nur zufällig vor, d. h. sie pflanzen sich hier nicht fort. Keine derselben geht weit in den botnischen und finnischen Meerbusen hinein, die meisten kommen sehr sparsam vor und viele, z. B. Rhombus maximus, Ammodytes lanceolatus, Accipenser Sturio und Beloae vulgaris zeigen sich an der südwestlichen Küste Finnlands in grossen, kräftig ausgebildeten einzelnen Individuen. Alle diese Umstände, die Seltenheit und geringe Verbreitung dieser Arten und die Grösse der Individuen deuten darauf hin, dass sie hier nicht einheimisch, nur wandernde Fische sind, die durch den Sund in die Ostsee eingedrungen. Dagegen verhält es sich ganz anders mit den Fischen, welche der nördliche Theil der Ostsee mit dem Eismeer gemeinsam hat. Ein Theil von ihnen — der Strömling Clupea Harengus var. membras, der Seeskorpion Cottus Scorpius, der Seebull Cottus quadricornis, der Dorsch Gadus Morrhua und die Flunder Platessa Flesus — kommen von allen Seefischen Finnlands am zahlreichsten vor; sie sind in den innersten Theilen des bottnischen und finnischen Meerbusens ansässig und pflanzen sich hier fort. Sie gleichen ihren Stammeltern im Eismeere in allen Theilen und weichen von ihnen nur ab durch ihre im Allgemeinen geringere Grösse. Die

---

[1] Ja 1654 wurde in der Elbe bei Dresden ein Seehund gesehen (Memoria canis, qui a 1654 in Albis fluvio ad Dresdam etc. apparuit cfr. Klöden Beiträge IX. 8.).

Ostseeformen sind klein, verkrüppelt, mager, fast verhungert in Vergleich mit ihren Repräsentanten im Eismeere, z. B. der Cottus Scorpius der Ostsee wird nur 7—10″, der des Eismeeres 14—16″ lang; der finnische Ostseedorsch wiegt nur 2—6 Pfd., der Eismeerdorsch 10—40 Pfd. Ebenso sind Cyclopterus Lumpus, Zoarces viviparus u. a. im Eismeer unvergleichlich grösser als an Finnlands Süd- und Westküste. Von andern Fischen, die in der nördlichen Ostsee höchst selten vorkommen, als Lampreta marina und Centronotus Gunellus, von denen es über allen Zweifel erhaben ist, dass sie auf ihren Streifzügen aus dem Eismeer in das Innere der Ostsee Finnlands Küsten besuchen, sind die in der Ostsee gefangenen Individuen von ausserordentlicher Grösse. Endlich führen der im weissen Meere und weiter gen Osten hin herrlich gedeihende Cottus quadricornis und der im üppigen Wohlbefinden bei Spitzbergen und Kamschatka lebende Liparis barbatus nur in dem nördlichen Theile der Ostsee ein hinsterbendes Leben und fehlen gänzlich in dessen südlichem Theile und an der ganzen Westküste Scandinaviens. Diese können also nicht durch den Sund in die nördlichen Theile der Ostsee eingewandert sein. Auch der an Finnlands Küsten so zahlreiche Strömling, Clupea Harengus var. membras, hat eine entfernte Verwandtschaft mit den grösseren Formen des Härings in der südlichen Ostsee und im Westmeere, ist aber nicht identisch mit diesem, sondern mit einem in jeder Hinsicht ähnlichen Strömling im weissen Meere. Diese 3 Fischspecies, so wie auch Cottus Scorpius, Cyclopterus Lumpus, Zoarces viviparus, Gadus Morrhua und vielleicht auch Platessa Flesus sind von dem weissen Meere aus in den innersten Theil der Ostsee gedrungen, als beide noch im Zusammenhang standen und wurden durch die Hebung Finnlands vom Eismeere abgeschnitten. Diese Ansicht wird durch folgende Gründe zur Gewissheit erhoben:

1) Die genannten Fische sind nebst dem Cottus quadricornis und Clupea Harengus var. membras die allgemeinsten unter allen finnischen Seefischen, sie sind in den innersten Theilen der Scheeren ausgebreitet und pflanzen sich an den südlichen und westlichen Küsten Finnlands fort. Dagegen sind die aus der Nordsee durch den Sund eingewanderten Arten im Allgemeinen selten; sie gehen nicht weit hinein in den bottnischen und finnischen Meerbusen, vermeiden die inneren Scheeren und nur eine einzige Art, Clupea Sprattus, pflanzt sich an den südwestlichen Küsten Finnlands fort.

2) Diese Fischarten sind in der nördlichen Ostsee im Allgemeinen weit kleiner als im Eis- und in dem Westmeere. Fände eine fortdauernde Einwanderung durch den Sund statt, — einmal angefangen, müsste die Einwanderung auch fortdauern —, so müssten sie in der Ostsee nicht degenerirt sein, da die meisten Arten, welche bewiesenermassen durch den Sund in die Ostsee eingewandert sind, vollkommen so gross und kräftig entwickelt sich zeigen, wie die im Kattegat und der Nordsee lebenden.

3) Ungereimt ist die Annahme, dass diese Fischarten aus ihrer eigentlichen Heimath, dem salzigen Meere, mit seinem reichen Ueberfluss an Nah-

rungsmitteln, freiwillig in die innersten Theile der Ostsee eingewandert seien, um dort ein dürftiges Leben zu führen und eine degenerirte Nachkommenschaft fortzupflanzen (Malmgren in Troschel, Arch. für Naturgeschichte. Jahrg. 30. 1864. S. 263—268).

Man hat ferner auch 150 Fuss über dem Meere Lager wohlerhaltener Schaalthiere des arktischen Meeres an den Ufern der Dwina bis zu ihrer Verbindung mit der Wolga gefunden *(Murchison, Kaiserling)* und an dem gehobenen Strande des westlichen Schweden, in der Gegend von Gothenburg und Uddevalla sind die Ueberreste vieler Schaalthiere entdeckt, die der jetzigen Erdperiode angehörig, einen weit nördlicheren Charakter an sich tragen als die Bewohner dieses scheerenreichen Meeres (Prof. *Lovén* in Stockholm). Auch an der Nordküste Jütlands beobachtet man dieselbe Erscheinung *(Forchhammer)*. Lyell (Philosophical Transact. 1835. I p. 1.) untersuchte genau die Muschelberge von Uddevalla, wo 200 Fuss über dem Skagerrak die Schaalthiere rein und unverändert daliegen. Die Balani Uddevallenses, welche überall die Gestadezone einnehmen, sitzen in Masse auf den Gneisfelsen, zum festen Zeichen, dass hier einst das Meer stand. Das grosse Ås (Geröllebank) von Gefle und Stockholm führt S a l z w a s s e r versteinerungen, wie man denn auch vor einigen Jahren in demselben, Zeitungsnachrichten zufolge, ein Wallfischskelett gefunden hat. So berichtet ebenfalls *Axel Erdmann* in seinen „geologischen Forschungen in Schweden" *(v. Leonhard's* und *Bronn's* Neues Jahrb. Jahrg. 1859. S. 259.), dass an mehreren Stellen in der Nähe von Stockholm die Nucula glacialis entdeckt worden, welche jetzt, wie bekannt, nur in den nördlichen Regionen des Eismeeres in grösseren Tiefen sich aufhält. Dieselbe Muschel hatte man vorher nur auf der Westküste Schwedens in einigen Anhäufungen subfossiler Muscheln gefunden. Ihre Entdeckung im Boden des Maelarthales deutet darauf hin, dass ähnliche klimatologische Verhältnisse auch auf der Ostküste Schwedens obgewaltet haben und macht die Hypothese von einem ehemaligen Zusammenhange zwischen dem botnischen Meerbusen und dem Eismeere zu einer unzweifelhaften Thatsache. Derselbe Naturforscher hat auch die Yoldia arctica bei Stockholm entdeckt. Es reichte folglich früher das Salzwasser in den botnischen Busen hinein, dessen Wasser jetzt nur circa $1/s$ Proc. Salztheile enthält (§ 14).

II. Andere Thatsachen deuten darauf hin, dass S c h o n e n i n d e r U r z e i t e i n e I n s e l g e w e s e n. Hier können wir nur dafür den geologischen Beweis führen, uns vorbehaltend, späterhin (§ 27) aus sprachlichen Gründen, aus dem Worte Scandinavia nachzuweisen, dass aus diesem der Name Schonen entstanden und als Insel sprachlich bezeichnet worden ist. Was nun den geologischen Beweis betrifft, d a s s S c h o n e n e i n e I n s e l g e w e s e n, so wollen wir als unseren Gewährsmann den Geologen Forchhammer (Ueber Geschiebebildungen und Diluvialschrammen in Dänemark und einem Theile von Schweden; in Poggendorff's Annal. Bd. 58. S. 609—646) sprechen lassen. Dieser sagt (S. 635): „Wenn man z u r See sich der schwedischen Küste im Kattegat nähert, so treten zuerst die Felsen nur mit ihren obersten Spitzen aus den Wellen hervor. Kommt

man dem Lande näher, so zeigen sich kleine Inseln und je weiter man kommt,
desto grösser und häufiger werden diese Felseninseln, deren senkrechte Seite
gegen den Wellenschlag gerichtet ist; man befindet sich jetzt mitten in den
Scheeren. — — — Südlich von Gothenburg führt die Landstrasse
viele Meilen weit durch eine solche Scheerenpartie, deren ehemaliger Meeresboden mit sandigem Thon aufgefüllt, mit den Scheeren gehoben
und seit Jahrhunderten — ▲ — dem Wellenschlage entzogen, schon längst,
wenigstens theilweise, in Ackerland verwandelt ist. Die Scheere liegt aber
ebenso nackt und kahl, noch ebenso geschliffen und polirt da, als ob sie erst
neulich von den Wellen bespült worden wäre. Nur hin und wieder hat eine
kümmerliche Pflanze sich in den Felsklüften einnisten können. — — — Wer
diese öden Klippen jemals sah, und sie mit den Felsen in der Göthaelv und
den immer niedriger erscheinenden Scheeren des Gothenburger Scheerensystems
(Skjaergård) verglich, wird keinen Augenblick anstehen, alle diese Felsen für
gehobene Scheeren zu erklären. Ueberdiess finden sich die Muscheln des
jetzigen Kattegats in dem blauen Thon der Thäler um Gothenburg, und man
kann sie im Thale der Göthaelv verfolgen bis an die Granitbarrière, welche
die Wasserfälle von Trolhätta, (im Lappischen heisst haeutte der Wasserfall,
bildet, wo man bei Anlegung der neuen Schleusen vor wenigen Jahren ganze
Lagen davon entdeckte [1])“. „Auf diesen gehobenen Scheeren in der Umgegend
von Gothenburg kommen nun überall Furchen und Streifen vor. Ihre Richtung fand ich nach dem Compass O. und W. mit einer Abweichung von 10
Grad nach jeder Seite. Ich war so glücklich, einen grossen Steinblock von 100
bis 150 Kubikfuss noch auf diesen Klippen zu finden: er war stark abgerundet
und eine tiefe und breite Furche ging von diesem Blocke gegen West; gegen
Osten vom Blocke setzte eine viel schmälere Furche sich weiter fort. Ich hatte
hier offenbar einen grossen Steinblock auf seinem Wege angetroffen, wo er,
von der Fluth verlassen, nur zum Theil einen früher gebahnten Weg erweitert
hatte, — — — Verlässt man die Umgegend von Gothenburg, so verlässt man
darum noch nicht die gestreiften und gefurchten Felsen, sie begleiten den
Reisenden im Thale der Göthaelv bis Trolhätta, und in der grossen Ebene des
mittleren Schwedens, welche durch das System der Seen bezeichnet wird, sind
sie überall wieder anzutreffen. Ueberall aber findet man die Scheerenform
gleichfalls wieder, und dass jener Theil Schwedens vor einer nicht sehr
lang verflossenen Zeit vom Meere bedeckt war, sieht man an den Salzpflanzen und sehr schwachen Salzquellen, die hin und wieder auf diesen Ebenen
vorkommen, wo weder Steinsalz noch Gyps bekannt sind, noch nach irgend

---

[1]) Bei der Ausgrabung des Göthakanals fand man dicht unter den Wasserfällen, die durch
eine Reihe von Schleusen umgangen werden mussten, bis zur Höhe von 40 Fuss über dem jetzigen
Meeresstrand nicht allein natürliche Producte, die denen der Nordsee gleich sind, sondern auch in
Menschenwerken, namentlich in Resten von Seeschiffen, Ankern, Uferbauten den Beweis, dass die
Nordsee tief ins Land hineinragte, wodurch wenigstens ein Theil jener ehemaligen Verbindung
(zwischen Kattegat und Ostsee) hiermit erwiesen ist. (Michaelis im Bericht der 24sten Versammlung
deutscher Naturforscher und Aerzte in Kiel im Sept. 1846. S. 17.)

einer Analogie erwartet werden dürfen. Doch tritt auf dieser Wanderung von West· gegen Ost nach und nach eine Veränderung ein, die nicht unbeachtet bleiben darf. Die Klippen, die in der Gegend von Gothenburg noch fast ganz nackt sind, bekleiden sich mehr und mehr mit Vegetation, je weiter man sich von der Küste entfernt, und in demselben Maasse finden sich mehrere lose Steine auf den Felsen, sowie auch die Anzahl der gestreiften Felsen abnimmt. Es sind diess meiner Meinung nach vollkommen zusammengehörige Erscheinungen. Hat das Wasser nämlich nur während einer kurzen Zeit auf die Klippen einwirken können, so hat es auch nicht die Steine hinabschieben und nicht deren Spuren in den Felsen einschleifen können. Man ist aber, wie mir scheint, berechtigt anzunehmen, dass die Hebung Skandinaviens in früheren Zeiten schneller vor sich gegangen ist, so dass also an vielen Orten die Klippen schneller der Einwirkung des Wellenschlages entzogen worden sind. — — — (S. 643): Ich habe schon früher darauf aufmerksam gemacht, dass die grosse Strecke des mittleren Schwedens, die durch den Mälar-, Hjelmar-, Wetter- und Wenersee bezeichnet wird, überall Spuren von einer späteren Meeresbedeckung an sich trägt. Südlich von dieser Strecke liegen die viel grösseren Höhen von Småland, so dass diese Partie durch den breiten Sund, welcher die jetzige Ebene der Seen einnimmt, vom nördlichen Schweden getrennt ward und für sich eine Insel bildete. So stand also der botnische Meerbusen mit dem Kattegat in unmittelbarer Verbindung und dass salziges Wasser bis in den botnischen Meerbusen hinaufreichte, zeigt der grosse Ås von Gefle und Stockholm, der Salzwasser-Versteinerungen führt." ·–

So weit Forchhammer! Wir ersehen aus dieser Schilderung, wie das Meer einst, die Göthaelv aufwärts bis zum Trolhätta-Wasserfall, sich nach Osten erstreckte, die jetzige Ebene der 4 grossen schwedischen Seen bedeckte und in den botnischen Meerbusen ausmündete. Småland war noch eine Insel, deren nördliche Grenze Forchhammer so eben bezeichnet hat. Um dessen Scheidung von Schonen gen Süden hin zu erkennen, müssen wir auf die Terrainverhältnisse etwas genauer eingehen. *Eckendahl* schildert sie in seiner Geschichte Schwedens Bd. I. Einleitung V. folgendermassen: Die grosse Ebene um den Mälarsee wird durch eine von dem nördlichen Ende des Wettersees bis an die Ostsee streichende Bergkette (Kolmården) begrenzt, deren im Westen bis nach dem Wenersee fortlaufende Waldgebirge (Tiveden) das alte Schweden in Nordanskog und Sunnanskog theilten. „Die Landhöhe unterhalb Tiveden, die sich in kleinen Hügeln und Bergrücken allmählich verliert, erhebt sich am See Wiken in Skaraborglehn nur 310 Fuss über die Wasserfläche. Darnach folgt sie des Wettersees westlichem Strand, erhebt und verzweigt sich südlich von dessen See, bildet die Småländische Gebirgsgegend und trennt das alte und neue Schweden. „Hier muss demnach die Wasserscheide Schonens gegen Norden gesucht werden". Der neueste Beschreiber der scandinavischen Halbinsel, *Löffler*, (Den skandinaviske Halvö Kjöbenhavn S. 80.) sagt von dem betreffenden Terrain: Die Nordgrenze der südlichen schwedischen Landschaften wird von einem Gürtel Flachlandes gebildet. Von dem unteren Laufe der Dalelv bis gegen den Bravik hin, in Upland, in Südermannland und in Theilen von Westmannland und Nerike zieht sich eine weite Ebene um den Mälar- und Hjelmarsee hin, deren Höhe nirgends 300 par. Fuss zu übersteigen scheint. Unter denselben Niveauverhältnissen umgiebt das Tiefland das grosse Süsswasserbecken des Wenersees,[1]) so dass es sich bis zum Meere in Bahuus und Halland fortsetzt und endlich an der Küste des Wettersees in Ostgothland auftritt, obgleich dieser merkwürdige Landsee seinen Spiegel 250 par. Fuss über die Ostseefläche erhebt und namentlich an seinen südlichen Ufern von Südschwedens höchsten Gegenden umgeben ist. Im Osten und Westen bildet also das Tiefland am Mälar- und Wenersee zwei grosse Ebenen, die durch dazwischen liegendes höheres Terrain geschieden werden, welches sich nach Süden erstreckt, den Undensee umgiebt, dessen Spiegel 380 par. Fuss über der Meeresfläche liegt, und erst durch die tiefe natürliche Einsenkung unterbrochen wird, welche zur Anlage des Göthakanals benutzt worden. — — — Durch die bergigen Waldstrecken des Kolmården und Tyloeskog auf der Nordseite des Motala und des Tiweden zwischen Wetter- und Wenersee wird die Gränze zwischen dem eigentlichen Svealand und den gegen Süden gränzenden Provinzen Ost- und Westgothland gebildet.

Aber ganz abgesehen von der geognostischen Beschaffenheit der Terrainverhältnisse deutet auch die jetzige Fauna der schwedischen Binnenseen in Vergleich mit der der Ostsee auf einen früheren Zusammenhang beider und namentlich auch mit dem Eismeere hin. Als eine Folge dieses Zusammenhanges findet man nämlich in jenen Seen noch jetzt lebende Ueberbleibsel von Crustaceen species,[2]) die dem Meere überhaupt und dem arctischen insbesondere angehören. So fand *Cederström* 1859 am nordwestlichen Strande des Wettersees die Idothea entomon, die kleiner war, als die in der Ostsee vorkommenden und ferner bei Jönkjöping und im Wenersee Mysis relicta und einen neuen Gammarus, G. loricatus. Alle bekannten Species der Mysis leben im Meere, zum Theil im höheren Norden und insbesondere die Art, welche der des Wenersees am meisten gleicht. Manche Gammarusspecies leben allerdings im süssen Wasser; diese Species sind aber sämmtlich verschieden von dem Gammarus loricatus des Weners, welcher in seiner rechten Heimath, dem Eismeere, ziemlich gross wird, grösser als der schwedische. Alle diese Meeresformen fehlen an der westlichen Küste Scandinaviens völlig und nur zwei von ihnen hat man in der Ostsee angetroffen. Die wenigen der Ostsee eigenthümlichen Arten zeigen eine gewisse Verwandtschaft mit arctischen Formen (Lindström). Die arme Fauna der inneren Ostsee besteht aus einer Vereinigung zäh ausdauernder Ueberbleibsel einer asiatisch-arctischen Thierwelt mit neuen Eindringlingen aus der Nordsee von Westen her und in der Nähe der Küsten mit Zuwandern aus süssen Gewässern (Lovén). Wenn es auch hochnordische Arten an der

---

[1]) Die Tiefe des Wenersees beträgt c. 270, die des Wetter- und Mälarsees respective 270 und 180 paris. Fuss.

[2]) Mysis relicta, Gammarus loricatus, Idothea entomon, Pantaporeia affinis.

Westküste Scandinaviens giebt, so ist doch das arctische Element nicht gleich auf beiden Seiten der Halbinsel.

Der Wettersee ähnelt, mit Ausnahme einiger flachen Strecken in den nördlichen Buchten, in Bezug auf sein Wasser und auf seine wenigen Arten von Thieren und Pflanzen den in Luleå-Lappmark liegenden grösseren Seen, sowie dem nördlichsten Theile des bottnischen Meerbusens. Die nordischen Formen seiner Fauna leben in den tieferen Theilen des Sees, welcher längs des östlichen Strandes von Jönkjöping stellenweise eine Tiefe von 400 Fuss erreicht. In dieser Tiefe leben die Arten der Idothea, des Gammarus u. s. w., aber keine Mollucken. Bei Tiefen von 280—240 Fuss hat man einige kleine Pisidien, bei 120 Fuss Limnaeus vulgaris gefunden. Characeen beginnen erst oberhalb 40 Fuss. Auch die Landflora in der Umgebung dieses Sees weist Arten auf, die zuerst den Meeresküsten anzugehören pflegen, z. B. Ribes nigrum, Rumex maritimus, Chara, aspera Potamogeton marinus, Carex arenaria, Elymus arenarius (*Koner*, Zeitschrift für allgemeine Erdkunde. Neue Folge. B. 13. S. 149—156).

B) Die Föhre und die Birke waren die vorherrschenden Waldbäume des Landes. Es haben die Untersuchungen der in den Torfmooren Dänemarks und namentlich Jütlands versunkenen Bäume gezeigt, dass die Waldvegetation des Landes in den verschiedenen Perioden seiner Entwickelung eine sehr verschiedene gewesen (*Steenstrup* in den Danske Vidensk. Selskabs naturvidenskab. og mathem. Afhandl. IX Deel cfr. Lesquereux Récherches sur les marais tourbeux). Es zeigt sich nämlich ein vierfacher Wechsel in der Vegetation. Zuerst war die Espe oder Zitterpappel (Populus tremula. L.) der vorherrschende Waldbaum, darauf folgte die Föhre oder Kiefer (Pinus silvestris L.), dann die Eiche[1] — und zwar die von der jetzt gewöhnlichen Sommereiche oder Stieleiche (Quercus pedunculata. Ehrh.); verschiedene Wintereiche oder Traubeneiche (Quercus sessiflora. Sm.), die jetzt sehr selten im Lande vorkommt — und darauf die Erle (Alnus), deren Species noch nicht bestimmt ist —; die Rothbuche (Fagus silvatica. L.) schloss den Reigen, während die Birke (Betula alba. Hartm.) sich durch alle Perioden hindurchzog. Nie hat man in einem Torfmoore die geringste Spur einer Buche — Laub, Früchte, Zweige, Stämme — entdeckt. Die Föhren von prächtigem Wuchse, bis zu 3 Fuss Dicke und deren Jahresringe häufig ein Alter von mehreren Jahrhunderten anzeigen, unterschieden sich von unsern gewöhnlichen Föhren durch etwas kleinere Zapfen und etwas dickere Rinde. Nun lehrt aber die Pflanzengeographie, dass die zeitliche Aufeinanderfolge der Waldvegetation dieser Bäume auf eine Milderung des Klimas hindeutet. Denn die Buche reicht jetzt gegen Norden bis an das südliche Ufer des Wenersees (in einigen geschützten Thälern Norwegens geht sie noch höher hinauf); sie erreicht hier als wildwachsender Baum ihre Nordgränze unter 60° 37′ N. B. (*Schübeler*, die Culturpflanzen Norwegens. Christiania 1862.

---

[1] Siehe hinten die Zusätze.

S. 75.); die Eiche hat ihre nördliche Vegetationsgrenze etwas nördlich von Stockholm, während die Föhre viel weiter gen Norden bis nach Lappland hinauf geht und die Espe einem ungünstigen Klima den grössten Widerstand leistet. Die Birke zeigt dagegen eine grosse Gefügigkeit gegen das Klima. Da die Buche gegenwärtig der Waldbaum des Landes ist, wie die Eiche es im früheren Mittelalter war —, denn durch die Cultur erhielt die Buche ganz allmählich das Uebergewicht über die Eiche —, so muss die Föhre, welche der Eiche vorherging, in eine kältere Zeitperiode fallen, die keine andere kann gewesen sein, als die, wo durch den noch bestehenden Verschluss des englichen Kanals das Wasser des warmen Golfstromes von der Westküste des Landes abgehalten wurde. In dem Steinalter existirten Nadelbäume im Lande. In der Nähe von Heide, ungefähr 2 Fuss unter der ebenen Bodenoberfläche, entdeckte man einen Steinbau aus Feldsteinen in der Form einer 4seitigen Pyramide von $3^1/_2$—4 Fuss Höhe und 7—8 Fuss im Durchmesser. In diesem Grabe fand man eine eigenthümliche schwarze verkohlte Masse, theils in der Form von Staub, theils als runde und längliche Kohlen von der Grösse eines kleinen Kirschkerns. Nach der mikroscopischen Untersuchung des *Dr. Hallier* waren es Kohlen von dem Holz einer Conifere, wahrscheinlich der Pinus silvestris (XXIII Bericht der Schleswigholstein-Lauenburgischen Gesellschaft für Sammlung der Alterthümer S. 3.). Damit stimmt denn auch überein, dass viele Ortsnamen der kimbrischen Halbinsel den Beweis liefern, dass die älteste Landesbevölkerung die Föhre noch als Waldbaum gekannt hat. Alle Ortsnamen nämlich, die mit Fur, Bar oder Tol (d. h. Fur = Nadelholz, Bar = das Laub, die Nadeln der Nadelhölzer, Tall oder Toll, pl. Töll Nadelholz) zusammengesetzt sind — Barsmark, Barsöe, Barslund, Barsböll, Barsbeck, Barwith (das jetzige Bjert) in Schleswig, Barrit, Barritskov, Barrithule, Barsböll, Barslev in Jütland, die Insel Funr im Liimfjord, Fureby, Fyrkilde, der vormalige alte Grenzwald Fyriskov u. s. w. in Jütland, Dollerup (früher Dolldorp), Dollrott, Tollgaard, (?) in Schleswig, Tolstrup, Tolne, Dollerup in Jütland — beweisen, dass die Föhre noch, soweit der Geröllesand sich erstreckte, Waldbaum des Landes war, als diese Ortschaften gegründet wurden, während vor 100 Jahren keine Tanne oder Föhre wild im Lande wuchs. Auch das frühere Vorkommen des Auerhahns, Tetrao urogallus, im Lande (§ 26) beweisst, dass die Föhre auch Waldbaum gewesen, denn dieser Vogel liebt den Aufenthalt in der Nähe von Nadelholz oder von mit Laubholz gemischten Nadelwäldern (Steenstrup in der Oversigt over det K. danske Videnskabernes Selskabs Forhandlinger 1855. S. 10.). Die mittlere Jahrestemperatur der kimbrischen Halbinsel muss also in der Periode, als die Föhre der vorherrschende Waldbaum war, zwischen der Temperatur der Polargrenze der Föhre und der Eiche gelegen sein. Die Polargränze der Föhre ist aber in dem mit der kimbrischen Halbinsel ungefähr unter demselben Meridiane und an demselben Meere belegenen Norwegen 70^0 N. B. (Schübler l. c. S. 57.), die der Wintereiche im südl. Norwegen 58^0 N. B. Beim Kupferwerk Alten (69^0 57′ N. B.) ist die mittlere Jahrestemperatur c. 1⁰ R.[1]) und nach *Berghaus* physic. Atlas ist die Isotherme von 58⁰ N. B. in Norwegen c. 5⁰ R. Die mittlere Jahrestemperatur lag also in der Urzeit zwischen 1⁰ u. 5⁰ R., während jetzt die Isotherme von Schleswig-holstein zwischen $6\frac{1}{2}$ u. $7\frac{1}{2}⁰$ liegt. Das Land war also kälter als jetzt. Dass die Espe aber Waldbaum gewesen, davon haben wir in historischen Zeiten keine Spur, wie denn auch in der eigentlichen Espenregion der Torfmoore nie Alterthümer gefunden worden sind. Ihre Herrschaft fällt daher ganz oder wenigstens theilweise in jene Urzeit der gegenwärtigen Erdperiode, wo das Land mit einem noch weit kälteren Klima von Menschen vielleicht noch gar nicht bewohnt war. Aber nicht allein die Vegetation der Urzeit deutet auf ein strengeres Klima, auch ein Blick auf die damalige Fauna führt zu demselben Resultat. Kann doch jetzt nicht mehr der grossen Wärme wegen das Rennthier im Lande fortkommen, welches ja einst unzweifelhaft hier gelebt hat (§ 26).

Der Uebergang von der einen Vegetation zur anderen konnte unmöglich plötzlich erfolgen, sondern jede von ihnen musste nach und nach entstehen und sich geltend machen. Die übereinanderstehenden Stämme derselben Art, sowie die oft bedeutenden Schichten von Moosdorf, welche die früher umgefallenen Bäume von den späteren derselben Art trennen und das sehr mächtige Moostorflager, das sich in jeder der Vegetationsperioden gebildet hat, machen es wahrscheinlich, dass eine Vegetationsperiode nicht aus einer einzelnen Generation allein bestanden hat, sondern aus mehreren aufeinanderfolgenden Generationen, von denen jede wieder über ein Jahrhundert oder über Jahrhunderte zu ihrem vollkommenen Wuchs nöthig hatte. Steenstrup fand z. B. in einem Moore Eichenstämme, die dicht unterhalb der Verästelung 2 Ellen im Durchschnitt hatten und mitten am Stamm ungefähr 3 Fuss dick waren und eine dem entsprechende Höhe hatten. An andern Orten lieferten die Eichbäume der Moore, welche in der Regel nur Stämme ohne Wurzel und Zweige sind, 3—4 Faden Holz. Vergessen wir nun ferner nicht, dass Verhältnisse hervorgerufen werden mussten, die wenigstens für die Bäume so verändert waren, dass sie das Verschwinden der einen Art und die Verbreitung der andern begünstigten, so können wir jeder der Vegetationen nicht weniger als 1 bis 2 Jahrtausende einräumen und consequenterweise müssen wir noch einer jeden von ihnen zu ihrer Ausbildung eine ebenso lange Zeit geben, als wie die Buchenvegetation erfordert hat, d. h. 2—3 Jahrtausende. Da nun die besten der Torfmoore sich zu bilden begonnen beim Eintreten der Föhrenvegetation, so schätzt *Steenstrup* das Alter derselben zu 5 bis 6 Jahrtausenden. (*Steenstrup* l. c. p. 98. 113. fg.).

Die zeitliche Reihenfolge der Waldbäume aber: Espe, Föhre, Birke, Eiche, Erle und Buche entspricht ganz dem Lichtbedürfnisse derselben; denn ordnet man alle Waldbäume des Landes nach diesem, so folgen sie in nachstehender Ordnung: Lärche, Espe, Föhre, Birke, Eiche, Erle, Esche, Ulme, Ahorn, Hagebuche, Linde, Buche und Fichte, so dass die Lärche und Espe am lichtbedürftigsten ist und die Buche und Fichte desselben am wenig-

---

[1]) Report of the British Association for the avancement of science for 1849.

sten bedarf (*Vaupell*, De danske Skove Kjöb. 1863. S. 88.). Einst wuchsen Birke und Föhre im Lande neben der Eiche, welche jene ganz zu unterdrücken nicht im Stande war. Als aber die Buche in geschlossenen Waldungen auftrat, da mussten die Birke und Föhre alsbald unterliegen. Der Kampf zwischen Buche und Eiche war ein schwerer und langwieriger, bis schliesslich die im Schatten gedeihende Buche die lichtbedürftigere Eiche überwand. (l. c. S. 89 fg.) Es bedürfen aber die Espe, Föhre, Birke und Vogelbeere nur wenig Wärme, vertragen ein sehr feuchtes Erdreich und wachsen auf sehr unfruchtbaren Boden, dagegen erfordern Eiche, Esche und Buche einen fruchtbareren Boden und grössere Wärme und während Eiche und Esche auf einem feuchten Boden gedeihen, bedarf die Buche eines trockenen. Es haben also die genügsameren Bäume den anspruchsvolleren empfindlicheren weichen müssen. [1])

[1]) Wir fügen hier noch einige philologische Bemerkungen über die Wörter Buche, Eiche und Föhre bei, weil sie zu tiefer gehenden Untersuchungen Anlass geben. Nach Grimm's Lautverschiebungssystem ist griech. $\varphi\eta\gamma o\varsigma$, lat. fagus = goth. boka, ahd puocha, nhd. buche, poln. buk, engl. beech. u. lat. quercus = ahd. foraha, ags. furh, engl. fir, nhd. föhre, denn das deutsche f weist auf lat. p, das deutsche h auf lat. c hin. Das im Lateinischen entsprechende Wort für foraha, furh muss also im consonantischen Bau durch p, r, c dargestellt sein. Nun werden aber gar nicht selten die labialen und gutturalen Tenues (p au. k) gegen einander verwechselt, so dass man statt des consantischen Gerippes p, r, c das Gerippe k (= qu), (— z. B. scilla = squilla —) r, c erhält, d. h. das Wort quercus. — Es bezeichnet nun aber einerseits das griechische $\varphi\eta\gamma o\varsigma$ den Eichbaum, (Theophr, Hist. plant p. 3.8. 2 fg.) [1]) das lateinische fagus aber die Buche, (Pein. XVI.) anderseits wird mit dem lateinischen quercus die Eiche und nicht wie mit dem aequivalenten Worte im Deutschen die Föhre bezeichnet, wobei jedoch zu bemerken ist, dass es den Anschein hat, als ob die deutsche Föhre ursprünglich zur Bezeichnung des Eichbaums gedient, denn in einer Stelle aus den longobardischen Gesetzen des Königs Rothar heisst es: roborem aut quercum, quod est fereha (offenbar dasselbe Wort wie das ahd foraha) und nach Grimm's Wörterbuch (III 152,7.) ist ferch eine Eiche. — Dagegen bezeichnet das sanscr. dru, das goth. triu, das dänische trae, schw träd, das engl. tree, ags. treov, das slav. drjevo sowohl Baum als Holz, das griech. $\delta\varrho\upsilon\varsigma$ vorzugsweise, das irische darach und das wäl. derw ausschliesslich die Eiche. Wenn nun auch leicht ersichtlich ist, wie ein Wort sowohl Baum als Holz, oder Baum im Allgemeinen und Eiche insbesondere bezeichnen konnte, so ist die Erklärung viel schwieriger, wie der Name eines besonderen Baumes auf einen andern besondern Baum übergehen konnte. Die Hypothese, welche Max Müller (Vorlesungen über die Wissenschaft der Sprache, Leipzig 1865, Bd.II. S.212.) zur Erklärung dieser Erscheinung versucht hat, ist unhaltbar. Anknüpfend nämlich an den Vegetationswechsel Dänemarks in der Urzeit; soll der Wechsel in der Bedeutung der Wörter Föhre und Eiche, Eiche und Buche gleichsam der Schatten sein, welchen die in der Natur eintretenden Ereignisse auf die Sprache werfen (M. Müller l. c. S. 217.) Die arischen Stämme, welche während der Föhren-(Stein-)Periode in Europa sich ansiedelten, konnten unter diesen Verhältnissen natürlich nur die Föhre kennen und benannten sie mit diesem Worte. Als nun aber ganz allmählich an die Stelle der Föhren- eine Eichenvegetation trat, so wurde nach Müller das Wort Föhre auch auf die Eiche ausgedehnt, (daher das longobard. fereha und das neudeutsche ferch die Eiche bezeichnet). Dann muss aber auch für das Wort quercus die vorhistorische Bedeutung Föhre postulirt werden, eine kühne Hypothese, die anderweitig gar keine Bestätigung findet, wie sie denn auch zur Erklärung der Erscheinung ganz unnöthig ist. — Müller nimmt ferner an, dass die Hellenen in ihrem $\varphi\eta\gamma o\varsigma$ die ursprüngliche Bedeutung Eiche festhielten, während die italischen und teutonischen Arier, welche Zeugen (? ?) des Ueberganges der Eichen- in die Buchenperiode waren, den Namen fagus und boka als ein allgemeines Appellativum auf die neuen Waldungen übertrugen, die in ihrer heimathlichen Wildniss empor-

[1]) Nach Link. (Die Urwelt und das Alterthum. 2te Ausgabe 1934. I. S. 832.) Quercus Aegilops. L.

C) Die Atmosphäre war weniger nebelig, Wintergewitter fehlten. Es folgt diess nothwendig aus der Abhaltung des Wassers, welches der wärmere Golfstrom der Westküste des Landes zuführt. Der Wasserströmung entspricht nämlich stets eine Luftsrömung, welche jetzt von Südwesten, mit Wasserdämpfen beladen, in die zu gewissen Jahreszeiten kältere nördliche Atmosphäre eindringt und durch Abkühlung einen Theil ihres Wasserdampfes als Nebel niederschlägt.

§ 5. In diese Periode vor dem Durchbruche des englischen Kanals fallen zwei ausgedehnte Neubildungen des Bodens an der Westküste des Landes und eine dazwischen tretende grossartige Naturrevolution. Es sind diess, wenn wir die zeitliche Aufeinanderfolge beachten, die Bildung der Lagunenmoore, die grosse Senkung des Landes und die ihr folgende älteste Marschbildung.

§. 6. Die Bildung der Lagunenmoore. Man unterscheidet vier Arten von Mooren, die alle hier im Lande sich finden: Wiesen-, Wald-, Hoch-

---

wuchsen (l. c. S. 222 und 223). Doch meint Müller selbst, es lasse sich die Erscheinung auch aus einer Einwanderung der Arier aus einem Fichten- in ein Eichenland und aus einem Eichen- in ein Buchenland erklären, was allerdings viel einfacher ist. Das griechische φηγος, welches mit φαγειν (essen) zusammenhängt, zeigt uns, dass die Eiche (quercus Esculus) bei den Hellenen der Essbaum war wegen seiner essbaren Frucht, der runden Eichel. Wenn nun die italischen Arier aus den Eichenwäldern ihrer Urheimath in ein Land mit Buchenwaldungen einwanderten und die dreieckige Buchenecker auch essbar befanden, so bezeichneten sie ganz natürlich mit dem alten Namen, (fagus) den neuen Baum, eine Uebertragung, die gar nicht selten vorkommt. Es ist nun aber anderweitig von Lottner (Ueber die Stellung der Italea innerhalb des indoeuropäischen Stammes, in A. Kuhn's Zeitschrift für vergleichende Sprachkunde B. VII. S. 18—50. und S. 161—194.) und Kern l. c. S. 272 fg.) nachgewiesen, dass die Hindu, Perser und Hellenen sich früher von dem arischen Urvolke abgezweigt haben, als die Italer und die nordischen Völker (Germanen, Slaven und Letten); dass die Italer überhaupt ursprünglich näher verwandt sind mit den nordischen Völkern als mit den Hellenen, dass aber, wie bekannt, in späteren Zeitperioden vielfache Berührungen zwischen beiden Statt gefunden. Dadurch erklärt sich denn auch, dass im Deutschen gleichwie im Lateinischen der Name der Buche von der griechischen Bedeutung des Wortes abgewichen ist, während anderseits im Persischen bûk Eiche bedeuten soll. Die Richtigkeit dieser Angabe vorausgesetzt, entspräche diese Bezeichnung vollkommen dem äquivalenten griechischen Worte φηγος. Die Beglaubigung der Bedeutung des persischen Wortes steht aber noch zu erwarten, denn in der neuesten Ausgabe von Johnson's Wörterbuch und in Vuller's Lexicon Persico-Latinum fehlt das Wort (Max Müller l. c. II. S. 552.) — Schwieriger ist die Erklärung, wie die äquivalenten Wörter : Föhre und quercus so verschiedene Bedeutungen haben annehmen können. statt mit M. Müller für quercus die vorhistorische Bedeutung Föhre zu postuliren, erscheint es einfacher, für das Wort foraha die ursprüngliche Bedeutung Eiche anzunehmen, wodurch alsdann die spätere Erhaltung dieses Sinnes in vereinzelt dastehenden Ueberresten einfach sich erklärt. Die ganze Angelegenheit ist aber überhaupt noch gar nicht spruchreif: das hierher gehörige Material ist nicht einmal vollständig gesammelt, so dass man es im Zusammenhange übersehen kann. Beispielsweise erinnern wir nur daran, dass Espe und Esche (asp, ask) durch Substituirung des Labialen durch den Gutturaralen ursprünglich dasselbe Wort ist (Grimm) und später zwei verschiedene Bäume bezeichnen, während Erle und Ellen noch jetzt zur Bezeichnung desselben Baumes gebraucht werden; dass das lateinische vulpes dem deutschen Wolf, das griechische ἀλωπηζ (rudix: λωπ) dem lat. lup-us entspricht, während die Bedeutung eine verschiedene ist u. s. w. Cfr. A. W. Schlegel, Indisch. Bibl. I. 2, 239 fg. Link, Urwelt. 2te Ausgabe I. 356 fg.

und Lagunenmoore. An den Flüssen und Bächen finden sich die Wiesenmoore; fast überall im Geschiebelthon und hügeligen Geschiebesande, besonders an der Grenze beider Formationen die Waldmoore; die Hochmoore nur im Haidesand cfr. § 24. Die Bildung der Lagunenmoore muss der Marschbildung vorangegangen sein, weil alle alten Marschen des Landes auf Mooren liegen, Moormarschen sind. Die Lagunenmoore finden sich an der Westküste des Landes in der Nähe des Meeres. Man kann sie unter der inneren Marsch mit geringen Unterbrechungen von der französischen Küste an bis nach Skagen hin verfolgen. Da der Torf dieser Moore aus Süsswasserpflanzen besteht, so muss das Moor einst ein Landsee gewesen sein. Diese Süsswasserseen entstanden auf eine doppelte Weise: bald ward in unmittelbarer Nähe der Küste vom Meere eine Sandbank aufgeworfen, gleichsam eine Barre, die sich bildete, wo die von der Küste zurückgeworfene Welle der fortschreitenden begegnete; allmählich trennte sich völlig die Lagune vom Meere, deren Salzwasser durch das reichliche Zuströmen des süssen nach und nach ausgewaschen wurde; — bald sammelte sich in grösserer Entfernung von der See in dem flachen tief liegenden Lande das vom Rücken der Halbinsel reichlich herabströmende Wasser in wenig tiefen ausgedehnten Teichen und Seen an, in denen es mit der Zeit zu einer üppigen Torfbildung kam. Bei der Bildung der Torfmoore kann man aber mehrere Perioden unterscheiden. Im ersten Zeitraum bildet auf dem Boden der nicht bedeutend tiefen Wasserbassins sich eine für das Wasser undurchdringliche Schicht, die dasselbe zum Stagniren bringt. Diese Schicht besteht entweder aus Moder oder (bei der Wiesenmoore) aus Wiesenkalk. An der Bildung des Moders betheiligen sich theils pflanzliche, theils thierische Organismen. Eigentliche Wassserpflanzen, wie die Myriophyllen, Ceratophyllen, Wasserranunkeln und Potamogetonarten, wenn sie auch noch so massenhaft vorkommen, gehen in den Zustand der Fäulniss über, bilden aber nie Torf, sondern nur Moder, an dessen Bildung aber auch microscopisch kleine Diatomaceen und kieselschalige Infusorien sich betheiligen, welche während der warmen Jahreszeit in stagnirenden Gewässern in so grosser Menge sich entwickeln, dass ihre Reste allein schon hinreichen, ein flaches Wasserbecken binnen wenigen Jahren auszufüllen. Diese Kieselscelette von Infusorien, sowie die der Pflanzenzellen bilden nun die tiefste Schicht der Moore, welche, von Humussäure dunkel gefärbt, in nassem Zustande plastisch wie Thon ist, getrocknet aber zu Staub zerfällt, und gebrannt eine schneeweisse Masse (reine Kieselerde) darstellt. Der Wiesenkalk verdankt dagegen seinen Ursprung vorzugsweise den Charen, von denen mehrere Arten im hohen Grade die Eigenschaft besitzen, kohlensauren Kalk abzusondern, mit dem die Pflanzen sich vollständig überrinden. Bei Chara vulgaris (foetida) soll der Kalkgehalt bis auf 73, bei Chara hispida bis auf fast 57% der festen Bestandtheile ansteigen können. (*Boll* in dem Archiv für Naturgeschichte Jahrg. XXI S. 271.) Die Charen wachsen gesellig, verdrängen alle andern Pflanzen aus ihrem Bereiche und kommen in manchen Seen und Teichen, deren Wasser oder Boden sehr stark kalkhaltig ist, in ungeheurer. Menge vor. Da sie einjährige, im Herbste absterbende Pflanzen sind, so häufen sich allmählig aus ihren Resten ansehnliche Massen Kalk auf dem Boden der Gewässer an, der mit zersetzten organischen Stoffen mehr oder weniger gemengt ist, so dass der weisse Kalk durch diese Beimischung grau oder durch Eisenoxyd bisweilen gelblich gefärbt wird. Süsswasserconchylien von den Gattungen Limnaeus, Planorbis, Bithynia, Valvata, Cyclas und Pisidium sind dem Wiesenkalke beigemischt, der eine feuchte flüssige Masse bildet, die getrocknet zu einem krümlichen Pulver von sehr feinem Korn wird. Da nun die Charen eine gewisse Tiefe des Wassers bedürfen, so sterben sie aus, wenn diese nicht mehr vorhanden ist und ihr folgen andere Torf- und Wiesenboden bildende Pflanzen. Zweiter Zeitraum. Die Torfbildung beginnt wahrscheinlich mit der Entstehung der Humussäure dadurch, dass die Oberfläche des Wassers mit Pflanzenblättern so dicht bedeckt wird, dass diese Blattdecke den Sauerstoff der Luft völlig ausschliesst. Im dritten Zeitraum wird die jeden Herbst verschwindende Decke von Blättern der Wasserpflanzen durch eine, Sommer und Winter ausdauernde Decke von Moosarten ersetzt, welche, stets dicker werdend, von den feinen Zweigen der Preiselbeere *(Vaccinium oxycoccus)* bedeckt wird. Endlich kommt die Erle, deren Wurzeln durch die grosse Menge Wasser, deren sie bedürfen, den schwimmenden Torf um sich sammeln und befestigen. So schwebt die 2—3, bisweilen 4 Fuss dicke Moosdecke auf dem Wasser; beim Betreten schwankt die ganze Masse, ein schwebendes Moor. Jährlich sterben die unteren Moostengel ab und werden bei Ausschluss der Luft und bei Gegenwart von Humussäure leicht in Torf verwandelt und sinken zu Boden. Das schwebende oder unreife Moor besteht also aus einer unteren Torfschicht, aus Moorwasser und einer darüber wachsenden Moosdecke. Erst wenn die untere Torfschichte so angewachsen ist, dass sie die obere Moosdecke berührt, ist das Moor reif. So nahe diese Moore auch der Meeresküste liegen, ja selbst da, wo sie gegenwärtig vom Meere überdeckt werden, so hat doch die Meeresvegetation nirgends zu ihrer Torfbildung beigetragen. Denn die Algen, welche die Hauptmasse der Meeresflora bilden, eignen sich überhaupt nicht zur Torfbildung, so dass nur das Seegras (Zostera) übrig bleibt. Ehrenberg spricht aber allerdings von solchem von mikroscopischen Meeresthierchen ganz durchdrungenen Zosteratorf *(Froriep,* Tagesberichte 1852. Nr. 676 S. 240.)

An den Küsten der Nordsee kommt übrigens noch eine Modification der Torfbildung vor. Hat sich nämlich in den kleinen Landseen zwischen den Dünen eine Torfmasse gebildet und wird nun eine Düne darüber hingeweht, so findet man den vom Sande bedeckten Torf alsbald durch den auf ihm lastenden Druck der Sandmassen verändert. Während nämlich ein Cubikfuss des gewöhnlichen Torfs im getrockneten Zustande etwa 16 bis 20 Pfd. wiegt, beträgt das Gewicht des zusammengepressten trocknen 78 Pfd. Während jener nach der Austrocknung keine Spur von Schichtung zeigt, ist dieser sehr deutlich geschichtet und fast schieferig. Verglichen mit den Seitenwänden einer

noch frischen Torfgrube sieht man deutlich, dass die dünnen Schichten das
Produkt einer Vegetationsperiode, also eines Jahres enthalten (*Forchhammer*
in Leonhard und Bronns Jahrb. 1841. S. 13). Ueber die Bildung der Moore
auf der Geest cfr. §. 24. 4.

§. 7. Die grosse Senkung des Landes brachte darauf diese Lagunenmoore unter den Meeresspiegel, so dass der Marschthon sich darüber ab-
lagern konnte. Nicht blos die submarine Lage dieser Lagunenmoore, auch die
häufig vorkommenden Spuren untermeerischer Wälder bürgen für diese Naturrevolution, welche sich auf die kimbrische Halbinsel nicht beschränkte; denn
von den Küsten Spaniens bis zur Nordspitze Jütlands, von Bornholm bis zur
Westspitze von Cornwallis findet man überall an den Küsten in grösserer oder
geringerer Tiefe zahlreiche Spuren untermeerischer Wälder und Torfmoore.
Was die Westküste Schleswigs betrifft, so finden sich bei Oland, einer Hallig,
und zwischen Romöe und dem festen Lande untermeerische Wälder von Föhren
bis zu 10 Fuss Tiefe unter der täglichen Fluthhöhe, deren Wurzeln und Stubben hier noch im Sande, worin sie gewachsen sind, vollkommen aufrecht stehen,
so dass folglich durch Senkung des Bodens der Wald gesunken, er aber nicht
unterwühlt worden ist; um die Hallig Oland stehen wie ein Steindamm Eichen-
stubben; unter der Marsch bei Tondern liegen grosse Baumstämme; im Husumer
Hafen fand man unter einigen Fuss Marscherde ein Torfmoor und unter diesem
einen Birkenwald, dessen Wurzeln im alten ordinären Strandsande standen und
dessen Stämme horizontal in der Richtung von Nordwest nach Südost auf dem
Boden des Torfmoores lagen, der alte Seestrandboden, welcher Cardium edule
enthielt, liegt 13 Fuss unter der Oberfläche des Wassers bei gewöhnlicher
Fluthhöhe (*Forchhammer* in Oversigt over des K. Danske Videnskabernes Selskabs Forhandlinger i Aaret 1842. S. 64); ferner fand man an der Westküste
Sylts, 10 Fuss tief im Meere, Süsswassertorf mit vielen Birkenstämmen, und in
dem Meere zwischen Föhr und dem festen Lande den Thul, den Torf der
Friesen, aus dem früher Jahrhunderte lang das friesische Salz bereitet ward,
ein Beweis von der ungeheuren Ausdehnung dieser untermeerischen Moore. Ganz
ähnliche Verhältnisse finden sich an allen Küsten der Nordsee: nach Norden
lassen sie sich bis an den Liimfjord hin nachweisen; gegen Süden zeigen die
Marschen der ganzen deutschen Nordseeküste, sowie in Holland, eine gleiche
Beschaffenheit, und an der Ostküste Englands finden sich auch untermeerische
Wälder, z. B. in Lincolnshire (Correa de Serra in Philos. Transact. 1799.). Es
zeigt sich aber dieses Phänomen sowohl östlich als westlich weit über dem Umfang der Nordsee verbreitet: im Westen ziehen sich untermeerische Wälder von
Cornwallis bis Yorkshire hin, finden sich an der Nordküste Frankreichs und
sollen an der Spaniens vorkommen; im Osten hat man an der Südküste Schonens untermeerische Moore (*Nielson*), an der Westküste Bornholms untermeerische Wälder (*Forchhammer*) gefunden. Hier müssen wir nun noch einer Süsswasserbildung Erwähnung thun, die vor der Marschbildung durch die Senkung
des Bodens vom Meere überdeckt wurde. Es ist dies die Bildung des schon er-

wähnten Thuls oder Dargs. Noch jetzt entstehen hinter den Deichen, wenn die Schleussen das Binnenwasser nicht gehörig abzuleiten vermögen, Sümpfe mit einer dichten Sumpfvegetation, ein s. g. Grünlandsmoor, wie diess z. B. noch jetzt in Biesbosch in Holland der Fall ist. In der Urzeit fand nun eine ganz ähnliche Bildung Statt, hinter den Dänen, die nur durch schmale Oeffnungen den in zahlreichen kleinen Rinnsalen getheilten Flüssen einen Ausgang gestatteten. Die Reste dieser Sumpfvegetation von Moosen, Gräsern und Halbgräsern wird vor der völligen Zersetzung durch den Reichthum dieser Gräser an Kieselsäure geschützt und bildet unter dem fetten Marschthon eine selten fehlende Torfschicht von eigenthümlicher Natur, den Darg. Sie ruht unmittelbar auf den Sandschichten, die überall an der Nordseeküste das unterste deutlich erkannte Glied der Bodenschichtungen bilden und bedeckt dieselben in sehr ungleicher Mächtigkeit. In Ostfriesland schwankt sie zwischen einem und 15 Fuss; im Mittel beträgt sie 2 bis 4 Fuss. Ihre grösste Entwicklung hat sie wohl mit 20 Fuss bei Brockdorf in der Wilstermarsch erreicht. Die sandige Unterlage wird von ihr bis zu einer Tiefe von etwa einem Fuss schwarz gefärbt, ebenso wie die Sandunterlage der Hochmoore. Die Farbe des Dargs ist gelbbraun. Ein oft nicht unbedeutender Schwefelkiesgehalt macht ihn zum Brennen untauglich. *Ehrenberg* hat auf das Vorkommen von Meeresinfusorien im Darg aufmerksam gemacht, welche dadurch in denselben geriethen, dass bei Hochfluthen das Meereswasser durch die Flussöffnungen eintrat, das niedrige Binnenland überschwemmte und seine Infusorien absetzte. Auf diese Weise bekam der Darg auch einen Gehalt an Seesalz, der jedoch ziemlich unbedeutend war, denn man setzte bei der Salzbereitung aus dem Thul zu seiner Asche Seewasser hinzu. Gleichzeitig mit der Dargbildung sind die untermeerischen Wälder entstanden, welche wesentlich aus Birken-, Eichen- und Fichtenresten bestehen, deren Wurzel bis in den Sand hinabgehen. Die neben den noch aufrecht stehenden Stümpfen den Boden dicht bedeckenden Stämme zeigen durch ihre Lage nach Ost in der Richtung des herrschenden Seewindes, dass sie von mächtigen Stürmen geknickt wurden. In der Gegend von Husum, wo die Dargschicht selbst $3\frac{1}{2}$ Fuss Mächtigkeit hat, beträgt die Dicke der aus Zweigen und Stämmen, besonders von Birken bestehenden Schicht eben so viel. In dem ganzen Bogen der Küste Jütlands bis zur Scheldemündung trifft man solche Dargbildungen unter dem gegenwärtigen Spiegel des Meeres, häufig sogar auf der Aussenseite der Dünen an.

Die Senkung des Landes erfolgte aber plötzlich, denn das Holz der Stubben und Stämme der untermeerischen Wälder ist vollkommen wohl erhalten, so dass es nur durch ein rasches Versenken ins Wasser der zerstörenden Einwirkung der Luft entzogen worden ist. Bei langsamer Versenkung der Einwirkung der Atmosphäre Preis gegeben, wäre das Holz sicherlich vermodert. Die Grösse der Senkung war wahrscheinlich an verschiedenen Orten eine verschiedene. An der Westküste unseres Landes betrug sie wenigstens 10—12 Fuss. Denn da der Föhrenwald bei Romöe 10—12 Fuss unter der jetzigen mittleren Fluthhöhe und ebenso tief ungefähr der Boden des Birkenwaldes bei Husum liegt, so ist diese Grösse das Minimum der Senkung. Weil aber höchst wahrscheinlich nicht alle Wälder im Niveau des Meeres lagen, so war die Senkung, wenigstens stellenweise, bedeutender, wie denn z. B. an der Westküste von Bornholm der Föhrenwald 27 Fuss unter dem jetzigen Meeresspiegel liegt (*Forchhammer*.) — Dass diese Senkung des Landes aber gerade in diese Zeitperiode fällt, wo das Land bereits bewohnt, der englische Kanal noch nicht durchbrochen war, das lässt sich unwiderleglich darthun. Mitten in jenem im Hafen von Husum versunkenen Birkenwalde hat man ein aus weissem Dünensande aufgeworfenes Grab entdeckt, welches dem sogenannten Steinalter angehört. (Oversigt over det K. danske Videnskabernes Selskabs Forhandlinger i Aaret 1842. S. 64 und 1853. S. 52 fg.). Diess Grab war also schon vo r der Senkung des Landes aufgeworfen. Unter ähnlichen Verhältnissen fand man auch an der Küste von Cornwallis Menschenschädel. Dass aber der englische Kanal noch nicht durchbrochen, als jene grosse Senkung eintrat, das lässt sich durch Combiniren mehrerer archäologischen Thatsachen darthun. Wir werden in der Folge sehen (§. 9.), dass die kimbrische Fluth, so weit sie reichte, den Boden mit einer Schicht, der sogenannten Steinahl, überdeckte. So war denn auch ein Grab, welches Forchhamer auf Sylt öffnen liess, in geringer Tiefe von der Oberfläche mit dieser Steinahllage bedeckt. Diese Schicht fehlte aber jenem Grabe, welches man in dem im Husumer Hafen versunkenen Birkenwalde entdeckte, folglich muss die Senkung vo r jener Fluth eingetreten sein, worauf auch die Folge aller sonstigen Erscheinungen hindeutet. Da nun erst die kimbrische Fluth den englischen Kanal durchbrach (§. 9), so fand die grosse Senkung des Landes bei noch bestehendem Zusammenhange Englands und Frankreichs statt.

Die Umrisse der Küsten des nördlichen Europa's und namentlich der Westküste der kimbrischen Halbinsel wurde gänzlich durch dieses Naturereigniss verändert. Von dem Nissumfjord an nach Süden durch ganz Schleswig zieht sich, häufig unterbrochen, eine niedrige Dünenkette hin, ungefähr 4 Meilen vom jetzigen Strande entfernt, deren steile Partien Cleve oder Donn heissen. Diese Dünenkette entspricht nach *Forchhammer* dem Strande des Meeres nach der grossen Senkung. Da aber diese schleswigsche Dünenkette die Fortsetzung der holsteinischen und lauenburgischen ist (§. 18.), die holsteinische sich aber als keine Meeres-, sondern als Elbdünenkette dokumentirt, so wird nothwenig die schleswigsche Dünenkette auch von der Elbe gebildet sein, zumal da deren Mündung einst hoch oben bei Hoyer, in noch früherer Zeit am Nissumfjord in Jütland sich befand (§ 18). Wäre die Dünenkette eine Meeresbildung, so sieht man nicht ein, warum sie am Nissumfjord endigt und sich nicht noch nördlicher in Jütland fortgesetzt habe. Unter und östlich von diesen Dünen hat man daher nie Marsch entdeckt. Als Ueberbleibsel des versunkenen Landes umgaben grössere und kleinere Inseln die Küste. Die Wirkung dieser Senkung hat sich aber natürlich nicht auf das Meeresufer beschränkt, sondern auch das Innere des Landes betroffen. Auf der kimbrischen Halbinsel scheint sie eine Versumpfung im Innern veranlasst zu haben, da das Regenwasser wegen des höheren Standes des Meeres einen schwierigen Abfluss hatte. Es steht diese Senkung übrigens nicht beispiellos in der Geschichte des Landes da, — durch Senkung gingen im Mittelalter die holsteinischen Elbkirchspiele, namentlich Bishorst zu Grunde — wie es denn überhaupt noch zur Frage steht, ob nicht die grössere südliche Hälfte der kimbrischen Halbinsel fortwährend in einem langsamen Sinken begriffen ist. Es ist bewiesen, dass der Theil von Jütland langsam sich hebt, welcher nordöstlich von der Linie liegt, die man von Nyborg auf Fühnen nach dem Nissumfjord an der jütischen Westküste sich gezogen denkt und welche in der Richtung von S. S. O. nach N. N. W. parallel läuft mit der Urgebirgskette in Südschweden, und dass im Norden Jütlands diese Hebung in einem Jahrhundert ungefähr 1 Fuss beträgt *(Forchhammer)*. Bei Ballegaard am Mariager Fjord ist die Küste 20 Fuss gehoben (Leonhard und Bronen Neues Jahrb. 1843. S. 107.). Sinkt nun das Land im Süden dieser Linie, gleich wie das südliche Schonen sinkt, während das nördliche Schweden sich hebt? Manche Erscheinungen, die auf ein Sinken des Landes hinzudeuten scheinen, lassen sich auch durch ein Abspülen des Landes von Seiten des Meeres erklären, z. B. die Bildung der Insel Oehe an der schleswigschen Ostküste, früher eine Halbinsel; die Bildung des Hafens Dywig auf Alsen, der früher ein Landsee war. Doch deuten andererseits mehrere Thatsachen auf ein Sinken des Bodens hin: die Reste der Schleimünder Burg stehen beständig unter Wasser; an der Probsteier Küste ist das alte Bramhorst verschwunden und die Stubben der Waldungen dieses vormaligen Jagdschlosses stehen 400 bis 500 Schritt hinaus in der Meeresfluth; mitten im Meere, tief unter der Wasserfläche, nicht weit vom östlichen Ausflusse des Fehmarsundes, sieht man die Reste eines alten Walles; endlich — was besonders entscheidend zu sein scheint — liegen jetzt zwei grosse Felsblöcke am Travemünder Ostseestrande, der sogenannte Kröger- und Möwenstein, mitten im Wasser, der erste bereits 24 Fuss vom Strande, während vor 80 Jahren beide erweislich am Ufer lagen. Uebrigens sind die Ufer der Nordsee, längs der Küste von Jütland, Schleswig, Hannover, Holland, Frankreich, Südengland bis Cornwallis und Ostengland bis Yorkshire fortwährend im Sinken begriffen. (Leonhard und Bronn, Neues Jahrb. 1843. l. c.).

§ 8. **Die Bildung der ältesten Marsch** begann, nachdem dergestalt durch die plötzliche Senkung des Bodens die Moore untermeerisch geworden waren. Wirft man aber einen Blick auf die Karte, so bildet die jütische Küste von Hanstedt (bei Thistedt) bis Oxby (bei Warde) eine gebogene Linie, deren Hauptrichtung von Norden nach Süden geht und nur durch die Mündungen der Meerbusen unterbrochen ist. Vom letzteren Orte setzt sich die Linie fort durch die Inseln Fanöe, Manöe, Romöe, Sylt, Föhr und Amrom, wo die Aussenküste aufhört, denn weder Helgoland noch der Kern der 3 früheren Inseln Eiderstedt, Everschon und Utholm gehören zu der

Fortsetzung der jütischen Küstenlinie. Diese Kette von Inseln besteht, einzelne kleine Marschflächen ihrer Ostseite ausgenommen, aus Hochland von Sand, Lehm und Rollsteinen. Hier im Meere zwischen diesen Inseln und dem Festlande, wo die Macht der Wogen gebrochen, kann eine Marschbildung zu Stande kommen und zwar um so leichter, je ruhiger und geschützter die See hier ist. Das Material zu dieser Bildung, den Marschthon (Schlick), liefert die See. Dieser Schlick enthält viele Infusorien, namentlich kieselartige Seeinfusorien, die im Brakwasser abzusterben scheinen. Nach *Ehrenberg* bilden sie $^1/_{20}$ des Volums* des Marschschlammes; Prestel fand, dass die in jeder Ebbezeit, im Emdener Hafen gebildete obere Schickschicht fast zu $^6/_{10}$ aus Infusorienpanzern bestehe. In der Tiefe der Nordsee spielt die Braunkohlenformation eine grosse Rolle. Diese Formation, liefert sowohl den Thon der Marschen als den Sand der Dünen, beide voll weisser Glimmerblättchen. Gleich dem Thon der Braunkohle enthält der Marschthon im Gegensatz zu dem glimmerarmen Geschiebethon wenig Kalk. Man darf daher die Nordsee-Marschen nicht als das Erzeugniss der in sie mündenden Flüsse ansehen. So reich an suspendirten Erdtheilen das Wasser der Flüsse auch sein mag, — das Verhältniss der festen aufgeschwemmten Theile zu den flüssigen ist in der Elbe bei Brunsbüttel im Durchschnitt 1:331, bei westlichen Winden 1:210 (im Nilwasser 1:120) — so haben doch der Rechnung nach alle Flüsse der Nordsee während eines Zeitraums von drei Jahrtausenden höchstens 6 Quadratmeilen Marsch gebildet, vorausgesetzt, dass aller Schlamm der Flüsse wirklich abgesetzt und nicht in die Tiefe des Meeres hinabgespült worden, eine Voraussetzung, die jedoch nicht möglich ist. Die Marschen am Süd- und Ostufer der Nordsee nehmen aber jetzt einen Raum ein von 450 ☐Meilen (§ 3. a). An Orten, wo das Wasser sich in Ruhe befand, setzte die See die aufgeschwemmten Erdtheile bald langsamer bald schneller ab: Eisfluthen namentlich bewirkten eine stärkere Schlickablagerung, weil das Eis der Watten mit Thon enorm geschwängert ist. So hinterliess z. B. die Eisfluth vom 7. und 8. Januar 1839 an vielen Stellen eine 8 Zoll dicke Schlickschicht, während die täglich zweimal wiederkehrende Fluth oft erst in 50 Jahren im Stande ist, die sich bildende Marsch um Einen Fuss zu erhöhen. — Die Marschbildung folgt ganz bestimmten Gesetzen. Weit in's Meer hinaus gehen die Watten, theils Reste zerstörten, theils Anfänge neugebildeten Landes. An ihrem äussersten Rande bilden sich bei starkem Wellenschlage Sandbänke bis zur Höhe der vollen Fluth. Gegen die Landseite hin setzt nun das Wasser den Thon ab, mit dem es überladen ist. Seiner Feinheit wegen setzt er sich nur im ruhigen Wasser ab, wo eine Insel oder eine Sandbank Schutz gegen den Wellenschlag gewährt. Zur Beförderung der Marschbildung zieht man deshalb auch künstliche, niedrige, bei hoher Fluth überschwemmte Deiche, sogenannte Lahnungen, im Meere. Jede Fluth bildet eine kleine Thonschicht: auf der Sandwatte bildet sich eine Schlickwatte. Wenn der Boden bei eintretender Ebbe abtrocknet, erscheinen darauf häufig feine, grünliche Fäden, Conferva ehthonoplastes, die das Erdreich schlüpfrig machen. Ueber diese schlüpfrige Schichte lagert sich bei eintretender Fluth neuer Schlick, auf dem wiederum Conferven entstehen und sofort bis der Boden sich mehr und mehr erhebt. Wenn dieser nun, allmählich erhöht, bei niedrigem Wasser eine geraume Zeit trocken liegt, so wächst hier der Queller, Krückfuss oder Glasschmelz, *Salicornia herbacea L.*, durch dessen steife rechtwinklig stehende Aeste die Thonablagerung befördert wird. Später macht der Queller anderen Pflanzen Platz; denn die einzelnen Stadien dieses Entwicklungsvorganges begleitet eine bestimmte Aufeinanderfolge gewisser Pflanzen. Nach dem Quellerwuchs zeigen sich zwei Sandarten, Arenaria marina Web. und medica L., das Mastkraut, Sagina maritima Don., der Gänsefuss Chenopodium maritimum L., das Kochskraut, Kochia hirsuta N. und das Salzkraut, Salsola Kali L. In den durch das Meer gebildeten Einschnitten und Wasserläufen des Vorlandes wachsen gleichzeitig zwei Arten von Seegras, Zostera marina L. und Z. minor N., die Ruppspflanze, Ruppia maritima L. und die Zannichelspflanze, Zannichellia maritima. Demnächst bildet sich eine ganz neue Vegetation, die durchweg aus nahrhaften Salzpflanzen besteht. Von diesen sind hervorzuheben: zwei Arten der Meergrasnelke, Statice limonium L. und Armeria maritima Willd., die Seesternblume oder Sülte, Aster tripolium L., der Meerwegerich oder die Sude, Plantago maritima L., der Meerdreizack oder Sättiggras, Triglochin maritimum, der Meerbeifluss Artimisia maritima L., das Milchkraut, Glaux maritima, verschiedene Arten der Melde, Atriplex L. und der Simse, Scirpus, sowie der Drückdal, Juncus bothnicus Wahlenb. Am meisten aber trägt zum Wachsen des Marschbodens bei der Meerwegerich, *Plantago maritima.* Die Marsch erhöht sich langsam mehr und mehr, theils durch die Wurzeln, die den Thon auflockern, theils durch den Zuwachs der hohen Herbst- und Winterfluthen. Zu jenen Pflanzen gesellt sich als hauptsächlich wichtig der Andel, Poa distans L. und P. maritima Hudson, erstere Art auch Meergras, letztere Meerstrandgras genannt, welcher in Verbindung mit dem Drückdal[1]) Glyceria maritima M. und K. den dichten Untergrund des neuen Graswuchses bildet. Endlich erscheint der weisse Klee, *Trifolium repens,* ein Zeichen, dass das Land jetzt reif ist zur Eindeichung.

Die Marsch der kimbrischen Halbinsel beginnt am Ringkjöbingfjord mit den sogenannten „Tippen"; sie ist hier unbedeutend und selbst bei Ripen noch sehr schmal. Die Deiche fangen erst bei Hoyer an und ziehen sich ununterbrochen bis nach Wedel hinab. Die Marschen sind theils älteren, theils jüngeren Ursprungs. Jene sind sämmtlich Moormarschen, ruhen auf Mooren, entweder unmittelbar oder mittelbar, indem eine Sandschicht dazwischen tritt, diese sind Sandmarschen und haben Meeressand zur Unterlage.

Die Moormarschen sind verschieden, je nachdem das Moor, worauf die Marsch ruht, ein reifes oder unreifes Moor ist (§ 6.), die festen und die

---

[1]) Siehe hinten die Zusätze.

schwebenden Moormarschen. [1]) Bei den festen Moormarschen, welche der Torf durch das Gewicht der darüber gelagerten Schlickmassen zusammendrückt, hat die Compression bereits vor langer Zeit ihre Grenze erreicht, in deren Folge die innere Marsch eine tiefere Lage hat, als die äussere Sandmarsch; die schwebende Marsch ist dagegen in beständigem Sinken begriffen. Die Wilstermarsch, die Insel Pelworm sind schwebende Marschen. Nordstrand ging 1634 theilweise unter, weil es wahrscheinlich schwebende Marsch war. Ueberall unter der Marscherde trifft man hier auf ein schwarzes mooriges Wasser. Der Druck der Marsch presst dieses Moorwasser langsam durch die ehemalige Sandbank in den Fluss oder in das Meer, und die Senkung hat erst ihr Ende erreicht, wenn alles Wasser durchgepresst worden. In der Wilstermarch~ beträgt die Senkung in hundert Jahren mindestens einen Fuss. Sie liegt jetzt schon 7 bis 8 Fuss unter dem Niveau des Elbspiegels. Stellenweise, namentlich wo die Deiche einen grösseren Druck ausüben, ist die Senkung beträchtlicher: mancher Kirchthurm überragt jetzt den Deich. Wo der Deichkörper auf einen Boden drückt, der keinen festen Untergrund hat, wie bei den Flussmarschen, da sinkt er zuweilen plötzlich. So sank im Jahre 1790 auf einmal der hohe Brockdorfer Deich auf die ordinäre Fluthhöhe und presste, wieder erhöht, seinen alten Untergrund mitten im Elbbette hervor. Der innere Theil der Wilstermarsch bildete einst einen Binnensee, wie Kuss in Falk's Archiv. B. IV S. 492—503 bewiesen, welcher im Norden zwischen Wilstermarsch und Ditmarschen mit der Elbe, im Süden durch mehrere Ausflüsse, durch die Wilterau und durch die Flethe, wonach Wewelsfleth und Beyenfleth benannt sind, mit der Stör in Verbindung stand. Der an Elbe und Stör angrenzende Theil der Marsch ward zuerst und zwar lange vor der Bedeichung bewohnt, weshalb hier noch alle Häuser auf Warfen stehen; deshalb finden sich auch jetzt noch alle Kirchen in der Wilstermarsch am äussersten Rande derselben, unfern der Elbe, der Stör und der Geest, wie denn auch nur hier

---

[1]) Der misslungene Versuch bei Glückstadt einen artesischen Brunnen zu bohren, hat das interessante Resultat zur Folge gehabt, uns über die tiefere Lagerung der Schichten der festen Moormarsch aufzuklären. Man bohrte nämlich 478²/₃ Fuss tief und stiess nach einander auf folgende Schichten:

1. Marscherde	5¹/₂	Fuss.
2. Fiel-Kleierde	13	„
3. Torfmoor:		
a) Weich, mürbe, Seegewächse enthaltend	6¹/₂	„
b) Gelblich, sehr zersetzt	5	„
c) Fester, schwarzer Torf mit vielen Wurzeln	6¹/₂	„
4. Grauer Thon	13¹/₂	„
5. Braunkohle	1	„
6. Meersand mit Steinen	63	„
7. Fester Thon	306	„
8. Uebergang zu losem Meersandstein	10	„
9. Häufiger Wechsel von Thon, Sandsteingeschieben, Muschellagern, Mergel mit Glimmer und Kalkspath	48²/₃	„
Summa	478³/₃	Fuss.

adlige Güter vorgekommen, denn im Mittelalter war die innere Wilstermarsch noch ein See. Steht nun aber das Wasser des Meeres mit dem Moorwasser der schwebenden Marsch in Verbindung, so wird bei einer Fluth, wo das Wasser viel höher als die Marsch ansteigt, ein Druck Statt finden von unten nach oben, der Höhe des Wasserstandes entsprechend und wenn dieser Druck stärker wird, als der entgegengesetzte, den die Marsch durch ihre Schwere auf das Moorwasser ausübt, so wird die völlige Vernichtung des Landes die Folge davon sein. — Dass übrigens eine gründliche Drainirung, die den Kleiboden zusammensinken macht, die schwebenden Moormarschen zu einem noch stärkeren Sinken bringt, hat die Erfahrung der Neuzeit gelehrt *(v. Reventlow)*. Was den Einfluss der Marschbildung auf die Formenumrisse der Küste schliesslich betrifft, so ist derselbe gross gewesen im Verlaufe der Zeit: durch sie wurden Inseln mit einander verbunden, es entstanden neue und andere wurden landfest.

§ 9. Da trat nun endlich jene **grosse Fluth** ein, welche, durch Senkung des Bodens veranlasst,[1] den letzten Rest der schmalen Landzunge zerriss, durch welche England mit Frankreich verbunden war, so dass also Grossbritannien eine **continentale Senkungsinsel** ist. Sie ist eine προςϑήκη, eine Abspaltung, ein Glied des Festlandes, ἀποσπάσματῆς, ἤπείρου, wie Strabo sich ausdrücken würde. Es erfolgte nämlich der Durchbruch des 70 bis 80 Meilen langen englischen Kanals durch Senkung des Bodens nicht auf einmal, nicht durch eine einzige Fluth, sondern langsam, allmählich, im Verlaufe vieler Jahrhunderte. Schon in jenen Zeiten, als noch Elephanten in England lebten, war seine Trennung von Frankreich bereits weit vorgeschritten; denn man findet in dem jetzigen Bett des Kanals Erdschichten, die Elephantenknochen enthalten. Noch heutigen Tages zeichnet sich die Fluth an den Küsten des Kanals wegen seiner trichterförmigen Gestalt durch ihre Höhe aus; als die Spitze dieses Trichters geschlossen war, musste die Fluth noch viel höher steigen. So erreicht sie in dem trichterförmigen Meerbusen von Bristol eine Höhe von mehr als 40 Fuss, folglich muss sie in dem tiefer einschneidenden Kanale noch höher gestiegen sein. Erst als die letzte Schranke durchbrochen wurde, als die im trichterförmigen Meerbusen zu enormer Höhe angeschwollenen Meereswogen einen Ausgang sich erzwangen, wurde die ganze Westküste Schleswigs überschwemmt. Diese Fluth, welcher die Westküste der kimbrischen Halbinsel preisgegeben war, hat als Zeugen ihrer Wirkung die jüngste allgemeine Bodenformation, die sogenannte Steinahlschicht, gebildet. Die Steinahl besteht aus denselben losen, theils abgerundeten, theils eckigen Steinen, welche sich in der Tiefe des Bodens finden, die aber dicht bei einander liegen. Man findet sie an der Westküste von Ditmarschen an bis nach Vendsyssel hinein, bald 4 bis 5 Fuss unter der Oberfläche des Bodens, wie bei

---

[1] Diese Senkung des Bodens des jetzigen Pas de Calais rührte von der Aufrichtung der Kreideschichten her, welche sich auf beiden Seiten nach dem Innern des Landes zu senkten und von der Seeseite gehoben erscheinen (Chr. Martins, von Spitzenbergen zur Saharah, Bd: I. S. 233.)

Keitum auf Sylt, bald nur einige Zoll tief. An der Küste liegt die Schicht am tiefsten und hebt sich höher und höher bis an die Oberfläche des Bodens, je tiefer man in's Land hineingeht. Ebenso ist die Steinschicht je südlicher desto mehr überlagert von angeschwemmtem Meeresboden: hoch oben in Jütland tritt sie zu Tage. Sie folgt der Geschiebebildung der Westküste, fehlt in den Marschen und im Flugsande; den Höhenrücken der Halbinsel übersteigt sie nicht, nur an einzelnen Stellen findet sie sich in den Thälern, welche sich vom Rücken der Halbinsel nach Osten hin senken; sie fehlt gänzlich der Ostküste, wie allen Inseln des Kattegats und der Ostsee. Dieses Steinlager folgt allen Unebenheiten des Bodens, es liegt über dem Geschiebethon und dem Geschiebesande, nur da unterbrochen, wo der ursprüngliche Boden keine Steine enthielt. Am höchsten liegt die Schicht wohl beim Dorfe Campen auf Sylt, ungefähr 60 Fuss hoch, — auf grösseren Höhen der Insel fehlt sie —, dagegen bei Keitum nur 16 bis 20 Fuss über dem Meeresstrande. Auf den Haiden Föhrs liegt diese Steinschicht oft unbedeckt zu Tage, ebenso auf Amrom, wo keine Dünen sind. Die Steinahl bedeckt einen Flächenraum von mehr als 100 Quadratmeilen. Eine genaue Untersuchung dieser Steinahlschicht, ein Verdienst Forchhammers[1]), hat uns die Mittel verschafft, nicht nur die Bildungsschichte dieser Formation zu erkennen, sondern auch auf die Eigenthümlichkeiten jener Fluth Rückschlüsse zu machen.

Die Steinahlschicht wurde weder durch den Wellenschlag des Meeres noch durch den Wind gebildet. Sie bezeichnet nicht die vormaligen Meeresufer, sie ist kein Strandwall, durch spätere Hebungen des Bodens dem Wellenschlage entrückt. Denn wäre sie allmählich im Laufe der Zeit durch den Wellenschlag gebildet, so würde dieser die wellenförmigen Unebenheiten des Bodens geebnet haben, so dass die Steine in einem fast gleichen Niveau lägen, was aber nicht der Fall ist. Auch der Wind hat die Schicht nicht gebildet, indem er den Sand wegwehte und die Steine zurückliess, wie solches in Jütland in untergeordneter Weise noch jetzt stattfindet. Es kann der Wind nämlich den Thon nicht wegwehen, die Steinahl liegt aber sowohl auf Geschiebethon als auf Geschiebesand. Die Steinahl muss also gebildet worden sein durch eine Wasserfluth, welche, von Westen kommend, den Sand und Lehm wegspülte, die Steine aber liegen liess. Als das Wasser wieder ruhiger geworden, setzte es die aufgewühlte Erde ab, die nun die Steinahl mehr oder minder dick bedeckt, je nachdem die Bewegung mehr oder minder gewaltsam war.

Was nun die Eigenthümlichkeiten jener grossen Fluth betrifft, so war die durch sie bewirkte Ueberschwemmung eine allgemeine. Dies geht schon daraus hervor, dass das Erzeugniss derselben, die Steinahlformation, eine Fläche

---

[1]) Forchhammer: Ueber dauernde Niveau-Veränderungen und Spuren von Ueberfluthungen an der Westküste von Schleswig; in Falk's Neuem Staatsbürgerl. Magaz. 1837, Bd. VI, S. 51 ff. Forchhammer: Om en stor Vandflod, der har truffet Danmark; im Dansk Folkekalender for 1844, S. 84 ff.

von mehr als 100 Quadratmeilen an der Westküste der kimbrischen Halbinsel überdeckt hat. Auf den westlichen Inseln Schleswigs steigt die Steinahl zu der grössten Höhe an, erreicht die bedeutendste Mächtigkeit und ist von der dicksten Erdlage bedeckt, vollgültige Beweise von der Gewaltsamkeit des Wellenschlags. Die Höhe der Fluth lässt sich annäherungsweise bestimmen. Beobachtungen auf der Insel Amrom haben bewiesen, dass die Westsee-Inseln seit jener Fluth ungefähr 20 Fuss gehoben sind. Denn auf Amrom findet man in der Nähe von Steenodde etwa 30 Fuss über dem Meere eine Menge sehr niedriger Grabhügel, in deren eine man eine Steinsetzung gefunden hat. Um diese Hügel herum und ganz deutlich in Verbindung mit ihnen findet sich ein niedriger Wall, den man weit hinaus ins Land verfolgen kann. Hügel und Wall zeigen ganz deutlich die Steinschicht. Sie sind also älter als die grosse Fluth. Der Wall endigt plötzlich etwa 20 Schritte von dem jetzigen steilen Ufer. Man kann sich des Gedankens nicht erwehren, dass er einst bis ans Meer fortgeführt gewesen ist, und da man keine Spur davon entdecken kann, dass ein Theil desselben gänzlich zerstört ist, so wird man gezwungen, anzunehmen, dass das Land seit jener Fluth um etwa 20 Fuss gehoben worden (*Forchhammer* im Neuen Staatsbürgerlichen Magazin. B. VI. S. 66.) Da nun die Steinahlschicht, wo sie am höchsten liegt, eine Höhe von ungefähr 60 Fuss erreicht, so muss die grosse Fluth bis zu 60 — 20 = 40 Fuss angeschwollen sein. Bei einer der grössten Fluthen neuerer Zeit, in der Nacht vom 3ten auf den 4ten Februar 1825 stieg das Wasser auf Föhr 14 Fuss über die tägliche Fluthhöhe von 9 Fuss, und bei der Sturmfluth vom 11ten December 1792 stieg das Wasser bei Hamburg $20^{1/2}$ Fuss über den gewöhnlichen höchsten Wasserstand (der Unterschied zwischen Ebbe und Fluth beträgt bei Altona 6 bis 7 Fuss). Dies ist der höchste Wasserstand, den wir genau kennen. Wie viel fehlt aber daran, dass selbst die stärksten Fluthen der Gegenwart die Höhe jener Steinahlfluth erreichten! Endlich kann die Fluth nicht lange gedauert haben, sie muss eine plötzliche, momentane gewesen sein, weil sie nicht im Stande gewesen, die kleinen wellenförmigen Unebenheiten des Bodens, worauf die Steinahl liegt, zu verwischen.

Es muss nun aber die grosse räumliche Ausdehnung dieser Fluth, ihre beispiellose Höhe und ihre kurze zeitliche Dauer uns zu der Ueberzeugung führen, dass weder die stärksten Springfluthen, noch die heftigsten Stürme aus Westen, noch beide zusammen die Höhe, bis zu welcher diese Fluth angeschwollen, zu erklären im Stande sind, dass vielmehr nur ein Ereigniss, wie der Durchbruch des Kanals, welcher ja einmal stattgefunden haben muss, einen Erklärungsgrund für sie abgeben kann.

Was endlich den Zeitpunkt betrifft, in den jene Naturrevolution fällt, so gehört die Fluth der gegenwärtigen Erdperiode an. Es beweist nämlich England durch seinen Reichthum an Thier- und Pflanzenspecies, dass es erst in verhältnissmässig später Zeit eine Insel geworden. Da nämlich die Inseln, welche Trümmer des Festlandes sind, eine um so reichere Fauna und Flora besitzen, je jünger ihre Abtrennung vom Festlande ist, so beweisen die vergleichungsweise ebenso reichlich wie das Festland mit Thier- und Pflanzenspecies ausgestatteten britischen Inseln, dass sie noch in geologisch neuerer Zeit mit dem Kontinente zusammengehangen haben. Die Mannigfaltigkeit der Geschöpfe muss sich aber auf den Inseln deswegen verringern, weil keine aussterbende Art durch Zuwanderung aus einer festländischen Zufluchtstätte sich von Neuem wieder ausbreiten könnte. Wären daher die britischen Inseln zur Eiszeit schon Inseln gewesen und wären damals alle Pflanzen und Thiere bis auf die arktischen zu Grunde gegangen, so hätten nach der überstandenen Eiszeit die Geschöpfe wärmerer Klimate wohl nach Nordeuropa, nicht aber nach Britanien zurückwandern können. Da diess nun wirklich geschehen ist, so darf man schliessen, dass der Durchbruch des Kanals erst nach dem Abzuge der Eiszeit erfolgte (*O. Peschel* im Ausland 1867. Nro. 8. S. 173.) Die Fluth, welche in Folge des Durchbruches des englischen Kanals die kimbrische Halbinsel getroffen, fällt ferner unzweifelhaft in die historische Zeit, in das sogenannte Erz- oder Bronzealter. Dass zur Zeit der Fluth die Marschbildung begonnen, die Westküste des Landes bereits bewohnt war, geht daraus hervor, dass *Forchhammer* in der Steinahlschicht Marschlehm, Steinwaffen und bei Keitum auf Sylt und beim Dorfe Midlum auf Föhr Bruchstücke von gebranntem Lehm gefunden, die Mauersteine gewesen zu sein scheinen. Unter der Steinahl liegt schwarze Dammerde auf gepflügten Aeckern, welche aber nie geegt gefunden werden. An Sylt's hoher, blos gespülter Küste sieht man da, wo die Dünen weggeweht sind, unter ihren Furchen, Eintheilungen der Aecker, Gräben, Fahrwege, ja selbst Fusssteige. Viel Erde kann hier nicht weggespült sein, weil man sonst nicht mehr die Spuren von Furchen und Wegen wahrnehmen könnte. Endlich hat man unter der Steinahl auch Gräber entdeckt. Im Westen des Landes sind viele Grabhügel von der Steinahlfluth abgeflacht, und in diesen abgeflachten, mit einer dünnen Steinahlschicht bedeckten Gräbern hat man bisher nur Waffen aus Stein gefunden. Auf Amrom kamen dagegen häufig Steinsetzungen zu Tage. Ein solches Grab auf Sylt liess Forchhammer öffnen. In einer geringen Tiefe unter der Oberfläche fand sich überall eine dünne Lage Steinahl. Nachdem man 12 Fuss horizontal von der südöstlichen Seite her gegraben, traf man auf die Grabkammer; [allein bevor man sie erreichte, fand man, 3 Fuss von ihr entfernt, einen zerbrochenen Topf von Thon mit Knochen- und Kohlenresten; zwei Fuss von der Grabkammer wurde ein anderer Thontopf gefunden, mit einem flachen Steine bedeckt; er war gleichfalls zerbrochen, unter den Scherben fanden sich Knochen. Die Grabkammer hatte im Innern eine Breite von [19 Zoll, eine Länge von 35 und eine Höhe von 20 Zoll. Auch in ihr fanden sich Bruchstücke eines Thontopfes mit Knochen. Im ganzen Grabhügel fanden sich keine Waffen. An seiner Nordwestseite, ungefähr einen Fuss tief unter der ursprünglichen Oberfläche, lag ein wirklicher Steindamm, der nicht Steinahl war, da er nur aus grossen Steinen bestand. Zwischen den Steinen fand sich schwarze Erde mit grossen Stücken

Eichenkohle. Unter dem Steindamme lag der gewöhnliche gelbe Sand, der in dieser Gegend den Boden bildet, und bis zu einer Tiefe von 4 Fuss unter dem Steindamme fanden sich weder Steinahl noch Spuren von Rasen. Der Grabhügel war von weissem, grobkörnigem Sande mit Feuersteinstücken aufgeworfen, wie man diesen Sand an dem nicht weit davon entfernten Strande der Insel findet. Die Einwohner, deren Gräber älter sind als die Steinahlfluth, begruben demnach ihre Todten auf folgende Weise. Zuert entfernten sie den Rasen, weil man sonst unter dem Grabhügel Spuren davon hätte finden müssen. Darauf legten sie auf der nordwestlichen Seite des Platzes eine Lage grosser Steine, auf denen sie, hier mittelst Eichenholz, die Leiche verbrannten. Die verbrannten Knochen wurden in Töpfen von gebranntem Thon gesammelt und in eine Grabkammer beigesetzt. Andere Töpfe mit Knochen, wahrscheinlich von anderen Leichen, wurden ausserhalb der Grabkammer eingescharrt. Der Grabhügel ist also im sogenannten Erz- oder Brennalter aufgeworfen.

Man kann aber den Zeitpunkt jener grossen Fluth noch etwas genauer bestimmen. Da Pytheas von Massilia zwischen 360 und 350 vor Christi Geburt durch den Canal schiffte (*Bessell*, Pytheas von Massilien, Göttingen 1858. S. 15), so muss der Durchbruch vor seiner Zeit stattgefunden haben. Andererseits kann er aber nicht über das erste Jahrtausend vor Christi Geburt hinaus gesetzt werden, weil sonst der Rhein zu der Römer Zeit nicht mehr seine Mündung gerade nach Norden könnte gehabt haben. (§ 3. b.) Die Fluth muss also zwischen den Jahren 360 und 1000 v. Chr. eingetreten sein. Da die Kimbern, welche Aristoteles (Ethic. III, 1) und Kleitarchos (bei Strabe VII, S. 293) schon kannten, um die Zeit auswanderten, als Brennus Rom verbrannte (389 v. Chr.) und dann nach der Balkhan-Halbinsel zogen, und da die dunkle Kunde von einer furchtbaren Ueberschwemmung, welche sie zur Auswanderung gezwungen, um die Mitte des vierten Jahrhunderts vor Christo Griechenland erreichte, so hat aller Wahrscheinlichkeit nach jene Fluth nur einige Menschenalter vor Pytheas stattgefunden, und, man wird sich nicht sehr in der Zeit irren, wenn wir sie in die erste Hälfte des fünften Jahrhunderts vor Christi Geburt setzen.

§. 10. Gross waren die Umwälzungen, welche die Fluth an der Westküste der kimbrischen Halbinsel herbeiführte. Ausgedehnte Strecken der bereits gebildeten Marsch wurden wieder zerstört, Inseln wurden zerrissen und neue gebildet. Die Westküste Schleswigs und Jütlands wurde mit einem Kranze von Inseln umgeben. Noch die ältesten Amtskarten von Jütland zeigen an der Westküste eine Reihe von Inseln, die im Laufe der Zeit durch Versandung der trennenden Meeresarme theils unter sich verbunden, theils landfest geworden sind. So bildeten das östliche Vendsyssel, die beiden Hanharden, Thyland, [1]) Sallingland — in alten Documenten oft noch Sallingholm genannt [2])

---

*) Die drei Kirchspiele Rär, Hansted und Vigsö in der Hillerslevharde, welche zu Thyland gehört, heissen noch jetzt zusammen Hanstholm, weil sie früher eine Insel bildeten (Trap, Statistisk-topographisk Beskrivelse af Kongeriget Danmark II. 113.)

2) Das zum Amte Viborg gehörende Sallingland, bestehend aus der Hindborg-, Norder-,

— die Skodborg- und die Vandfuldharde eben so viele oder noch mehr Inseln, die in einem Halbkreise Jütland umgaben und jene Reihe von Inseln schlossen, die sich von der belgisch-holländischen Küste bis nach Lessöe hinzogen. Mors(öe), in älteren Documenten Marsey d. h. Meeresinsel geschrieben, lag im offenen Meere. Noch jetzt rechnet das Volk Thye nicht zu Jütland. Zu diesen Inseln gehörten aber nicht die drei Alöcischen, welche nach Ptolemäus II, 11, 32 oberhalb des Chersonesus Cimbrica liegen und deren Entfernung von dieser Halbinsel *Marcianus* von Heraclea (Periplus maris exteri II, 33.) zu 500—550 römischen Stadien, d. h. zu $12^1/_2$—$13^3/_4$ geographischen Meilen angibt. Diese Angabe führt uns gen Nordosten zur Küste von Bahuslehn, an das Meeresufer der Districte Quille und Tanum hinüber (*Wiberg*, der Einfluss der klassischen Völker auf den Norden durch den Handelsverkehr. Aus dem Schwedischen von *J. Mestorf*, Hamburg 1867. S. 70.) Jene Inselkette nun, die sich nach Nordosten bis nach Lessöe, gegen Südwesten bis nach Holland hin erstreckte, nannten die Alten die Bernstein-Inseln, *Glessariae, Electrides*, weil dort Bernstein gefunden wurde, dessen jährlicher Ertrag an der Westküste der kimbrischen Halbinsel noch jetzt auf ungefähr 3000 Pfund anzuschlagen ist (*Forchhammer*), während an der Küste Samlands noch jetzt im Mittel jährlich 200,000 Pfd. gewonnen werden. (*Nöggerath.*) Dass aber die Alten diese langgestreckte Inselgruppe die Glessarien oder Electriden genannt, geht aus zwei Stellen des Plinius hervor Die Hauptstelle ist Histor. natur. IV, 16 (rec. Sillig): — — — infra (Britanniam) vero Samnis (vielleicht Sena [Mela III, 6] oder eine der normannischen Inseln) et Axantos (Quessant) et ab adverso (d. h. auf der entgegengesetzten Seite oder nordöstlich von Britannien) in Germanicum mare sparsae Glessariae, quas Electridas Graeci recentiores appellavere, quod ibi electrum nasceretur. An einer anderen Stelle (Histor. natural. IV, 13) fährt er, nachdem er von dem kimbrischen Vorgebirge und von der jütischen Halbinsel Cartris gesprochen, fort: Tres et viginti inde insulae Romanorum armis cognitae; earum nobilissima Burcana (Borkum an der Mündung der Ems), Fabaria nostris dicta a frugis similitudine sponte provenientis; item Glessaria a succino militae appellata, a barbaris Austeravia (die von Borkum durch einen schmalen Meeresarm getrennte Insel Oester[n]ey) praeterque Actania, richtiger Actavia, die hintern Inseln, analog dem Namen Okholm (*Wackernagel* in Haupt's Zeitschrift. Bd. 9. S. 565. Anm. 205). Um das geographische Bild aus jener Zeit zu vervollständigen, fügen wir noch hinzu, dass Schleswig, wie wir späterhin (§ 21) sehen werden, im Süden durch eine schmale Meerenge vom Festlande ganz getrennt und im Norden durch eine zweite Meerenge von Jütland geschieden war. (§. 22.)

Dass endlich durch die veränderte Fluthströmung, die statt aus dem Nor-

---

Harre- und Röddingharde, ist noch jetzt eine Halbinsel: gegen Westen scheidet der Sallingsund dasselbe vom Amte Thisted, gen Osten der Hvalpsund vom Amte Aalborg und im Norden der Fuursund von der Insel Fuur; nur im Süden ist es landfest und stösst an die Fjendsharde und das Amt Ringkjöbing (Trap l. c. II. 297.)

den jetzt aus dem Westen kam, durch das Eindringen des wärmeren Wassers des Golfstroms in die Westsee das Klima Schleswigs gemildert wurde, ist bereits früher (§ 4) bemerkt worden, wie denn auch aus derselben Ursache die tägliche Fluthhöhe eine grössere geworden, so dass ein grosser Theil der Westküste anhaltend unter Wasser gesetzt wurde. Wenn es auch unmöglich ist, dem Leser eine genaue Vorstellung von dem damaligen Umrisse des Festlands und der Inseln an der Westküste Schleswigs zu geben, so lässt sich doch so viel mit Sicherheit behaupten, dass in den reichlich zwei Jahrtausenden, die seit jener grossen Katastrophe verflossen sind, viel Land verloren gegangen ist und dass manche der jetzt getrennt sich zeigenden Inseln früher zusammengehangen. Ein Blick auf die Verhältnisse im Mittelalter lässt den Zustand in der Urzeit, wenn auch nur in allgemeinen Umrissen ahnen. Als bewohnte Inseln der Westsee werden in Waldemars Erdbuche vom Jahr 1231 genannt: Fanöe, Manöe, Rymöe, Hjortsand, Sylt, Ambrum, Föör, Aland, Gaestaenacka, Hwalae minor und major, Haefrae, Holm und Haelghaeland. Gaestaenackä ist der südliche Theil der Insel Amrum, von dieser damals durch einen Wasserarm getrennt (*Brunn* in den Slesvigske Provindsialefterretninger Bd. 2. S. 201 fg.). Das entsprechende Marschnack ist die Spitze der Hallige Nordmarsch gegen Nordwest (*Kuss.*) Sylt wird schon 1141 und 1180 als Insel genannt. Hwalae minor und major sind die jetzt nur noch als halligen existirenden Nordmarsch und Langeness nebst dem Theil des letzteren, welcher noch jetzt Buthwel heisst, und zum Rathmannsdistrict Gröde gehört. Haefrae, das territorium de Hevere, welches 1196 dem Kloster Guldholm bestätigt ward, ist das einst eine Insel bildende Kirchspiel Westerhever, welches erst 1154 durch Eindeichung des Heverkooges landfest wurde. Unter Holm ist der grössere südliche Theil von Utholm zu verstehen. Der Heverarm zwischen Garding und Tating war 1231 noch nicht zugedämmt, sonst hätten Haefrae und Holm nicht als Inseln aufgeführt worden sein können, welche beide Inseln zusammen die 1187 genannte Holmboeharde bildeten. Föhr und Amrum hingen einst zusammen. Noch jetzt besteht zur Ebbezeit zwischen beiden nur eine schmale, durchwatbare, in zwei Arme getheilte Rinne. Als Inseln kommen sie freilich schon im Erdbuche vor, aber in dem letzten, etwas nach 1231 geschriebenen Theile desselben. Fast ganz Amrum und fast die Hälfte von Föhr besteht aus hoher sandiger Geest. Auch hing Amrum mit Sylt zusammen und soll nach *Heimreich* erst durch die grosse Wasserfluth von 1362 völlig geschieden worden sein. Jetzt landfest, aber früher eine Insel, war die Horsbüll- oder die jetzige Widingharde, zwischen welcher und dem Festlande sich mehrere kleine Inseln fanden, die das Kirchspiel Avetoft und die Halligen des Gottessees bildeten. Auch die Böckingharde bestand aus mehreren Inseln, zu denen auch das Risummoor, eine Geestinsel mitten in der Marsch, ghörte, welche durch Eindeichung des Kohlendammerkooges landfest ward. Dagebüll ward erst 1727 landfest. Gansbüll ist erst in diesem Jahrhundert gänzlich verschwunden. Dagegen war die jetzige Insel Nordstrand ein Festland und hiess kurzweg Strand; erst als die drei Eiderstädtischen Inseln landfest wurden, erhielt es den Namen Nordstrand, jene sind also der Süderstrand, der sich aber weiter nach Westen erstreckte. Das alte Nordstrand hing aber mit der jetzigen Insel Pelworm zusammen. Erst die grosse Fluth von 1634 riss beide auseinander, indem der mittlere Theil Nordstrands versank. Schon früher im Jahre 1300 war von Nordstrand der Flecken Rungholt, nebst sieben Kirchspielen untergegangen, wodurch die Insel die Gestalt eines Halbmondes erhielt, die sie bis zur grossen Katastrophe von 1634 behalten hat. Nordstrand war einst unzweifelhaft mit Utholm verbunden. Von Westerhever, welches jetzt durch ein eine Meile breites Wasser von Pelworm getrennt ist, ging im 15ten Jahrhundert eine Brücke nach der Pelwormer Harde der Insel Nordstrand hinüber, (Westphalen I, 1367) und noch *Heimreich* (Nordfriesische Chronik S. 91) spricht von einem Wege, der von Pelworm über die Watten nach Westerhever führte. Uelvesbüll, jetzt ein Eiderstädt'sches Kirchspiel, wird in alten Verzeichnissen zur Nordstrandischen Edomsharde gerechnet, (*Heimreichs* Chronik S. 81.) und nördlich von Uelvesbüll lag einst das jetzt verschwundene Kirchspiel Barneke-Moor. Nordstrand war früher landfest und noch in der Mitte des 16ten Jahrhunderts war der Wasserarm zwischen Lundenberg und Nordstrand so schmal, dass man bloss über einen Steg zu einander ging. (*Knutzens* Bericht von 1588 bei Camerer II p. 459.)

Der Heverstrom, welcher jetzt von Osten nach Westen zwischen Eiderstadt und Nordstrand hinfliesst, muss also früher eine andre Richtung seines Laufes gehabt haben. Wir werden später (§. 18.) sehen, welche diese gewesen. Das alte Nordstrand umfasste 5 Harden: 1) die Reste der Wyriksharde bilden die Halligen Oland, Langeness und Nordmarsch. 2) Die Reste der Beltringharde sind die Halligen Gröde, Habel, Appelland, Hamburgerhallig, Bunshallig und der grösste Theil von Nordstrandischmoor. Eine nördliche Insel Hingstness ist seit 1652 vergangen; östlich von Habel lag Ballum; Ockholm lag auf einer Insel. 3) Zur Peltwormharde gehörte ausser der Insel Pelworm noch die Halligen Hooge, Norder- und Süderoog. 4) Die Edomsharde, der mittlere Theil des alten Nordstrands, ist ganz verschwunden. 5) Von der Lundenberger Harde sind der nordöstliche Theil von dem jetzigen Nordstrand, die Pohnshallige und die Aussenländereien vom Simonsberg Ueberreste. Eiderstedt bestand früher aus 3 Inseln, von denen Everschop und Eiderstedt nach *Danckwerth* bereits im Jahre 1000 und diese beiden 100 Jahre später mit Utholm verbunden wurden. Im 13. Jahrhundert hing diese Gesammtinsel durch einen Damm (Milderdamm) eine Zeitlang mit dem Festlande zusammen, doch erst 1489 ward sie durch den Dammkoog landfest. Ein vollständiger Zusammenhang ward von 1515 bis 1576 durch die Eindeichung der Köge Herrenhallig, Obbenskoog, Legelichheit, Peterskog und Adolfskoog hergestellt. An der Seeseite hat aber Eiderstedt an Umfang verloren, denn seit dem Anfang des 14ten Jahrhunderts sind dort mehrere Kirchspiele gänzlich verschwunden. So lag z. B. früher westlich von St. Peter das Kirchspiel Ulstrup und südwestlich von St. Peter das Kirchspiel Süderhövt und an der Eider zwischen Tönningen und Kating das Kirchspiel Alversùm. Von dem Kirchspiel Barneke-Moor nördlich von Uelvesbüll ist schon die Rede gewesen. (*Boëtius*, Cataclysma Nordstrandiae p. 67; Peter Saxe, De rebus Fr. bei Westphalen, Tom. I.).

Wie viel Land hier verloren gegangen, erhellt daraus, dass der Sage nach Sylt einst 3 Meilen breit und Sylt und Föhr zusammen 13 Kirchspiele gross gewesen ist (*Kielholt*, Antiquitäten, *Heimreich* Chronik (erste Ausgabe) S. 142.) Manöe war kurz vor 1416 2 Meilen lang und eine Meile breit, (Danckwerth). Der gesammte Verlust an Marschland an der Nordseeküste von Flandern bis Jütland beträgt ungefähr 91,8 ☐Meilen, wovon etwa 47 ☐Meilen wieder gewonnen sind. (*Guthe*, Die Lande Braunschweig und Hannover 1867. S. 29.). — Das alte Nordfriesland bestand im Mittelalter aus 13 Harden. Diese sind 1) die 3 Schiffsharden: die Tönnig-, Garding- und Holmboeharde. 2) Nordstrand oder die Fünfharden; 3) Die 3 Inselharden: die Nordwestharde oder Sylt, die Osterharde oder Föhr und die Westerharde oder Amrum; 4) Die beiden Marschharden: die Horsbüll- und die Böckingharde.

§. 11. Die Tiefe der Nordsee ist sehr bedeutend: auf grosse Strecken beträgt sie über 500 Faden. Der Boden des Meeres bildet eine Ebene, welche in der Mitte zu einer grossen Bank sich erhebt. (*Rob. Stevenson*, On the bed in the German Ocean in Edinb. Philos. Journ. Nr. 5 p. 42.). Hier sind die Nebelbänke, weil ihre Erhöhungen wärmer sind, als die grössere Meerestiefe; darum der Sammelplatz der Fischbrut, das Gebiet der grossen Fischereien (*Petermann*, Mittheilungen 1864. I S. 20. fg.). Meilenweit von der Küste Schleswigs ist der Grund noch flach, so dass die Ebbe ihn bloslegt — das Watt — und die Inseln verschwunden sind. Doch die rückkehrende Fluth stellt die Inseln wieder her. Man vergleiche damit die bekannte Stelle des Plinius (H. N. XVI. 12—4)[1]) über die Lebensweise der Kauchen. Nach Pytheas hiess diese Wattgegend im Westen der kimbrischen Halbinsel in der alten Landessprache Mentonomon. Die Stelle steht bei Plinius (Histor. natural. XXXVII 2, 11): Pytheas Guttonibus, Germaniae genti (ein erklärendes Einschiebsel des Plinius) accoli aestuarium[2]) Oceani, Mentonomon nomine, spatio stadiorum

---

[1]) Vasto ibi meatu bis dierum noctiumque singularum intervallis effusus in immensum agitur oceanus, operieas aeternam rerum naturae controversiam dubiamque terrae situm an partem maris. Illic misera gens tumulos obtinet altos aut tribunalia (Warfte, Würthe) exstructa manibus ad experimenta altissimi aestus, casis ita positis, naviguntibus similes cum integant aquae circumdata, naufragis vero cum recesserint, fugientisque cum mari piscis circa tuguria venantur. Non pecudem his habere, non lacte ali ut finitimis, ne cum feris quidem dimicare continget, omni proculabacto frutice. Ulva et palustri junco funis nectunt ad praetexenda piscibus retia captumque manibus lutum ventis magis quam sole siccantes terra cibos et rigentia septentrione viscera sua urunt; potus non nisi ex imbre servato scrobibus in vestibulo domus. cfr. Arends, Ostfriesland und Jever. Th. I. S. 282.

[2]) Nach Plinius (Histor. natural. II. 97) ist aestuarium das durch die tägliche Meeresfluth unter Wasser gesetzte Vorland der Küste, err. Forcellini Lexicon I. p. 82: Aestuarium est locus in maris littore, ubi terra recedit sinumque facit, maritimis aquis modo refertus, modo vacuus, ex inundationibus freti ita dictus, quod aqua ibi aestuat et ebullit utpote in angustiis clausa, ex excessu et recessu maris. Dies passt nur auf die Westküste der kimbrischen Halbinsel.

sex millium credidit. Das Wort Mentonomon ist keltisch und bedeutet: die Stelle des niedrigen Wassers (von Men Stelle, ton Woge, Wasser, man klein) (Wächter, Praef. in Gloss. German. § 45). Es ist also das römische aestuarium das deutsche Watt. Dass das Mentonomon der Alten die Küste der Nordsee von Skagen bis Holland sei, das haben bereits Lelewel und Werlauff erkannt, wie denn diess schon früher als Meinung geäussert worden ist (Heinzen, Neues Kielisches Magazin 1787 Theil II S. 339; Sprengel, Geschichte der geographischen Entdeckungen 1792. S. 51; Voss, Kritische Blätter B. 2. S. 392—403). Die Angabe der Grösse des Montonomon von 6000 Stadien (= 150 Meilen) ist gleich den meisten Zahlenangaben des Pytheas übertrieben. So giebt er auch den Umfang Britanniens zu 40,000 Stadien (= 1000 Meilen) an und berichtet, dass die Fluth über Britannien bis zu 80 Ellen (cubiti, = 120 Fuss anschwelle (Plinius, Histor. natural. II, 97. 99).

In den Watten, die an der Küste Schleswigs jetzt ungefähr 52 Quadratmeilen einnehmen, finden sich theils tiefere Stellen, in denen das Wasser bei der Ebbe zurückbleibt, theils rinnenförmige Vertiefungen — Wattströme — welche, selbst bei der Ebbe voll Wasser zu befahren sind. Sie bilden die Reste jener Elbarme (§ 18), als das Watt noch festes Land war, und durch sie wird der Zugang zur Küste für mittelgrosse Schiffe überhaupt möglich gemacht. Die äusserste Grenze dieses Küstenmeeres mit der darin liegenden Inselmarsch bildet ein Klippenriff, welches, von Helgoland ausgehend, in verschiedenen Richtungen streicht, von denen zwei fast parallel auf eine Länge von 30 Meilen verlaufen und zu den jütischen Riffen hinaufgehen. So weit bei der Ebbe die Watten gehen, heisst das Meer Haff. Die Wattströme heissen Deepen, Piepen, Gaaten und Gatten, wenn sie breit sind und mit der offenen See in Verbindung stehen; dagegen Prielen, Lohen, Laien, Föhren, Wehlen, Siele, Schlinken, Schloten und Schlütten, wenn sie schmäler sind und mehr den Binnenwatten angehören.

Die Wellenbewegung der Nordsee ist wegen ihrer grösseren Tiefe weit bedeutender als die der Ostsee. Das Meer wirft überall Braunkohle und Bernstein an's Land. An den Seeküsten herrscht während des Hochwassers, d. h. während der letzten 3 Stunden der Ebbe und den ersten 3 Stunden der Fluth stets ein aus Nordwesten durch den Trichter[1]) kommender Strom, dagegen während des Voll- oder Hochwassers, d. h. in der letzten grösseren Hälfte der Fluth und der ersten Hälfte der Ebbe ein aus Südwesten durch den Kanal kommender Meeresstrom. Innerhalb der jetzigen friesischen Inseln, in dem seichten Wattenmeer, folgt die Fluthströmung natürlich der Rictung der

---

Von den Aestuariis, die Bernstein auswerfen, sagt Scrvius ad Virgil Georg II. 480: mare vicissim tum accedit, tum recedit, cfr. Strabo III. p. 140. 142; Philostrat. Vita Apollon. V. 1; Ptolomäus II. 4; Cassaubon ad Strab. IV. 190; Morus ad Caesaris Bell Gall IV. 27.

[1]) In der Seemannssprache heisst Trichter die ganze Meeresgegend zwischen Norwegen und Schottland.

Wattströme und Flussbetten, von welchen die älteren im Allgemeinen in SO. und NW., die neueren in NO. und SW. streichen. (Hansen, das Schleswigsche Wattenmeer und die friesischen Inseln. Glogau 1865. S. 7.) Die Fluth steigt an der Küste im Mittel 9 Fuss; sie nimmt von Süden nach Norden hin ab. Bei Sturmfluthen, wenn ein anhaltender Sturm aus Westen geweht hat und dieser plötzlich nach Norden umspringt, steigt das Wasser 20 Fuss und noch höher: grosse Ueberschwemmungen verschlingen und verderben viel Land. Die unter- und überseeischen Sandbänke, die die Nordseeinseln begleiten, sind mit ihrer gefährlichen Brandung in Wahrheit „die weissen Leichensteine auf den Wassergräbern der Strandbewohner." Hier in diesem Theile des Oceans, an der Ost- und Südküste der Nordsee, wo einerseits die Riffe und zahllose Untiefen, andererseits die Fluthen und furchtbaren Stürme den Muth und die Entschlossenheit des Seemannes auf ganz andere Proben stellen, als die Schifffahrt auf dem grössten fluthenlosen Binnenmeere, hier ist die Wiege der oceanischen Schifffahrt. Hier lernte man zuerst das offene Weltmeer durchschneiden; hier bildete sich eine Seemannssprache, deren Kunstausdrücke in die Sprachen aller seefahrenden Nationen Europa's Eingang fanden *(Dr. Clement)*. Nirgends in der Welt giebt es bessere Seeleute als hier. Und dennoch findet sich auf der ganzen Westküste der kimbrischen Halbinsel kein einziger guter Hafen: das Land ist von der Natur vom Weltverkehr ausgeschlossen.

§ 12. Die Dünen. Was die Bildung der äusseren Dünenkette betrifft, so muss man eine primäre und eine secundäre Bildung derselben unterscheiden. 1) Die primäre Dünenbildung begann alsbald nach der grossen kimbrischen Fluth. a) Das Dünenmaterial, den Sand, lieferte das Meer. Die Düne kann sich nur auf einem flachen Küstenlande bilden, das in der Regel sandig ist, denn das Ufer gleicht meistens dem Meeresboden. Doch gilt dieses nur für die primäre Düne, weil bei der secundären durch deren Wanderung der Untergrund der Düne höher liegen und verschieden sein kann von dem Meeresgrunde. Damals konnte das Meer ab und zu dieses Flachland überschwemmen, indem es sich über den breiten Vorstrand ergoss, d. h. über die Sandfläche, die zwischen der Düne und dem von den Wellen bespülten Raume lag. Der Meeresstrand war aber im ganzen Jahre nicht derselbe. Im Winter, wo die See in Folge der häufigen und heftigeren Stürme gewöhnlich höher auf das Land hinauftritt, liegt der Strand eben deshalb auch höher als im Sommer. So bildete sich ein Sommer- und ein Winterstrand, während der Vorstrand sich mit Strandpflanzen bedeckte. Die Ablagerung von Sand ward nun aber bewirkt einerseits durch den fortwährenden Wellenschlag, anderseits durch die Gezeiten, so wie durch grosse Sturmfluthen. Beim Anschlagen der Wogen an den Strand setzte sich jedesmal etwas Sand ab, den getrocknet der Westwind über den Winterstrand hinwegführte, während der Ostwind ihn theilweise wieder in die Meerestiefe begrub. Zur Zeit der Fluth wird ferner eine weit grössere Fläche Landes überschwemmt, die während der Ebbe wieder trocken gelegt wird. Wenn die Fluth aber ihre Höhe erreicht hat, tritt ein Stillstand im Wasser ein, bevor die Ebbe beginnt, und während dieser Ruhe des Wassers setzt sich der aufgeschwemmte Sand ab, welcher zur Zeit der Ebbe von einem starken Westwinde getrocknet und zur Dünenbildung landeinwärts geweht wird. Da der Sand specifisch schwerer ist als der Schlick, und sich daher schneller und in weniger ruhigem Wasser zu Boden setzt, so wird seine Menge grösser sein, als die des abgesetzten Marschschlickes. Zur Zeit hoher Sturmfluthen endlich, wenn die See den Winterstrand überschritt und sich über das grosse Flachland verbreitete, ward weit mehr Sand abgesetzt, der, wenn er nach dem Rückzuge des Meeres getrocknet war, ein Spiel der Winde wurde. Die Menge des jährlich von der See aufgeworfenen Sandes ist keinesweges so unbedeutend, wie man gemeiniglich glaubt, und genügt vollkommen zur Dünenbildung. So beobachtete z. B. *Andresen* (Om Klittformationen. Kjöbenhavn 1861. S. 56) an der Landzunge bei Agger in Jütland — an der Schleswig'schen Westküste sind noch keine solche Beobachtungen gemacht — dass das Meer während 10 Jahren auf einen 564 Fuss breiten Vorstrand jährlich so viel Sand aufgeworfen hatte, dass diese Fläche $1\frac{1}{2}$ Zoll hoch davon bedeckt worden war. Dies macht auf jeden Fuss Vorstrand jährlich 70 Cubikfuss Sand aus. Sind nun seit der kimbrischen Fluth etwa 28 Jahrhunderte verflossen, so hat das Meer in diesem Zeitraume auf jeden Fussbreit Vorstrand ungefähr 160,000 Cubikfuss Sand aufgeworfen. Da nun an diesem Beobachtungsorte durch den Wasserstrom viel Sand verloren geht und der Flugsand hier in Verhältniss zu andern Orten nur schwach ist, so kann die angegebene Grösse von 160,000 Kubikfuss Sand auf einen Fussbreit Vorstrand nur als ein Minimum gelten. — Höchst wahrscheinlich waren die primären Dünen breiter als die jetzigen secundären und bildeten eine mehr zusammenhängende Kette, denn die ans Land gespülte Sandmasse war aller Wahrscheinlichkeit nach kurz nach dem Durchbruch des englischen Kanals weit grösser als jetzt, und da die Düne ursprünglich wohl weniger vom Pflanzenwuchs bedeckt war, so wird ihre Seeseite minder steil gewesen sein. b) Der Wind bildete die Düne aus dem vom Meere gelieferten Material. Indem der Wind den trocknen Sand über weite Flächen fortführt, gelangt dieser, welcher in einer wellenförmigen Bewegung begriffen ist, wohl für einen Augenblick auf den Erdboden, setzt aber alsbald seine Wanderung fort. Wird aber des Windes Macht durch irgend einen Gegenstand gehemmt, so vermag er den Sand nicht weiter zu führen: überall wo Schutz gegen den Wind ist, lagert der Sand sich ab. Auf einer flachen Ebene kann sich kein Sand anhäufen, selbst ein Wirbelwind vermag es nicht: eine Erhöhung oder eine Vertiefung des Bodens ist dazu erforderlich. Auf der Sandebene wucherten aber die Sandpflanzen üppig, zwischen und hinter denen sich der Sand anzuhäufen anfing. Vom Sande bedeckt, wuchsen diese Sandpflanzen immer wieder aufs Neue hervor und veranlassten die Erhöhung des Sandhügels, der sich auch seitlich mehr ausbreitete. Namentlich *Ammophila arundinacea* und *Elymus arenarius*, Strandpflanzen, die eine Höhe von 2—3 Fuss erreichen, mögen bei der primären Dünenbildung eine grosse Rolle gespielt haben. Vorzugsweise war die erst genannte Pflanze von Wichtigkeit, denn je stärker der Flugsand, je heftiger der Sturm wehte, desto rascher und kräftiger wuchs die Ammophila, welche dann recht in ihrem Elemente sich befand. Auf solche Weise entstand ein Dünenhügel neben dem andern, die nach und nach mit einander verschmolzen und so die primäre Dünenkette bildeten. 2) Die secundäre Dünenbildung. Durch den Angriff des Meeres auf die Düne und durch deren Wanderung wird die primäre Düne völlig umgebildet. a) Die Dünenkette wird alsbald vom Meere wieder angegriffen. Was die See tagtäglich wegspült, ist nur ein Geringes gegen die Zerstörungen, welche Sturmfluthen anrichten, die hie und da die Dünenkette selbst durchbrechen. Der fortwährende Wellenschlag reisst den Fuss der Düne weg, so dass grosse Sandmassen von der Höhe herabstürzen, die schnell fortgespült werden. Durch Wiederholung dieses Vorganges bildet die Düne gegen das Meer hin eine senkrechte Wand, welche die Feuchtigkeit des Sandes und die Wurzeln der Dünenpflanzen so lange erhält, bis der Sand ausgetrocknet ist und die Düne einen minder steilen Abfall zeigt. Auf Sylt soll die See jährlich 8—12 Fuss von der Westküste fortspülen; die grosse Fluth von 1825 riss selbst 100—160 Fuss weg; durch die Fluth von 1362 soll die Insel von Föhr getrennt worden sein. Die Ruinen der Kirche des untergegangenen Kirchspiels Rantum auf Sylt, welche 1792 am Meeresstrande lagen, standen 60 Jahre später 700 Fuss vom Lande ab, so dass also jährlich 11—12 Fuss von der Küste weggespült waren. Die Gräber, welche man nicht nur in den Dünen, sondern auch an ihrer Aussenseite findet (z. B. zwanzigster Bericht der Schleswigholsteinischen Gesellschaft etc. S. 18. Anm.), beweisen gleichfalls den Abbruch der Küste von Seiten der See; denn jene Grabhügel sind offenbar am Rande der Düne nicht aufgeführt, wo sie in Gefahr stehen, jeden Augenblick hinabzustürzen und ebensowenig sind sie mitten im wilden Flugsande angelegt mit der sicheren Aussicht, alsbald vom Sande begraben zu werden. Da nur die östliche Gränze der Düne sich immer weiter fortschiebt, so kann man daraus den Schluss ziehen, dass nicht blos die Breite der Düne, sondern auch ein Stück Land östlich von derselben fortgespült worden, bis der Grabhügel erreicht wurde. b) Durch das Wandern der Düne ward sie anderseits vollkommen umgebildet. Wenn eine Düne nur auf ihrem Gipfel oder an ihrer Landseite bewachsen ist, so weht der Westwind den trocknen Sand über sie hinweg, der sich an ihrer Innenseite ablagert. So wird nach und nach die ganze Westseite der Düne auf ihre Ostseite hinüber geführt, so dass die ursprüngliche Ost- zur Westseite wird, und die Düne um ihre ganze Breite nach Osten gewandert ist: ihr westlicher Fuss beginnt jetzt da, wo einst ihr östlicher aufhörte. Die Schnelligkeit dieser Wanderung hängt von örtlichen Verhältnissen ab, je nachdem sie mehr oder minder bewachsen ist, je nachdem Hindernisse der Wanderung sich in den Weg stellen u. s. w. Nach der Meyer'schen Karte von 1648 lag die Kirche von Ording in Eiderstedt am östlichen, und ungefähr

140 Jahre später, als Tetens schrieb, am westlichen Fuss der Düne, die also in diesem Zeitraum 200 Ruthen, folglich jährlich 1³/₇ Ruthen = 14¹/₄ Fuss gewandert war. Da die primäre Düne wohl weniger bewachsen gewesen, als die secundäre, so wanderte sie wohl schneller als heutigen Tages; denn man darf sich die primäre und secundäre Dünenbildung ja nicht als in der Zeit getrennt vorstellen, wie denn auch noch gegenwärtig eine neue Dünenbildung, wenn auch im verkleinerten Maassstabe Statt hat. Das Wandern der Düne wird bisweilen durch lange Perioden des Stillstandes unterbrochen (*Andresen* l. c. S. 77.), denn man findet die Düne längs dem Strande zuweilen von Rasenschichten durchschnitten, die bald wie ein ganz dünner schwarzer Streifen sich hinziehen, bald 1—4 Fuss mächtig sind, wie man denn auch hie und da horizontale Lagen vermoderten Rasens übereinander entdeckt, deren Zwischenräume von Sand erfüllt sind. Die äussere westliche Dünenkette geht jetzt von der äussersten Spitze Eiderstedts, durch Meeresarme unterbrochen, über die Inseln Amrum, Sylt, Romöe, Manöe und Fanöe nach Jütlands Westküste, unweit Hjerting, der sie nach Norden hin folgt. In der Ferne erscheint sie als eine Bergkette mit scharfen zackigen Formen. Gegen das Meer fällt die Düne oft senkrecht ab, gegen das Land hin unter einem regelmässigen Winkel von 30 Grad. Wasserreiche Längen- und Querthäler mit ihren Dünenseen durchschneiden die Dünengegend. Die Düne wird durch Sandgräser charakterisirt. Der Sandhalm, Ammophila arundinacea und der Strandhafer Elymus arenarius kommen auf jungen Stranddünen, die Sandsegge, Carex arenaria auf den Dünen im inneren Lande vor. In den Dünenthälern wachsen Scirpus- und Juncusarten. Auf älteren Dünen erscheint die Haide, der Sanddorn, Hippophaë rhamnoides, die Krähenbeere, Empetrum nigrum, und die Dünenrose, Rosa spinosissima. Wo der Dünensand in Landseen und Meerbusen geweht, da ist er sehr fruchtbar, z. B. in Schleswig und Vendsyssel, wo die Föhrden und Sunde durch Sand ausgefüllt sind. Aus dem gewöhnlichen Sande der Braunkohlenformation bestehend, erreichen die Dünen auf Sylt eine Höhe bis zu 100 Fuss. Die ganze Dünenkette ist, indem der Sturm den Sand in Bewegung setzt, in einer fortwährenden Wanderung landeinwärts begriffen, Alles zerstörend. Ueber Felder und Wiesen, über Deiche und Bäume schreitet die Düne mit gespenstischer Ruhe und Gleichmässigkeit hinweg; Wohnungen und ganze Dörfer begräbt sie gleichsam lebendig, bis sie nach Jahrhunderten auch darüber hinweggegangen ist, und ihre zerstörten Reste wieder am Meeresstrande hervortreten, um von den Wellen vollends zernagt und verschlungen zu werden. Um die fester gebauten, widerstandsfähigen Kirchen entspinnt sich ein langer erbitterter Kampf. Durch die Fenster kriecht das Volk zuweilen noch in das Gotteshaus und lagert sich drinnen auf Sandhügeln, während der Prediger auf seiner Kanzel tief unten in einer Sandgrube steht, bis endlich auch der letzte Eingang versperrt wird. Das ist der „Saanstaf" (Sandgestöber) der Nordfriesen, ein Feind, der ihnen nächst den Sturmfluthen das meiste und grösste Unheil gebracht hat. Auf solche Weise wandern meilenlange Landstrecken,

ja die beiden Inseln Amrum und Sylt, unaufhaltsam, langsam von Westen nach Osten. Auf Sylt und Amrom bildeten einst die Dünen mit den südlicher gelegenen Sandbänken, den Rudera alter Dünen — von den Schiffern „Sanden" genannt — eine zusammenhängende Mauer, welche durchbrochen ward: 1) durch die Dünenseen, welche von dem Wasser gespeist wurden, das vom Rücken des Landes herabfloss, welcher der Ostsee nahe sich hinzog; 2) durch Senkungen des Landes; 3) durch den Wogenandrang des Meeres, welches besonders die scharf ein- und ausspringenden Winkel der Düne durchbrach. Es war also früher wenigstens ein Theil der Westseeinseln Schleswigs gegen den Wogenandrang der See mehr geschützt als jetzt. So durchbrach die See z. B. im 14ten Jahrhundert eine Steinklippe, die westlich von Sylt lag, und seit dieser Zeit sind deren zerstörende Wirkungen immer grösser und grösser geworden. Die Steinklippe bestand aus einer Steinart, die beim Aufschlagen sich wie Rost von altem Eisen schalenförmig ablöste. Es war eine Sandbank von Limonitsand (Sand mit phosphorsaurem Eisen). Die Düne hat übrigens eine feste Unterlage, welche die Küste selbst bildet, denn sie würde dem Meere zu wenig Widerstand leisten, falls sie aus lauter Sand bestände.

§. 13. Die Ostsee galt den Römern für einen Theil des nördlichen Oceans und hiess desshalb gleich der Nordsee Oceanus septentrionalis. Auch *Plinius* (Histor. natural, XXXVII. 2), *Mela*, (de situ orbis III. 3) und *Tacitus* (Germania c. 43 u. 44) bezeichnen sie mit dem Ausdrucke Oceanus, und Ptolemäus (III. 5) nennt sogar den Theil der Ostsee, der von der Weichsel an östlich sich erstreckt, den Oceanus Sarmaticus. Die Ostsee wird überdies von den mittelalterlichen Chronikenschreibern das Mare Balticum, das Mare Scythicum, das Mare Barbarum, das Mare Gothicum, der Oceanus orientalis, der Pelagus orientale genannt; den Scandinaven hiess sie Öestersalt — mit dem Worte „Vestersalt" wurde sowohl die Westsee als der atlantische Ocean von ihnen bezeichnet —, die Kimbern nannten sie Morimarusa. Es erzählt nämlich Plinius (Hist. natur. IV. 13): Philemon (wahrscheinlich der Grammatiker, welcher ungefähr 300 v. Chr. lebte) berichte, dass der Nordocean bis zum Vorgebirge Rubeas von den Kimbern Morimarusa, darüber hinaus (ultra deinde) aber Cronium genannt werde; und an einer anderen Stelle (Hist. natur. IV. 16), dass das Mare concretum, von Einigen auch Cronium genannt, eine eintägige Seereise von Thule entfernt sei; und Strabo (I. 62. Casaub.) lässt Pytheas sagen, Thule liege in der Nähe der $\pi\varepsilon\pi\eta\gamma\upsilon\tilde{\iota}\alpha$ $\vartheta\acute{\alpha}\lambda\alpha\tau\tau\alpha$. Es bezeichnet also offenbar das mare concretum des Plinius, das Cronium der Kimbern und die $\pi\varepsilon\pi\eta\gamma\upsilon\tilde{\iota}\alpha$ $\vartheta\acute{\alpha}\lambda\alpha\tau\tau\alpha$ des Strabo (Pytheas) dasselbe Meer, worunter aber nicht das Eismeer, wofür man es gehalten, zu verstehen ist, sondern jenes Meer, welches nach Pytheas Bericht durch einen Meerlungen ähnlichen, compacten ($\sigma\upsilon\mu\pi\varepsilon\pi\eta\gamma\acute{\omega}\varsigma$), durchsichtigen, nicht nassen, aber auch nicht trockenen, nicht flüssigen, aber auch nicht festen Stoff ein gallertartiges Aussehen, wie geronnenes Wasser (mare concretum) erhält. Das Wort cronium ist ein keltisches (ir croinn kymr. crunn, gerinnen) und bezeichnet denselben Begriff wie das lateinische concretum und das griechische πεπηγυῖα. Strabo berichtet ferner nach Polybius (Strabo II. IV. 47. Paris Aufl. I p. 86 oben), dass Pytheas erzählt, er habe bei Thule und in der Umgegend etwas gesehen, was weder Erde, noch Meer, noch Luft sei, sondern eine aus diesen zusammengesetzte Masse (σύγκριμα), einer Meerlunge ähnlich (πνεύματι θαλασσίῳ ἐοικός), worin nach seiner Aussage Erde und Meer und Alles in schaukelnder Bewegung gehalten werde; dass dieses wie ein Band um Alles liege, und dass man darin weder zu Fuss noch zu Schiffe vorwärts kommen könne. Pytheas sagt augenscheinlich nicht, dass er bei Thule eine Meerlunge gesehen habe, sondern etwas, was derselben ähnlich sei, also keine Meerlunge selbst gewesen. Da er dieses ihm Unbekannte mit einer Meerlunge verglich, so musste diese seinen Landsleuten bekannt sein, weil sonst sein Vergleich ihnen unverständlich gewesen sein würde. Nach dem mit Pytheas gleichzeitigen *Aristoteles* verstand man aber unter der Meereslunge des mitländischen Meeres eine Qualle oder Meduse. Quallen können aber nie ein Schiff in seinem Laufe hemmen, sie können sich nie, wie ein Band um Alles legen. Pytheas beschreibt vielmehr hier das Frieren des Meerwassers, eine Naturerscheinung, völlig verschieden von dem Gefrieren eines Landsees. Nilsson (Zeitschrift der physiologischen Gesellschaft 1837. S. 44 und die Ureinwohner des scandinavischen Nordens. Hamburg 1863. S. 123 und Nachtrag 1865. S. 57 fg. cfs. Lubbock's Prehistoric Times p. 42), sah die See bei starker Kälte auf die Weise gefrieren, dass zuerst, oft sehr plötzlich, aus einer Tiefe von 1—2 Ellen kleine dünne Eisblättchen aufsteigen, die scharfe Kante nach oben, und zwar in so grosser Menge und mit solcher Geschwindigkeit, dass sie bisweilen 3—4 Zoll über die Wasserfläche emporhüpfen und sich neben oder übereinander legen und kleine Eisklümpchen oder etwas glattgedrückte Eisbälle von ungleichem Durchmesser bilden. Sie wachsen mehr und mehr zusammen, bis sie zuletzt, oft sehr plötzlich zusammenfrieren. Aber noch schaukeln sie auf dem Meere und wenn die Eisklümpchen anfangen zusammenzufrieren, so kann man auf dieser Anhäufung (σύγκριμα) weder gehen noch mit einem Boote hindurchkommen: man läuft Gefahr einzufrieren. Zwischen diesen schwimmenden Eisklöschen und todten Medusen, wenn diese die Oberfläche des Wassers bedecken, besteht aber eine auffallende Aehnlichkeit, wie alle Augenzeugen versichern, cfr. Zimmermann. Zeitschrift für die Alterthumswissenschaft 1838. S. 922 fg. und Edlund in Poggend. Ann. Bd. 121. S. 513 fg. Dieses Meer, das Mare concretum, ist nun durch das Vorgebirge Rubeas von der Morimarusa scharf getrennt. Geht man aber von der durch Redslob (Thule. Leipzig 1855) als bewiesen anzusehenden Thatsache aus, dass das Thule des Pytheas die gleichnamige kleine[1]) Insel Tylöe an der

---

[1]) Wenn Pytheas nach Strabo (I. 62. Casaub.) einen gewissen Längenkreis (Breitegrad) der Erde durch die Insel Thule zu bestimmen sucht, so deutet dies unzweifelhaft auf ihre Kleinheit hin. Was den Namen Thule betrifft, so schreiben Tacitus, Marcianus Capella, Isidor XIV. 6. Jordanes (Get. 1.), der Geograph von Ravenna (V. 31 extr.), vielleicht auch Solinus Thyle, was wahrscheinlich die originale Schreibart ist; denn man begreift nicht, wie der Lateiner ein fremdes u in y verwan-

Nordspitze der Halmstader Meeresbucht ist, so muss das eine Schiffstagefahrt von Thule entfernte Mare concretum die Bucht an der Küste von Bahuuslehn sein, welche Norwegen von Schweden trennt, und folglich die bis zum Vorgebirge Rubeas [1]) sich erstreckende Mórimarusa im Süden von Cap Rubeas liegen, d. h. das Kattegat sein. Das Kattegat sah man aber von jeher als einen Theil der Ostsee an. So sagt z. B. König Alfred in seiner geographischen Beschreibung: Die Norddänen, welche theils auf dem festen Lande, theils auf den Inseln wohnen (sect. 5), haben nördlich von sich den Meeresarm, den man Ostsee heisst (sect. 16), d. h. also das Kattegat; und nach Others Reisebericht (sect. 9) beginnt die Ostsee gleich südlich vom norwegischen Vigen. Weshalb hat man nun aber das Kattegat zur Ostsee und nicht gleich dem Skagerrak zur Nordsee gerechnet? Weil beide, Kattegat und Ostsee, ohne

---

deln sollte, während bei den Griechen die Umwandlung von v in ov leichter begreiflich ist. Im Worte Thyle steckt aber das cym. touil, nach Owen's Welsh Dictionary s. h. v. dunkel, daher Statius singt: vada caligantia Thules und nigra littora Thules und daher der Name des grossen Waldes Tylöskogn, welcher theils zu Ostgothland, theils zu Nerike gehört. Die Hauptstadt der Thracischen Gallier in dem von ihnen errichteten βασιλεῖον Τύλη bei Byzans hiess Tylis (Eustath. ad Iliad. II. p. 205; Polyb, 4, 46. Steph. Byz. de urbibus p. 720), ein Beweis, dass das Wort keltischen Ursprungs ist. Daher die Ableitung vom goth. Tiel oder Tiule (τελος, Ziel), das äusserste Land, falsch ist, da diese Insel für die Nordbewohner dies keineswegs war. (Praetorius, de orbe Gothorum III, 4, 3. p. 33. D'Anville sur la navigation de Pytheas p. 439; Rudbeck, Atlant. I. p. 514. cfr. Pontanus, Rerum Danicar. histor. p. 741; Tschucke ad. Melam III. 3. p. 227.)

Noch ist ein von Bedslob übersehener Einwand gegen die Identität von dem alten Thule und dem heutigen Tylöe zu beseitigen. Ptolomaeus gibt den Parallel von Rhodus richtig zu 36°, den von Thule zu 63° N.B. an, die Insel Tyloe am Halmstadter Meerbusen liegt aber c. 56^2/$_3$° N.B. Es besteht also zwischen der Angabe des Ptolomäus über die Lage von Thule und der Lage von Tyloe bei Halmstadt eine Differenz von c. 6^1/$_3$°. Ein so grosser Unterschied in der Lage beider Orte konnte gegen die Identität beider einen begründeten Einwand abgeben, wenn er nicht zu beseitigen wäre. Ptolomaeus legt, wie wir gesehen, den Parallel von Thule 63°—36° = 27° nördlicher als den von Rhodus. Er rechnet aber auf einen geographischen Breitengrad 500 olympische Stadien. (J. Lelewel Ueber die Längenmaasse der Alten in dessen Kleinen Schriften geographisch-historischen Inhalts übersetzt von Karl Neu. Leipzig 1836. S. 122); folglich liegt der Parallel von Thule nach ihm 27 $\times$ 500 = 13,500 olympische Stadien nördlicher als der von Rhodus. Auf einen geographischen Breitegrad gehen aber in der Wirklichkeit 629^1/$_2$ olympische Stadien (Lelewel l. c. S. 129.), folglich sind jene 13,500 olympische Stadien = $\frac{13500}{629^1/_2}$ = c. 21° 27' und danach liegt Thule unter dem 36° $+$ c. 21° 27' = c. 57° 27' N.B. Folglich beträgt die Differenz zwischen der wahren und der, von Ptolomaeus (rectificirt) angegebenen N.B. Thules nur c. 47', ein Unterschied, der bei den damaligen Bestimmungsmitteln der astronomischen Lage der Orte im hohen Norden keine fernen Bedenken über die Indentität beider Orte aufkommen lassen wird. (cfr. §. 18.)

[1]) Dass die Sylbe as im Worte Rubeas das nordische Äs, Aas Bergrücken sei, hat schon Outzen in seinem Glossar bemerkt. Sucht man aber auf der grossen dänischen Seekarte des Kattegats nördlich von Tylöe einen Namen, der dem des Rubeas entsprechen könnte, so findet man unter 57° 16' N.Br. (ungefähr in der Höhe von Lessöe) den Namen Rygas dicht an der Küste des Meeres. Es ist also beim Plinius statt Rubeas wohl Rugeas zu lesen. Es ist dieselbe Verwechselung der Laute b u. g. wie bei dem Namen jener germanischen Völkerschaft am Niederrhein, welche Plinius (IV. 31.) Guberni, Tacitus (Histor. IV. 26. V. 16. 18.) aber Gugerni nannte. So hiessen auch die lybischen Gyzanten Byzanten (Steph. Byz. h. v.) Der Römer sprach übrigens das inlautende u als ü aus. (Sollten vielleicht etwa auch Λιβυες = Λιγυες sein?)

Ebbe und Fluth sind, im Gegensatz zur Nordsee und dem Skagerrak, ein Gegensatz, der sich Jedem von Alters her aufdrängen musste. Da nun Morimarusa ein keltisches Wort, — 'mor y marb[1]), das todte Meer, — welches Plinius mit mare mortuum wiedergiebt, so ist die Bezeichnung „todt" am ungezwüngensten auf dessen Fluthlosigkeit zu beziehen. Tacitus spricht von einem mare pigrum ac prope immotum, worin man vielleicht eine Umschreibung des Wortes Morimarusa sehen könnte, aber mit Unrecht. Denn in der einen Stelle (Germ. c. 45) heisst er Trans Suionas aliud mare pigrum ac prope immotum, quo cingi claudique terrarum orbem, hinc fides. Dies kann nur der botnische Meerbusen sein. An einer anderen Stelle (Agricola c. 10) kann der Ausdruck mare pigrum eben so wenig auf die Ostsee bezogen werden.

Die Ostsee führt aber ihren einzelnen Theilen nach verschiedene Namen. So nannten, um im Westen stehen zu bleiben, die Alten den Winkel, welchen die kimbrische Halbinsel mit der deutschen Ostseeküste bis zu Rügens Nordspitze hin bildet, eine Meeresbucht, in welcher die jetzigen dänischen Inseln, sammt der Insel Schonen (§ 4) lagen, den sinus Codanus. Gewöhnlich hält man diesen für das Kattegat, aber mit Unrecht. Plinius sagt freilich (Hist. natur. IV. 13): „Die unermesslich lange Bergkette des Sevo, die an Höhe den Riphaeen gleichkommt, bildet beim kimbrischen Vorgebirge (Skagen) einen ungeheuren Meeresbusen, der Codanus heisst." Der Mons Sevo ist das Kjölengebirge, dessen südlicher Theil noch jetzt nach Reichard (Germanien unter den Römern. Nürnberg 1855. S. 235) Seve-Ryggen heisst[2]). Dieses Gebirge theilt sich unter 63° N. Br. und bildet im Norden der kimbrischen Halbinsel die Bucht des Skagerrak. Plinius setzt aber seiner Beschreibung des sinus Codanus hinzu: refertus insulis, quarum clarissima est Scandinavia incompertae magnitudinis. Ebenso Mela III. 3: Super Albim Codanus ingens sinus magnis parvisque insulis refertus est. Hac re mare, quod gremio litorum accipitur, nusquam late patet; und an einer anderen Stelle (III. 6): in illo sinu, quem Codanum diximus, insulis Codanonia, quam adhuc Teutoni tenent, ut foecunditate, ita magnitudine antestat. Diese Beschreibungen passen weder auf das inselfreie Skagerrak, noch auf das inselarme Kattegat. Man ersieht zugleich aus diesen Stellen, dass unter der Fülle grosser und kleiner Inseln des sinus Codanus nur die jetzigen dänischen Inseln mit Einschluss der Insel Schonen zu verstehen sind, dass also der Sinus Codanus selbst die grosse Meeresbucht ist, worin diese liegen und welche gebildet wird einerseits von der kimbrischen Halbinsel, andererseits von der deutschen Ostseeküste bis zur Spitze des da-

---

[1]) Es spricht daher Zeuss in seiner Grammatica Celtica II. 752 die Vermuthung aus, dass dieses Wort eigentlich Morimaruba gelautet. Die Form Marimarusa, die der Epitomator des Plinius, Solinus c. 30 hat, ist verfälscht. Auf Plinius sich stützend, sagt Isidorus Origin. XIV. c. 6. pigrum et concretum est ejus (Thyles) mare.

[2]) Nicol. Wimmann beschreibt in seiner Navigationis maris Baltici et sinus Codani descriptio 1578 den Kjölen unter diesem Namen: Sevo inditum est nomen ei monti, qui jugis subinde nunc perpetuis, nunc velut intercisis, in arctica illa regna vasto tractu excurrit. In der älteren Edda (Volsunga qvida hin forma) kommt als Helga's Wohnung ein Sevafjöll vor.

mals landfesten Rügens, ein Meerbusen, welchen Marcian p. 53 $\varkappa\acute{o}\lambda\pi\iota o\nu\,\acute{\iota}\mu\acute{\epsilon}\gamma\iota\sigma\tau o\nu$ nennt.

Tacitus bezeichnet mit dem Namen Mare Suevicum das Kattegat sammt dem Skagerrak. Bisher verstand man unter diesem Ausdruck die Ostsee. Tacitus sagt nämlich (Germania c. 45): Ergo jam dextro Suevici maris litore Aestyorum gentes. Diese letzteren hielt man für die Bewohner des heutigen Estland, so dass das Meer, an dessen rechter Seite sie wohnten, die Ostsee sein musste. Nun hat aber Redslob nachgewiesen, dass die Aestyorum gentes die Bewohner der kimbrischen Halbinsel seien, von Britannien aus mit einem allgemeinen Localnamen als Ostländer bezeichnet. [1]) Daraus zog Redslob aber den falschen Schluss, dass das Mare Suevicum die Nordsee sein müsse. Um aber suevisch genannt zu werden, müssen Sueven wenigstens an einer Seite des Meeres gewohnt haben. Nun sind aber weder Friesen noch Kauchen noch Kimbern, die südlichen und östlichen Anwohner der Nordsee, je für Sueven angesehen worden; — erst in den Zeiten der Völkerwanderung treten an Hollands Küsten suevische Völkerschaften auf. Wohl heisst es bei Tacitus (Acricola c. 28), dass die Usipier, welche Britannien umschifften, von Norden her zu den Sueven, dann zu den Friesen gekommen. Wo sassen

---

[1]) Jordanus (De' rebus Geticis c. XXIII.) erzählt vom Gothenkönige Ermannrich: Haestionum quoque nationem, qui longisimam ripam Oceani Germanici insident, idem ipse prudentiae virtute subegit: Der Oceanus Germanicus ist die Nordsee, nie wird die Ostsee so genannt. Cassiodorus (Varia V. 2.) nennt ferner als das Volk, welches dem Gothenkönige Theodorich als Geschenk Bernstein übersandte, die Aestyer. Man wird wohl kaum irren, wenn man annimmt, dass der übersandte Bernstein ein Product ihres Landes gewesen und nicht etwa aus der Fremde von ihnen zusammengekauft worden sei. Die Aestyer bewohnten also ein Bernsteinland, d. h. entweder die Westküste der kimbrischen Halbinsel oder die preussische Ostseeküste. Estland ist nie ein Bernsteinland gewesen. Ferner erzählt Tacitus (Germania 45), dass die Sprache der Aestyer Aehnlichkeit gehabt mit der Sprache der Britannier, d. h. mit dem Keltischen. Dass Kelten einst auf der kimbrischen Halbinsel gehaust, kann streng bewiesen werden; da aber gegen Osten die Düna die Grenzscheide gewesen, über welche hinaus keine Kelten vorgedrungen (§ 21) hat Estland nie eine keltische Bevölkerung gehabt. Die Aehnlichkeit der Sprache der Aestyer mit der der Britannier ist deshalb unerklärlich, so lange man in den Aestyern die Estländer sah, und hat daher auch mit Recht Verwunderung erregt. Tacitus schreibt ferner den Aestyern die ritus habitusque Suevorum zu — die Esten sind aber nie Sueven gewesen — und die Aestyer nannten nach ihm den Bernstein glaesum, ein deutsches Wort, während derselbe im Litauisch-Lettischen Sihtars heisst. Die sunstigen Beweise, dass die Aestyer nicht die Bewohner Estlands gewesen, sehe man in Rodlobs Thule nach. Wenn aber mein Recensent — g (Jahrb. für Landeskunde B. 4. S. 27) mich auf eine Stelle Eginhards im Leben des Kaisers Karl cap. 12. verweist, wo es heisst: die Südküste des Meerbusens vom westlichen Oceane sei von Slaven und Aesten und verschiedenen andern Völkerschaften bewohnt, und wenn er daraus folgert, dass die Aestyi des Tacitus ihre Wohnsitze auf der kimbrischen Halbinsel nicht gehabt haben: so kann diese Stelle für den vorliegenden Fall nichts beweisen wegen der 7 Jahrhunderte, die zwischen Tacitus und Eginhard liegen. Sicherlich verstand Procop im 6ten Jahrhundert nach Chr. Geburt unter Thule die ganze scandinavische Halbinsel; folgt aber daraus, dass auch Pytheas im 4ten Jahrhundert vor Chr. mit Thule denselben Begriff verbunden habe? Ebenso geht es mit den Aesten. Eginhard bezeichnet ganz zuverlässig damit die Bewohner Estlands, wesshalb sollte aber Tacitus mit diesem Namen, einer ganz allgemeinen Bezeichnung für Ostländer, nicht die östlich von Britannien sesshaften Bewohner der kimbrischen Halbinsel benannt haben?

nun diese Sueven? Man hat sie für Angeln erklärt und deshalb angenommen, diese wären erobernd bis zu irgend einem Punkte der Westküste der kimbrischen Halbinsel vorgedrungen, was aber eine reine, durch Nichts zu begründende Hypothese ist. Wahrscheinlich sind es die suevischen Völkerschaften, welche im südlichen Norwegen damals noch wohnten. Nach ihnen wird aber schwerlich die ganze Nordsee das suevische Meer geheissen haben. Wenn aber Redslob auf den Namen des Fleckens Schwabstedt im südwestlichen Schleswig bei Husum, ursprünglich am südlichen Ufer der Eider belegen (cfr. § 21) sich beruft, so ist es unentschieden, ob dieser Ort von den suevischen Angeln Schleswigs oder, was wahrscheinlicher, von den später erst eingewanderten Sachsen Holsteins, die auch Sueven waren, gegründet worden sei. Jedenfalls war es eine Colonie fremder Eindringlinge in einer überall nicht suevischen Umgebung — denn wie hätte sonst der Name Schwabstedt, locus Suevorum, entstehen können? [1]) — von welcher, sollte sie auch möglicher-, wenn auch unwahrscheinlicherweise schon zu Tacitus Zeiten bestanden haben, doch unmöglich die Nordsee den Namen des suevischen Meeres hätte erhalten können. Es bleibt daher nichts übrig, als im Mare Suevicum das Skagerrak nebst dem Kattegat zu erkennen, dessen Küsten, wie ich in einem späteren Theile der Urgeschichte beweisen werde, damals ringsum von Sueven bewohnt wurden. Segelte man nun von Britannien aus in das suevische Meer, so hatte man zur Rechten die Bewohner der kimbrischen Halbinsel, die Aestyorum gentes.

§ 14. Bie Ostsee, ein ungefähr 7300 Quadratmeilen grosses Binnenmeer, bildet gegen die oceanische Westsee einen entschiedenen Gegensatz:

1) Der Ostsee fehlen die Gezeiten, von welchen durch scharfe Beobachtungen nur Spuren zu entdecken sind. Sie ist daher reich an Wasserpflanzen, welche in der Westsee der Fluth wegen nicht gedeihen können.

2) Ihre Tiefe sowohl als ihr Salzgehalt ist ein weit geringerer. An den meisten Stellen ist sie nur 10—25 Faden tief; der Sund hat eine Tiefe von 10 Faden, die sogenannte Rinne bei Amak nur 23 Fuss. Die tiefste Stelle der Ostsee, 98 Faden, liegt zwischen dem 19ten und 20ten Grad östlicher Länge von Greenwich, zwischen der Südspitze von Gothland und den Ostseeprovinzen. Während das Wasser der Nordsee nach Forchhammer im Mittel 3,45 Proc. Salztheile enthält, ist das der Ostsee daran viel ärmer: das Maximum erreicht noch nicht 2 Proc., das Minimum im botnischen Meerbusen beträgt nur 1/8 Proc. Der Grund zu dieser Verschiedenheit liegt darin, dass einerseits eine bedeutende Anzahl grosser Flüsse und eine unübersehbare Menge zum Theil sehr grosser Landseen von allen Seiten her ihr süsses Wasser in die Ostsee ergiessen, anderseits das Meerwasser während einer bei weiten grösseren Anzahl von Tagen des Jahres aus der Ostsee in das Kattegat ausströmt, als umgekehrt in die Ostsee einströmt — im Verhältniss von 2,4:1 (Schouw). Wenn nicht ein specifisch schwererer, weil salzreicherer Gegenstrom in der Tiefe wahr-

---

scheinlich bestände, so wäre gewiss schon längst aller Salzgehalt der Ostsee ausgewaschen worden. Von Einfluss ist dieser Unterschied aber in so fern auf die Anwohner beider Meere, dass nur die Westseebewohner seit Uralters her aus dem salzreichen untermeerischen Torfe, dem Thul der Friesen, ein unreines Salz bereiteten (ex gleba torrefacta sal conficiunt. Saxo Gram.), ein Industriezweig, der erst im Anfange dieses Jahrhunderts zu Grunde gegangen. Dass übrigens in der Urzeit das Wasser der Ostsee salziger gewesen, als gegenwärtig, das folgt aus seiner damaligen Verbindung mit dem nördlichen Eismeer (§ 4 a). Einst bestanden auch in den südlichen Buchten des Kattegats z. B. im Issefjord auf Seeland Austerbänke, wovon die zahllosen Schalen dieser Weichthiere in den sog. Speiseabfallhaufen Zeugniss ablegen, während sie jezt in diesen Gewässern gänzlich verschwunden sind. Man hat die Ursache davon in der Abnahme des Salzgehaltes der Ostsee finden wollen *(v. Baër)*, doch mit Unrecht. Denn den Römern ist es gelungen, die Austern in die vollkommen süssen Seen bei Neapel zu verpflanzen, wo sie heute noch leben und sich vermehren, und die Miesmuscheln wie die Strandschnecken, welche ja auch so zahlreich mit ihren Schalen in den Speiseabfallhaufen vorkommen, gedeihen ganz vortrefflich im Brackwasser und selbst im periodisch ganz süss werdenden Wasserbecken. Der Grund dieser Erscheinung liegt in der langsamen Umgestaltung und Wechselwirthschaft des Meeresbodens, den man namentlich für die Austerbänke schon nachgewiesen hat und der hauptsächlich durch Röhrenwürmer erzeugt wird, welche die Austerbänke überwuchern und allmählig zu Grunde richten *(C. Vogt*, Vorlesungen über den Menschen, seine Stellung in der Schöpfung und in der Geschichte der Erde. B. 2. S. 113.). Die Auster, darnach organisirt, Gewässer zu bewohnen, deren Salzgehalt im Laufe des Jahres je nach den Regenfällen oder der Ausdünstung bedeutend abweicht, gewöhnt sich schliesslich an das Süsswasser. Ein plötzlicher Wechsel würde für sie verhängnissvoll sein, ein schonender Uebergang aber gestattet ihrem Organismus, sich an eine neue Lebensweise zu gewöhnen. (Ch. Martins, Von Spitzbergen zur Saharah. Jena 1868. B. 1. S. 136.).

3) Der Boden der Ostsee bildet eine gleichförmige, gegen die Mitte vertiefte Mulde, während die Nordsee in der Mitte gerade weniger tief ist. Die Ufer steigen flach an und da, wo die Wellen mit grosser Regelmässigkeit sich brechen, wie z. B. an den Küsten Schwansens, wird durch Auswaschung und Anhäufung des groben Strandgerölles ein Steindamm gebildet, den nur selten bei den höchsten Sturmfluthen die Wogen überschreiten.

4) Endlich bilden zahlreiche, tiefe und tief einschneidende Buchten (Fjorde) — bei Kiel, Eckernförde, Flensburg, Apenrade und Gjenner — an der Ostküste Schleswig-Holsteins eine Reihe der vortrefflichsten Häfen: die Natur hat, wie sie einerseits auf der Westküste das Land vom Weltverkehre ausgeschlossen (§ 11), so andererseits durch seine Ostküste dasselbe zur Beherrscherin der Ostsee bestimmt.

* * *

Excursus.

Die Bildung der Fjorde im Allgemeinen und der Schleswig insbesondere. Da die tiefen Einschnitte des Meeres ins Land — die Fjorde — Schleswigholstein eine so grosse politische Bedeutung verleihen, so interessirt es vielleicht, über ihre räthselhafte Bildung in einem Excursus, zum Theil nach *O. Peschel's* Untersuchungen (Ausland 1866 Nro. 9, S. 193—200) einige Aufklärungen mitzutheilen, wenn gleich wir dadurch weit über die Gränzen Schleswigholsteins und in eine vorhistorische Zeit hinübergreifen müssen, da nur die comparative Geographie uns Aufschluss darüber zu geben im Stande ist. Fjorde sind tiefe, schmale und steile Schluchten an Festlands- und Inselküsten. Der schmale Fjord ist wohl zu unterscheiden von dem breiten Golf, der allerdings im gedrängten Bilde einem Fjorde gleicht, eine Aehnlichkeit, die alsbald auf einer nach grösserem Maassstabe entworfenen Karte verschwindet, während bei echten Fjordküsten die Zahl der kleinen Küsteneinschnitte zunimmt, je grösser der Maasstab der Karte wird. Der Péloponés, z. B. mit seinen langgestreckten fingerartigen Gliedern, der Dreizack der Chalcidischen Halbinsel und die Küsten Kleinasiens bilden Golfe und keine Fjorde. — Sehr häufig dringen die Fjorde senkrecht oder unter steilen Winkeln ins Land hinein, wobei es alsdann geschehen kann, dass zwei solcher Fjorde sich zu einer Gabel vereinigen und ein Inseldreieck mit schmaler Grundlinie, und langen Schenkeln vom Festlande ablösen. Bisweilen verzweigen sich die Fjorde unter spitzen Winkeln ins Innere. Die aussen liegenden Inseln und die Mündungen der Fjorde lassen deutlich erkennen, dass die Küstenlinie vor ihrer Verletzung glatt und ziemlich grade verlief. — Characteristisch für die Fjorde ist ihre örtliche Anhäufung und ihr geselliges Auftreten. Sie zeigen, dass die früher glatt und grade verlaufenden Ränder der Festlande oder Inseln mürbe geworden, zerfetzt und zertrümmert worden sind. — Abgesehen von den Inselgruppen im südlichen Theile des indischen Oceans, findet man die Fjordbildung nur in Europa (inclusive Novaja Semlja) und in America (incl. Grönland), und zwar vorzugsweise an den Nord- und Westküsten des Festlandes und der Inseln. Dagegen ist es eine Eigenthümlichkeit des baltischen Meeres, dass die Fjorde hier nur an den Ostküsten des Landes vorkommen. Von der kimbrischen Halbinsel ist diess augenfällig, dagegen scheint die Ostküste Schwedens dem zu widersprechen. Hier sind aber die Fjorde durch das vorliegende Land nur verhüllt. Denn es nehmen die oberen Läufe sehr vieler Flüsse Schwedens, die ins baltische Meer sich ergiessen, durch schlauchartige enge Gebirgsseen ihren Weg. Solche schmale Gebirgsseen, die senkrecht auf die Erhebungsachse von Gebirgen oder Hochländern stehen, können als Binnenfjorde betrachtet werden. Denn wenn diese Seen durch eine Senkung des Landes bis zur Niveau-Höhe des baltischen Meeres gesunken gedacht werden, so würde die Ostküste Schwedens auch ihre Fjorde haben. Da nun aber Schweden fortwährend in der Hebung begriffen ist, so müssen einst an dessen Ostküste auch zahlreiche Fjorde vorhanden gewesen sein. — Man trifft ferner die Fjorde nur in höheren Breiten an. In Europa ist ihre Aequatorialgränze $51^{1}/_{4}^{0}$ (Südwestspitze Irlands), an der Ostküste Nordamerikas 44^{0} (im Staate Maine) und an dessen Westküste bei 47^{0} (im Puget-Sund). Endigt der Fjordengürtel an Europas Westküste unter höheren Breiten als an der Ostküste Amerikas und an diesen in geringerer Polhöhe wie in Britisch-Columbien, so heben und senken sich die Aequatorial-gränzen der Fjorde an den Küsten der Festländer nach demselben Gesetze, wie die Isothermen und die südlichen Fjorde machen Halt vor einer Jahres-mitteltemperatur von 8^{0} R. — *Mühry* zieht auf seiner Regenkarte der Erde die Polargränze der Winterregenzeit fast genau da, wo die Fjorde aufhören. Diese fallen also in das Gebiet der Regen zu allen Jahreszeiten. Nirgends aber findet man innerhalb dieses Gebietes die Fjorde reichlicher ent-wickelt, als da, wo die stärksten Niederschläge erfolgen: Irland, Schottland und Island einerseits und andererseits Norwegen, Sitka in Amerika und die Westküste von Patagonien sind reich und überreich an Regen und Fjorde. Die geringe Häufigkeit der Fjorde im Archipel der nordwestlichen Durchfahrt beruht daher zum Theil auf der Armuth dieser Länder an Niederschlägen. Es ist also die Zerklüftung der Küsten durch Fjorde eine klimatische Erscheinung, da eine niedere Temperatur und das Vorkommen reichlicher Niederschläge, also eine westliche Lage, eine örtliche Begünstigung ihrer raschen Entwicklung ist. — Die Fjorde sind ferner an Steilküsten gebun-den. Je steiler die Küsten aus dem Meere sich erheben, desto energischer erfolgt bei gleichen Bedingungen die Fjordbildung. Durch die Steilheit ihrer Küsten zeichnen sich aus Spitzbergen, Norwegen, Schottland, zum Theil Irland, die Nord- und Westküste Islands, die Ost- und Westküste Grönlands, die Inselwelt der nordwestlichen Durchfahrt, die Küsten des früheren russischen Amerikas und Britisch-Columbiens, die Westküste Patagoniens und die West-küste der Südinsel Neuseelands und alle diese Länder sind reich an Fjorden. Allerdings ist die Westküste Amerikas jenseits der Aequatorialgränze der Fjorde, d. h. im Süden von der De Fuca-Strasse an bis im Norden von Chi-loë nicht weniger steil und doch fehlen hier vollständig die Fjorde, ein Beweis, dass zum Küstencharacter sich noch eine bestimmte metereologische Kraft ge-sellen muss, wenn es zur Fjordbildung kommen soll. Dagegen findet man an der Nordküste Asiens, an den beiden Gestaden Kamtschatkas und im Tschutsch-kenlande keine Fjorde, denn das asiatische, wie das europäische Russland sinkt nach dem Eismeere zu flachen Küsten herab (*Wrangel* u. *Anjou*), während steile Küsten nur das Taimyrland an seinen nördlichen Hörnern, dem Taimyr- und Tschel-juskinkap besitzt, wo auch sicherlich Fjorde sich finden werden, wenn diese seit 1743 nicht wieder besuchte Gegend erst genauer wird aufgenommen worden sein. Freilich gehört diese asiatische Eismeerküste zu *Mühry's* Circumpolargürtel mit regen-armen Wintern, allein in diesem Gürtel fehlen Fjordbildungen, wenn auch schwä-cherer Art, nicht gänzlich, ja das fjordenreiche Grönland gehört ihm noch an. Es kann also die Armuth dieser Eismeerküsten an Fjorden nicht begründet sein in atmosphärischen Niederschlägen. — Die Einschnitte der Fjorde sind fast in jeder Formation anzutreffen: sie verschonen weder Jugend noch Alter der Felsarten, weder Laven noch Geschichtetes, weder Krystallinisches noch Geschiefertes. Nicht ihr chronologischer Rang, nur ihre innere Structur und ihre chemischen Bestandtheile haben Einfluss auf das Zeitmaas ihrer Verwitterung. Je rascher die Felsarten einer Fjordküste zersetzt werden, desto mehr werden sich die Fjorde in Inseln, Klippen und Scheeren vor der Küste verwandeln; je spröder und dichter ihr Gefüge, je besser ihre Bestandtheile der Zersetzung widerstehen, desto regelmässiger werden die Einschnitte sein und desto länger wird der Process des Ueberganges aus einer Fjordküste in einen Scheerensaum dauern. Die Fjorde des Feuerlandes sind überall unregelmässig mit Inseln bestreut, wo granitische und Trappformationen vorkommen; dagegen in der Thonschieferformation erstrecken sie sich schnurgrade. Die verschiedene Physiognomie der Fjordküsten, der höhere oder geringere Grad ihrer Auflösung ist entweder der grösseren oder geringeren Energie der zerstörenden Kräfte oder dem grösseren oder geringeren Widerstande der Felsarten beizumessen. Der südliche Theil der Westküste Grönlands mit seinen so scharfen und regelmässigen Küstenspalten *(Rink)* besteht aus Granit und Gneis; nördlich von der Disco-Insel beginnt die Trappformation und mit dieser ändert sich sogleich die Gestalt der Fjorde, wie jede Karte zeigt. Der mürbe Granit des Feuerlandes bildet einen auffallenden Gegensatz zu dem festen Granite Grönlands.

Nachdem wir solcher Gestalt die Bedingungen von Seiten der Bodenbeschaffenheit, sowie von Seiten des Klima's zur Fjordbildung erkannt haben, werden wir zu der Frage gedrängt, was die nächste Ursache derselben gewesen. Es sind diess aber die Gletscher der Gegenwart und der Vorzeit. Nirgends fehlen den Fjordbildungen die Eismassen und deren mechanische Kräfte. Die Fjorde sind noch gegenwärtig die Rinnsale der Gletscher, z. B. in Grönland, oder man trifft in ihrer Nähe auf Gletscher; z. B. an der Westküste Nordamerikas findet man solche auf dem Ostabhange der Felsengebirge; oder man stösst auf sie in der nächsten geologischen Vergangenheit, z. B. in Schottland beweisen die Felsenschliffe ihre vormalige Anwesenheit. Grönland ist ein vergletschertes Hochland, seine Fjorde sind die Gefässe, durch welche sich die Gletscher ergiessen, deren Endstücke jährlich abbrechen, um als Eisberge in der Baffinssee und der Davisstrassé zu schwärmen, bis sie ins atlantische Meer hinabgelangen, um am östlichen Gestade des Golfstromes in der Nähe der Neufoundlandsbänke zusammenzuschmelzen. Dieselbe Erscheinung findet sich in Norwegen *(Wahlenberg).* Auch Spitzbergen und Island haben Gletscher, welche auch auf der Südinsel Neuseelands nicht fehlen und in der Magelhaes-Strasse bis ins Meer hinabreichen. An der Fjordküste des westlichen Patagoniens trafen die Missionäre auf Eisberge noch in der Laguna de St. Rafaël (46° 33′ S. Br.) *(Darwin).* Gleich den Fjorden gehören die Geschiebe- und Geröllebildungen (drift formations), die unter den Tropen völlig fehlen *(Lyell),*

den klimatischen Erscheinungen an, denn auf der südlichen Halbkugel überschreiten die erratischen Blöcke nirgends den 41. Breitegrad *(Darwin)*. Wenn
nun die Fjorde die leeren Gehäuse ehemaliger Eisströme sind, so erklärt diess
die Entstehung der engen Gebirgsseen Oberitaliens, welche als Fjorde eines
ehemaligen lombardischen Meeres zu betrachten sind, zumal ihr Boden an
etlichen Stellen tiefer liegt, als der Spiegel des adriatischen Meeres. Eine
frühere Gegenwart von Gletschern liess sich bei ihnen mit Leichtigkeit nachweisen, so dass eine Ausweitung der Thäler durch Gletschermassen nicht ge-
leugnet werden konnte.

Wo immer Land gehoben wird, da werden die ursprünglich wagerechten
Schichten des Aufsteigenden gebogen werden müssen. So wie die Spannung
nur ein sehr geringes Maass überschreitet, entstehen Querrisse in den Schichten: der Geologe spricht von aufgesprengten Gewölben. Diese Risse und
Klüfte sind ausserordentlich eng und gangförmig: es sind keine Fjorde, denn
sonst müsste man diese auch an den tropischen Steilküsten antreffen. Aber
sie reichen aus, um den zerstörenden Kräften kälterer Luftkreise die Ero-
sionspfade vorzuzeichnen. Eindringendes Wasser rinnt unschädlich wieder ab
oder füllt die Spalte mit Gangmasse aus. Daher entstehen keine Fjorde an
der steilen Malabarküste Indiens, wo 6 Monate im Jahr die heftigsten Regen-
güsse sich niederschlagen. Wo aber das eindringende Wasser zwischen den
Gefügen der Steinschichten gefriert, da verrichtet das Eis durch seine Ausdehnung beim Gefrieren die Dienste einer Sprengladung in einem Steinbruch:
der nachfolgende Regen führt die gesprengten Trümmer hinweg. Daher fehlen
die Fjorde jenseits der Isotherme von 8° R., weil bei höheren Temperaturen
selbst in den kältesten Monaten der Boden nicht bis zur gehörigen Tiefe
friert und die Erosionskraft des Eises entbehrt werden muss. Unter den
Tropen sind die steilen Felsenwände an ihrem Fusse nicht bedeckt mit einem
Gürtel von Trümmermassen *(Dana)*, wie solches regelmässig der Fall ist unter
höheren Breiten, weil dort die Sprengwirkung winterlichen Frostes fehlt. Die
Wirkung dieser Art von Erosion kann sich aber nicht sehr weit vom Wasserspiegel abwärts erstrecken, und da nun die Fjorde sehr tiefe unterseeische
Einschnitte sind, so müssten alle Küsten mit tiefen Fjorden an den Steilküsten unter höheren Breiten gleichzeitig gesunken sein, was ja höchst unwahrscheinlich ist, da ja die norwegische Küste im Steigen begriffen, während
die Westküste Grönlands allerdings sinkt. Wo wir also tiefe Fjorde antreffen,
da können wir vermuthen, dass sie von Gletschern eingeschnitten worden, wie
es noch jetzt an der Westküste Grönlands und Patagoniens, im Feuerlande
und zum Theil in Norwegen der Fall ist. In allen diesen Fjorden ist an
ihrem Ausgange der Boden viel seichter als im Hintergrunde, ebenso sind die
norditalienischen Seen in der Mitte am tiefsten. Am Eingang ist der Christ-
tagsund des Feuerlandes gegen 37 Faden tief, in der Strasse selbst ward bei
64 Faden Grund gefunden, zuletzt bei 160 Faden keiner erreicht. (Capt. *Cook*.)
Die norwegischen Fjorde pflegen im Hintergrunde tiefer zu sein, als an ihrer

Mündung, und zwischen den Fjorden und den aussen liegenden Inseln stösst man auf grössere Tiefen. Um und zwischen diesen Inseln erstreckt sich das Scheerensystem (Skjœrgaard), aus Klippen und Untiefen bestehend, bis seewärts hinter den Scheeren das Meer wieder in der sog. grossen Tiefe hinabstürzt (*Otto Lübbert*). Die wechselnden Tiefen in den Fjorden zwischen den Inseln und über den Scheeren widersprechen aber nicht einer Ausfeilung des Festlandes durch die Gletscher. Die aussen liegenden Inseln sind die Ränder der ehemals glatten Steilküste, wo die Verheerung begann, bis sie tiefer und tiefer ins Land hineingriff. Die Gletscher bewegten sich damals von den Höhen durch die Fjorde nach der grossen Tiefe und besassen hinreichenden Fall zu ihrem Vorrücken: sie pflügten immer bergab. Bei fortschreitender Verheerung am Aussenrande zerfiel die Steilküste in Inseln, aus den Inseln werden Klippen, ihre Trümmer aber füllten die alten Erosionsklüfte aus und bildeten das Scheerensystem. Die Gletscher wichen natürlich mit den Fjorden, die sie ausgefüllt, landeinwärts zurück. Wurde nun, sobald sich der Kopf des Gletschers von der Mündung des Fjords zurückzog, das Meer durch Stürme ausserhalb des Fjords heftig aufgeregt, so musste, wenn der Fjord senkrecht oder nur schräge zur Richtung der herrschenden Winde stand, die Bewegung der Wellen innerhalb des Fjords eine kurze Strecke vom Eingange in Ruhe übergehen. Führten nun solche starkbewegte Wogen Schlamm, Sand und Trümmer in den Fjord hinein, so mussten sie diese Last dort fallen lassen, wo sich der Wogengang glättete, also grade dort, wo wir die untermeerischen Schwellen finden. Dauert aber das Hereinschleppen von Küstentrümmern in den Fjord lange genug, so kann die Schwelle zuletzt zum Riegel werden, den Fjord gänzlich schliessen und in einen See absperren. Nun sieht man auch, warum am Fusse des Himalaya es keine Gebirgsseen von italienischer Physiognomie gibt, da doch den indischen Alpen es an Gletschern nicht fehlt, Jedoch solche Gebirgsseen sind die letzten Ueberreste einer ehemaligen Fjordküste und die Bedingungen zur Fjordbildung finden sich selbst zur Eiszeit nirgends bei einem geringeren Abstande vom Aequator als 41°.

Das Resultat unserer ganzen Untersuchung ist also, dass eine steile Aufrichtung der Küste, eine hinreichende Temperaturerniederung in den kältesten Monaten, um das einsickernde Wasser in den Spalten der Gesteine zum Gefrieren zu bringen, und endlich ein reichlicher Niederschlag, wie ihn eine ergiebige Gletscherbildung verlangt, sich vereinigen müssen, damit es zur Fjordbildung komme.

Fanden sich nun aber einst diese Bedingungen im Schleswigholsteinischen Lande vor, so dass die jetzigen Fjorde Schleswigs das nothwendige Resultat ihres Zusemmenwirkens waren?

1. Der Höhenrücken, der Schleswig durchzieht, liegt bekanntlich der Ostküste viel näher als der Westküste. Eine Folge davon ist natürlich, dass gen Osten die Küste weit steiler abfällt, während sie gen Westen sich ganz allmählig abflacht. Dadurch erklärt sich die Anomalie, dass die Fjordbildung

an der Ostküste des Landes vorkommt, an der Westküste aber fehlt. Uebrigens war der Höhenrücken des Landes vor dessen grosser Senkung (§ 7) ein viel bedeutender als gegenwärtig.

2. Wir haben gesehen (§ 4 b), dass in der urgeschichtlichen Zeitperiode die mittlere Jahrestemperatur des Landes zwischen 1^0 und 5^0 gelegen, also im Durchschnitt c. 3^0 R. gewesen ist, und da nun oben nachgewiesen, dass noch bei einer Isotherme von 8^0 R. eine Fjordbildung stattfinden kann, so ist auch in Schleswigholstein eine Temperaturerniederung eingetreten, zumal in der Eiszeit, welche eine Fjordbildung gestattet.

3. Wenn Schleswigholstein auch nicht zu den regenreichsten Ländern Europas gehört, so ist bei seiner Lage zwischen zwei Meeren die Menge des meteorischen Wassers, gegenwärtig ungefähr 20 Zoll jährlich, eine nicht ganz geringe. Zu allen Jahreszeiten regnet es bekanntlich und etwa die Hälfte aller Tage des Jahres sind Regentage. Wenn das Land nicht aller Höhenpunkte und Gebirge entblösst wäre, so würde eine grössere Masse des atmosphärischen Wassers sich niederschlagen. Doch ist die Luft, namentlich im Winter, sehr feucht, Nebel herrschen vor, so dass bei der niederen Lufttemperatur in der Urzeit auch die jährliche Regenmenge eine bedeutend grössere gewesen sein wird. Es war demnach Feuchtigkeit genug vorhanden, um eine Gletscherbildung zu veranlassen, wenn gleich die höchsten Punkte des Landes gegenwärtig noch nicht 400 Fuss erreichen. Hatte doch Schweden einst seine Gletscher, wie Felsenschliffe beweisen, und fällt jetzt dort ja auch eine jährliche Regenmenge, die geringer ist als die in Schleswigholstein, z. B. in Upsala 14,5 und in Stockholm 17,2 preussische Zoll. (*Schübler* Grundsätze der Metereologie, Leipzig 1831, S. 126.) Dass aber einst in der Eiszeit Schleswigholstein von Gletschern bedeckt gewesen, kann man freilich nicht, wie anderswo, z. B. in Schweden, aus den Felsenschliffen ersehen, allein die erratischen Blöcke seiner Oberfläche beweisen ihr Dasein nicht minder zuverlässig.

* * *

§ 15. Wenn auch in geschichtlichen Zeiten die Ostsee nie solche Ueberschwemmungen und Verwüstungen angerichtet, wie die Westküste des Landes solche erlitten — die Geschichte der grossen baltischen Fluth (*Forchhammer*) als einer vorgeschichtlichen können wir hier nicht erzählen —, so sind dennoch die Umrisse ihrer Küsten hie und da vielfach geändert worden im Laufe der Jahrhunderte.

A. Die Ostseeküste Schleswigs.

1. Der Meerbusen von Eckernförde hing in der Urzeit mit der Schlei zusammen. Ursprünglich war das Windebyer Noër ein Theil des Eckernförder Meerbusens. Durch die Bildung eines Naturdammes auf die gleiche Weise, wie wir alsbald sehen werden, dass der Damm an der Meeresküste von Schwansen sich gebildet, ward die vormalige Insel, auf der jetzt die Stadt Eckernförde liegt, zu einer Halbinsel und das Windebyer Noër zu einem mit dem Meere zusammenhängenden Binnensee. Nun schnüren aber

einerseits dieses Nöer mit dem mit ihm zusammenhängenden Schnaper Mühlenteich, anderseits die sog. grosse Breite der Schlei die Landschaft Schwansen scharf ab. Von den Hüttener Höhen wird sie durch eine Einsenkung getrennt, die südlich von der Linie der höher gelegenen Seen (des Lang-, Koll-, Bull-, und Birkensees) verläuft. Diese Einsenkung zwischen dem Windebyer Noër und der grossen Breite der Schlei liegt jetzt nur wenig über dem Meere. Vormals ein sumpfiges mooriges Terrain, in den Chroniken Fraeslet d. h. Poggenfeld geheissen (vom dän Fröe, Frosch, Slette, Ebene, Feld) verräth es unzweideutig seinen Ursprung aus dem Wasser. Mit Berücksichtigung einerseits der Terrainverhältnisse, anderseits der Ueberreste des sog. alten oder Ostserwalls, durch den der Zugang zur Landschaft Schwansen vormals abgesperrt wurde, überzeugt man sich leicht, dass das Thal der jetzigen Osterby-Au, von dessen Ausfluss an in die grosse Breite der Schlei bis nach Dyrwad hin einst ein Arm der Schlei gewesen, wie denn diese Strecke noch jetzt häufig unter Wasser steht. Das Dorf Holm lag auf einer Insel. Von Dyrwad bis Kochendorf sieht man noch jetzt die alten Wallreste. Zwischen Kochendorf und dem Schnaper Mühlenteich liegt aber ein Sumpf, vormals ein See, der in noch älterer Zeit gewiss mit jenem zusammengehangen. An diesen Sumpf und jenen Mühlenteich lehnt sich aber der alte Wall an (Manicus in den Annal. for. nord. Oldkynd. 1888—30. S. 377—886). Wenn nun dergestalt der Eckenförder Meerbusen mit der Schlei in Verbindung stand, so bildeten beide zusammen einen grossen, tief in das Land eindringenden zu einer Gabel vereinigten Fjord, in welchem als eine grosse Insel die Landschaft Schwansen lag, wie denn auch ihr dänischer Name Svansöe, sie — gleich Alsen, Alsöe — als Insel (Oe) bezeichnet, so dass sie folglich noch in historischen Zeiten eine solche gewesen.

2. Die Ostsee hat an der Küste Schwansens einen Riesendamm von Steinen aufgeführt, welcher die Aufmerksamkeit jedes Reisenden fesselt. Das Wasser sucht überhaupt, im Gegensatz zum Feuer, alle Höhen zu erniedrigen und alle Tiefen zu füllen; es wirkt überall für die Horizontalität und dabei sucht es innerhalb der Horizontale alles Hervortretende zurückzudrängen und alles Zurücktretende hervorzuziehen. Durch einen Sturm in der Richtung der Küste, sowie durch eine Meeresströmung, die stets in derselben Richtung geht, werden zwar die grossen Steine am Ufer liegen bleiben, der Sand aber und die kleineren Steine werden in der Gesammtrichtung der Küste und in der Richtung des Windes durch die Wellen fortgefürt und von den vorspringenden Punkten, den Vorgebirgen, fortgerissen und als Dämme an der Gränze der von Sturm bewegten Wellen und der stilleren Wasser der Buchten hingeschwemmt. Ein neuer Sturm in derselben Richtung schafft neues Material herbei und schleppt das alte weiter und in derselben Richtung mit sich fort. Auf solche Weise ist der hohe Damm Schwansens an der Küste der Güter Damp, Grünholz und Schönhagen entstanden. Schwansen fällt nämlich gen Osten nur mit den beiden Vorgebirgen bei Gross-Waabs und Schönhagen steil, im Uebrigen aber sanft und eben ab, wodurch die Bildung des Stein-

damms begünstigt wird. Auch ist das Meer bis auf einige tausend Fuss vom Lande eine für grosse Schiffe unzugängliche Untiefe. Der Steindamm ist haushoch, besteht aus grobem Flugsand, welcher bis auf den Kamm hinauf mit faustgrossen Steinen bedeckt ist. Er verknüpft die beiden Vorgebirge von Gross-Waabs und Schönhagen und schliesst auf dieser Strecke zwei kleine Meerbusen ab, in deren einen die Bokenau, in deren andern die Schwansener Au sich ergiesst. Der letztere ist theilweise als Binnensee noch vorhanden; der erste ist von der Bokenau schon ganz ausgefüllt und in Alluvialboden verwandelt. Die Bokenau, durch den Damm vom Meere abgeschlossen, fliesst nun hinter dem Damm nach Norden hin fort, bis sie die Schwansener Au, den Schwansener See erreicht und die vereinten Gewässer den Damm zu durchbrechen im Stande sind. Bei Stürmen füllt das Meer den Schwansener See, ja das Salzwasser dringt den Lauf der Bockenau aufwärts hinter dem Damm bis zu ihrer ehemaligen Mündung hinauf und vernichtet oft gänzlich die Heuerndte. Künstlich hat man daher der Bokenau einen eigenen gegen das hohe Meer zu verschliessenden Abfluss durch den Damm gegeben. Zur Dünenbildung ist es hier glücklicherweise nicht gekommen, weil der Damm von so vielen Steinen bedeckt ist. — Vom Schönhagener Vorgebirge erstreckt sich in der Richtung des Südwindes und der Küste gen Norden ein $^3/_4$ Meilen langer, ähnlich gebildeter Damm, der in einiger Entfernung von der Insel Oehe endet und ungefähr in der Mitte durchbrochen ist. Diese Stelle heisst Schleimünde. Auf der Nordseite aber haben die Nordweststürme einen ähnlichen kleinen Damm gebildet, der die Insel Oehe (insula Gath) mit dem Festlande verbindet, so dass sich dergestalt aus diesen beiden Dämmen und der Insel Oehe ein Vorbusen der Schlei gebildet hat, welcher, abgesehen von der engen Schleimünde, nur zwischen dem grösseren Damme und der ehemaligen Insel offen ist. In dieser 4 Fuss tiefen Oeffnung liegt die kleine Insel Mindholm. 1780 hat man den südlichen Damm für beim allerniedrigsten Wasserstande 7 Fuss tiefgehende Schiffe durchstochen. Offenbar sind aber diess alles Bildungen, die in historischen Zeiten stattgefunden; in der Urzeit existirte der Steindamm und der Vorbusen der Schlei noch nicht: der letztere war noch ein Theil der Ostsee.

3. Die Schlei — Sleie. Schli, Sly, Slig, Sligh, Sle; Slia, Slea, Sleya — ist im Ganzen $5^1/_4$ Meilen lang. Abgesehen von dem schon besprochenen Vorbusen kann man ihren unteren und oberen Lauf unterscheiden. Zwischen Schwansen und der Schliesharde von oberhalb Missunde bis unterhalb Cappeln liegt der längste, schmalste und tiefste Theil der Schlei, sein unterer Lauf. Auf dieser Strecke hat seine ursprüngliche Tiefe durch Alluvium am wenigsten verloren, weil von Schwansen aus nur einige Bäche, von der Schliesharde aus aber nur ausserordentlich kleine Wasserläufe in dieselbe sich ergiessen. Die Gewässer der Schliesharde sammeln sich grösstentheils in den Oxbeck und seine Fortsetzung, die Füsingau, den grössten Zufluss der Schlei, dessen Wasser sich in die kleine Breite der Schlei ergiesst und sich hier abklärt, so dass das Wasser klar in die Missunder Enge gelangt. Auf ihrem unteren

Laufe ist die Schlei wenigstens 12, 14 und bis 40 Fuss tief. Man kann hier 3 Abschnitte unterscheiden:

1) Das Cappeln-Arnisser Fahrwasser erstreckt sich von Süden nach Norden, ist eng und verhältnissmässig. tief. Die ehemalige Insel, auf welche jetzt Arnis liegt, ist durch einen Damm landfest geworden.

2) Die lange Breite der Schlei zwischen Arnis und dem Anfange des Missunder Fahrwassers ist 2 Meilen lang und im Durchschnitt ¹/₈ Meile breit und von relativ bedeutender Tiefe. Zu ihr gehören das Gundebyer und Lindauer Noër; das letztere durch 2 Halbinseln gebildet, die früher sicherlich Inseln waren.

3) Das Missunder Fahrwasser erstreckt sich von der kleinen Insel Badstave bis zur grossen Breite der Schlei. Es ist mit seinen Krümmungen über ³/₄ Meilen lang und relativ sehr tief. In dasselbe mündet das Eschelsmarker Noër mit seinen Nebenbuchten. *Ewaldsen* (Annal. f. nordisk Oldkyndigh. 1854. 8. 196—205) hat nachgewiesen, dass der südwestliche Theil der Halbinsel Brodersby, die Burg genannt, früher eine Insel gewesen. Auch die gegenüberliegende Halbinsel Missunde bildete einst eine Insel.

Zu dem oberen Theile des Schleilaufs gehört:

4) Die grosse Breite der Schlei. Sie ist weniger tief, besonders ihr südlicher Theil, welcher ausserhalb der Strömung liegt und der von der Noels- und Osterbeck durch Aluviumablagerungen immer mehr verflacht wird. Von Pahlörde bis zum Missunder Fahrwasser ist die Entfernung ³/₄ Meilen.

5) Die kleine Breite der Schlei, im Osten zwischen Pählörde und den Steckswyker Vorberg, im Westen zwischen der Ostseite des Holms und Fahrdorf. In ihr ergiesst sich von Norden her die Füsingau, der grösste Zufluss der Schlei und verflacht die an sich geringe Tiefe dieser Schleistrecke immer mehr besonders von Norden her. Zu der kleinen Breite gehört das Winning-Noër. Die Halbinsel Reesholm, auf dessen Spitze Pahlörde liegt, war, wie ihr Name beweist, einst eine Insel.

6) Die Binnenschlei, der schönste Theil des Meerbusens mit dem Haddebyer oder Selker Noër, früher der Süder- oder Sivertshafen oder Sivertssund genannt, jetzt durch einen Damm von der Schlei getrennt. Sie erstreckte sich, wie überhaupt alle Meerbusen, tiefer ins Land hinein, nämlich bis an das Dorf Gross-Dannewerk (*Kuss* in *Falk's* Neuem Staatsbürgerl. Magazin, B. 3, S. 667 fg.) Zwischen dem Busdorfer Höhenzuge mit dem Dorfe Busdorf und Haddebye auf der einen, und dem Lollfusse, dem Stadtwege und dem Kornmarkte auf der andern Seite, drang die Schlei einst viel tiefer bis nach Gross-Dannewerk hin und bildete hier eine Insel, auf welcher jetzt Schloss Gottorf liegt, welche Insel später durch künstlich angelegte Dämme landfest geworden ist. Der ehemals mit Wasser erfüllte Busen, welcher zwischen dem Gallberge und dem Holm bis unweit des Hafenthors der Altstadt einwärts dringt, bildete einst den Norderhafen Schleswigs. Er ist jetzt fast ganz mit Alluvium gefüllt und zu einer theilweise freilich noch oft von

der Schlei überschwemmten Wiese geworden, deren Mitte nur noch Schilf producirt und gewöhnlich mit Wasser bedeckt ist, welches den Mühlenbach aufnimmt und einerseits zwischen Altstadt und Holm, anderseits zwischen Gallberg und Holm in die Schlei abfliesst. Die Binnenschlei enthielt vormals viele kleine Inseln, die theilweise durch Alluviumablagerungen, theils künstlich durch Dämme landfest geworden. Von der Insel Gottorf ist schon die Rede gewesen. Durch Alluvium ward der Louisenberg, durch Alluvium und Dämme die Oehr (dänisch: Oer, die Inseln), durch Dämme das Rustorfer Damminselland landfest. Der Holm und die Meweninsel existiren noch als Inseln. — Aus dieser ganzen Darstellung erhellt zur Genüge, mit welchem Rechte *Jensen* die Schlei für eine Reihe verbundener Kettenseen erklärt. (Antiquarisk Fidsskrift 1846—1848. S. 271.)

§ 16 B. Die Ostseeküste Holsteins. Der Untergang der Kolberger Haide und die Bildung der ungefähr 4000 Tonnen grossen Salzwiesen an der Ostseeküste der Probstei sind hier zu erwähnen; dass die letzteren früher ein grosser Landsee gewesen, welcher mit der Ostsee in Verbindung gestanden, hat *Kuss* nachgewiesen (Neues Staatsbürg. Magazin von *Falk* Bd. X. S. 247 fgg.). Es muss aber dieser See, wie alle durch eine schmale Landzunge vom Meere geschiedenen Landseen Holsteins, früher ein Theil der Ostsee selbst gewesen sein. Ebenso bildete der Nordosten Holsteins, das sogenannte Oldenburger Land, ein einst hochberühmtes Eiland. Im strengsten Sinne des Wortes ist dasselbe noch heutigen Tages eine Insel. Denn es stehen die beiden Landseen, der Dannauer oder Wessecker See im Westen und der Grubersee im Osten sowohl unter sich durch die Brökau, als auch beiderseits mit der Ostsee in Verbindung. Die Brökau zwischen den beiden Seen wird auch der Oldenburger oder Neue Graben genannt, der seine gegenwärtige Form durch künstliche Nachhilfe erhalten, da er sich gleich den beiden Seen immer mehr zuschlickt. Dass aber diese Wasserstrasse, vormals eine viel breitere und tiefere gewesen, geht aus der Thatsache hervor, dass das altslavische Stargard, die jetzige kleine Landstadt Oldenburg, nach Helmold's Bericht vor dem Aufblühen Lübecks als eine grosse Seehandelsstadt im Norden glänzte. Im Jahre 1418 ward diese Wasserstrasse bis auf den kleinen Ueberrest einer Au von dem dänischen König Erich von Pommern im Kriege mit Schleswigholstein verschüttet. Daraus, dass das Oldenburger Land ursprünglich eine Insel gewesen, erklärt sich eine sonst sehr auffallende Thatsache. Das Ländchen ist nämlich in botanischer Hinsicht dadurch ausgezeichnet, dass zwölf Pflanzenspecies hier vorkommen, die dem übrigen Schleswigholstein fehlen, von denen acht der Mecklenburger Flora angehören sollen. [1])

Diese Oldenburger Insel hing nun vormals mit Fehmarn zusammen. Gegenwärtig sind beide durch den ¼ Meile breiten, 5 Faden tiefen Fehmarsund getrennt. Der Sage nach war diese Meerenge einst so schmal und seicht,

---

[1]) Siehe hinten die Zusätze.

dass man auf einen, in der Mitte zwischen beiden liegenden Pferdekopf tretend, trocknen Fusses nach Fehmarn gehen konnte (*Dankwerth*). Man bemerkt noch heutigen Tages nicht weit vom östlichen Ausflusse des Fehmarsundes **mitten im Meere** tief unter der Wasserfläche die Reste eines alten Walles, eine Entdeckung, die zu dem Schlusse berechtigt, dass Fehmarn einst mit Holsteins lang ins Meer ausgezogener Nordostspitze zusammengehangen. Beide Inseln, das Oldenburger Land und Fehmarn waren also einst durch eine schmale Landenge verbunden, eine Form, welche man bei den Inseln der Ostsee sich mehrfach wiederholen sieht. Denn diese Bildung findet man, abgesehen von der Insel Rügen und Samsöe; auch auf Alsen und Aeröe wieder. Bei jener ist die Halbinsel Kekenis, bei dieser der östliche Theil der Insel durch eine schmale Landenge (auf Aeröe „Dreiet" genannt) mit der übrigen Insel verbunden. Der Durchbruch der schmalen Landenge auf der Insel Oldenburg-Fehmarn muss aber schon sehr frühe in **vorslavischer** Zeit erfolgt sein. Denn der Name des am Fehmarsunde gelegenen Dorfes Grossenbrode — von poln. brod, altbulgar. brodu, die Furth — beweist, dass in der Slavenzeit bereits eine schmale Wasserstrasse hier bestanden.

Diese Insel Oldenburg-Fehmarn ist klassisch-germanischer Boden: sie ist die lange vergeblich gesuchte, im grauen Heidenthum hochheilig gehaltene **Nerthusinsel**, wie ich in einer Abhandlung bewiesen, welche in *Pfeifer's* Germania, Vierteljahrsschrift für deutsche Alterthumskunde, Bd. IV, S. 385—414, erschienen ist. Sie lag im Mittelpunkte des Kreises, welchen die sechs Nerthus-Völker des Tacitus bewohnten, während das siebente, die Aviones, goth. Aujans, d. h. Inselbewohner, Eiländer der Insel κατ' ἐξοχήν, die Insel der Erdmutter Nerthus inne hatten. Des Tacitus lacus secretus, im castum nemus [1]) gelegen, lässt sich genau und besimmt nachweisen. Es ist der vor einigen Jahren erst ganz trocken gelegte See von Siggen im adligen Gute gleichen Namens. Der Name Siggen lautet in alten Urkunden Sygghem, Sighhem, Zigghem, Sighheme, Seggeme u. s. w. Ein M und kein N ist also dem Worte wesentlich, so dass in ihm die Silbe em oder hem (ham, heim, goth. haims, ahd. haim) steckt und Siggen also Siggheim ist (vgl. *Grimm's* deutsche Grammatik, Th. II, S. 406). Was bedeutet aber Sigg? Da die Nerthus-Völker, wie ich dereinst beweisen werde, Gothen waren, so muss das Wort Sigg ein gothisches sein. Der uns erhaltene Wortschatz dieser Sprache

---

[1]) Tacitus (Germania cap. 40.) berichtet: Reudigni deinde et Aviones et Angli et Varini et Eudoses et Suardones et Nuithones fluminibus aut silvis muniuntur. Nec quisquam notabile in singulis, nisi quod in commune Nerthum i. e. terram matrem colunt, eamque intervenire rebus hominum, invehi populis arbitrantur. Est in insula oceani castum nemus, dicatumque in eo vehiculum, veste contectum, attingere uni sacerdoti concessum Is adesse penetrali deam intelligit, vectamque bubos feminis multa cum veneratione prosequitur. Laeti tunc dies, festa loca, quaecunque adventu hospititioque dignantur. Non bella ineunt, non arma summunt, clausum omne ferrum; pax et quies tunc tantum nota, tunc tantum amata, doner idem sacerdos satiatam conversatione mortalium deam templo reddat. Mox vehiculum et vestis, et si credere velis, numen ipsum secreto lacu, abluitur: servi ministrant, quos statim idem lacus haurit. Arcanus hic horror sanctaque ignorantia quid sit illud, quod tantum perituri vident.

enthält dasselbe aber nicht. Wir müssen daher auf indirectem Wege seine Bedeutung zu bestimmen suchen. Nach Voigt (Geschichte Preussens, Bd. I, S. 272) hiessen die altpreussischen Priester Siggo: ein solcher durchbohrte zuerst den heiligen Adalbert. Voigt bemerkt dabei (S. 607): „der Name deutet auf die Ertheilung des Segens an das Volk,‘ wahrscheinlich ihr wichtigstes Hauptgeschäft. Das altpreussische Wort signat heisst segnen“. — Das dänische signe, ahd. secan bedeutet gleichfalls segnen. Sigge ist überdiess ein Name, der bei den Nordgermanen vorkommt. Daher giebt es auch ein Sigg, jetzt Siggen in Norwegen. Es ist eine Berghöhe (Fjœld) auf der Insel Bömle, am Eingange zum Hardangerfjord. (Munch in den Annal. for nord. Oldkyndighed og Historie 1846.) Alten Berichten zufolge nahm Odin „nach Gebrauch“ den Namen des Gottes an, dessen Opferpriester er war. Sein ursprünglicher Name war aber wahrscheinlich Sigge, daher die Stadt — oder anfangs die Landstrecke mit dem ältesten (Ynglinga saga p. 5) Odinstempel — Sigtun (d. h. der eingezäunte Platz des Sigge) hiess, denn alts, ags. tûn, engl. town, niederl. tuin = ahd zûn, nhd. (gunirt) zaun, entsprechend dem phoenik. גדר Das Wort Siggen bezeichnet also die Heimath, den Wohnsitz des Segenspendenden, d. h. des Priesters der Nerthus, die hier ihren „Tempel“ hatte, von dem Tacitus spricht. Nach Nilsson (Die Ureinwohner des skandinavischen Nordens. Hamburg 1863 S. 57) ist das Wort Sigge ein Nomen substantivum und bezeichnet einen Spadonen, einen Verschnittenen, weil in der schonenschen Volkssprache das Wort sigge, welches jedoch nur von Menschen und Thieren männlichen Geschlechtes gebraucht wird, unfruchtbar, sterilis bedeutet (l. c. S. 55). Mag man nun Nilsson's, mag man meine Etymologie annehmen, jedenfalls ist das Wort Sigge ein Appelativ, das einen Priester bezeichnet. Zwischen beiden Etymologien besteht übrigens gar kein Widerspruch, denn sie lassen sich auf die Weise vereinigen, dass Sigge ursprünglich den Segenspendenden sprachlich bezeichnet hat; da aber der segenspendende Priester der Nerthus, gleich den Priestern der Kybele ein Verschnittener war (Ovid. Fasti IV 223 sq.), so nahm das Wort Sigge später sachlich diese Bedeutung an. Im Altnordischen bezeichnet aber Sigge keinen Spadonen. Die verschnittenen Priester der Kybele hiessen bei den Alten Galli, ein Wort, das in der schonenschen Volkssprache auch sterilis bezeichnet, z. B. gallhampa, gallhöna, gallko u. s. w. Uebrigens hatte die Diana von Ephesus ebenfalls Verschnittene zu Priestern (Strabo XIV p. 641).

Gegenwärtig ist freilich das Oldenburger Land gleich der Insel Fehmarn fast baumleer, wie es denn auch merkwürdiger Weise zu Helmold's Zeit nur eine nicht beträchtliche Hölzung hatte — nemus, quod unicum est in terra illa (Helmold. p. 185) — während Wagrien sonst dicht bewaldet war. Jene Hölzung lag vermuthlich bei Putlos (*Bangert's* Note ad l. cit.). Ein Jahrtausend früher wird wohl ein Hain — hemus — am Siggener See existirt haben. Ward etwa durch die slavische Occupation des Landes mit dem Nerthusdienst auch der heilige Hain der Göttin vernichtet? — Aber auf einem anderen Wege lässt sich noch ein entscheidender Beweis dafür beibringen, dass die vormalige Insel Oldenburg-Fehmarn die Nerthus-Insel gewesen. Es folgt nämlich nothwendig aus des Tacitus Bericht über den Nerthuscultus, dass, da die Göttin ihre Umzüge, bei den sie verehrenden Völkern gehalten, sie von ihrer Insel aus nur zu Schiffe zu ihnen gelangt sein könne. Da es nun in der Natur jedes religösen Cultus liegt, dass alle mit ihm nothwendig verbundenen äusseren Handlungen sich sehr bald in feste Formen fixiren, so wird unzweifelhaft die Göttin nicht bald hier, bald dort sich eingeschifft haben, um ihren Umzug zu beginnen, sondern es wird ein bestimmter Ort zu diesem Zwecke gedient haben; es muss ferner dieser Ort der gegen Stürme gesicherte Hafen der Insel gewesen sein, und endlich wird zur sicheren Aufbewahrung und Ueberwachung des heiligen Fahrzeuges alsbald am Einschiffungsorte eine Niederlassung gegründet worden sein. Und siehe! ungefähr 1¹/₂ Meilen vom lacus secretus, dem See von Siggen, liegt die Stadt — Heiligenhafen. Woher nun dieser Name? Er ist ein eliptischer und zwar ein dativ-eliptischer (Heiligenhafen), was auch alte Dokumente bestätigen. In diesen wird sie („de Stadt) tho der hilligen Havene" genannt, gleich wie Kiel („de Stadt) tho dem Kyl", Wilster („de Stadt) tho der Wilster" (d. i. wilde Stör) hiess. Hieraus erhellt, dass der Name des heiligen Hafens viel älter sein muss, als die nach ihm benannte Stadt, welche 1262 zuerst in der Geschichte genannt wird. Es ist nun aber anderweitig längst erwiesen, dass alle Localitäten Deutschlands, die den Beinamen „heilig" führen, diesen aus dem Heidenthume überkommen und einst im religiösen Leben des Volkes eine grosse Rolle gespielt haben; aber beispiellos ist es, dass ein Hafen in Deutschland für heilig gegolten. Die Lösung dieses sonst unlöslichen Räthsels giebt der Nerthuscultus, der hier auf der heiligen Nerthusinsel seinen Mittelpunkt hatte. — Heiligenhafen war überdiess vormals ein sehr gesicherter Hafen. Das Oldenburger Land wird nämlich an der Nord- und Ostseite von einem Höhenzuge, wie von einem natürlichen Riesendamme umgeben, der bei Clausdorf seine höchste Höhe von ungefähr 250 Fuss erreicht. Die Westseite ist niedriger und von der See stark angegriffen, so dass jetzt hier die Ufer schroff 40—50 Fuss hoch emporsteigen. Der einzige, jetzt ziemlich schutzlose Hafen bei der Stadt Heiligenhafen wird durch eine vorliegende Insel, Warder, gebildet. Ein zweiter, jetzt wieder landfest gewordener Warder ist eine bewaldete Halbinsel. Unzweifelhaft ist der vor der Stadt liegende Warder auch einst landfest gewesen und hat einen geräumigen, gegen Stürme gesicherten Hafen gebildet. Man hat nämlich beim Reinigen des Heiligenhafener Fahrwassers im Schlamme grosse Eichen, Nüsse u. s. w. gefunden zum Beweis, dass hier Land untergegangen. — Endlich wissen wir urkundlich, dass auf dem Grunde der Stadt Heiligenhafen einst das Dorf Tulendorp gelegen, welches 1327 bereits eingegangen war. Diess Dorf war ein uraltes. Sein keltischer Name, es als das Dorf am dunklen (geheimnissvollen, heiligen) Wasser bezeichnend (tywyll obscurus, ean aqua), entspricht dem Namen Heiligenhafen.[1)]

[1)] Das Wort Thule oder Tule kommt im Norden noch in manchen Ortsnamen vor, z. B.

Wer sich übrigens für diesen der Alterthumskunde mehr angehörigen Gegenstand speciell interessirt, den müssen wir auf unsere oben citirte Abhandlung in *Pfeifer's* Germania verweisen, wo nicht blos die Sitze der einzelnen Nerthusvölker speciell nachgewiesen sind, sondern auch klar auseinander gesetzt worden der wesentliche Unterschied des uralten, keltisch-gothischen Cultus der Göttin Nerthus zu Siggheim (Siggen) auf der Insel Oldenburg-Fehmarn von dem weit jüngeren nordisch-gothischen Cultus des Gottes Freyr (Fröblot) zu Lethra (Leire) auf der Insel Seeland; wo endlich der heilige Landungs- und Ausschiffungsplatz der Nerthus im heiligen Damm bei Doberan (dubh, schwarz, er- gross, ean Wasser, also = Tulendorp[1]) im Lande der Veriner, die von allen Nerthusvölkern am weitesten gen Sonnenaufgang wohnten, nachgewiesen worden.

Als Nachtrag zu dem in jener Abhandlung Bemerkten fügen wir nur noch hinzu, dass in der Nähe Doberans das Dorf Heiligenhagen liegt, welches im Mittelalter Heiligengeisthagen hiess und dem Heiligengeistspitale zu Riga gehörte. Wie Lisch schon richtig bemerkt, hatte die Schenkung dieses Dorfes an eine geistliche Stiftung vielleicht ihren Grund in einer alten heidnischen Heiligkeit des Ortes, so dass der Urname Heiligenhagen wäre. Dafür spricht auch die Sage, nach welcher dort ein „Tempel“ (d. h. ein heidnischer, keine christliche Kirche) gestanden haben soll, wie denn auch daselbst alte Bronzen gefunden worden sind (*Lisch* Jahrb. XVIII 260 cfr. XIV 60). Demnach wäre in Heiligenhagen ein Tempel der Nerthus gewesen, den sie nach ihrer Landung am heiligen Damm bezogen und hier verweilt, bis sie ihren Umzug fortgesetzt. Vielleicht lassen sich noch bei den andern 5 Nerthusvölkern ähnliche heilige Ruheplätze der Göttin nachweisen. Sollte vielleicht ein solcher das Dorf Seggelund, nördlich von Hadersleben, bei den Angeln gewesen sein? Oder hat das Dorf seinen Namen von dem ags. seog, engl. sedge Riedgras, Schilf? Der alte Name des Dorfes ist Seggeling. Die Endsylbe ing bezeichnet es als auf einer in einem früheren Landsee belegenen Insel (§ 20 Anm.). Das l des Bestimmungswortes ist demselben als Suffix angehängt, um den Hiatus der beiden Vocale e und i zu vermeiden. Seggeling wäre also die Insel des Sigge (oder die Schilfinsel?) Wie ist nun aber die Lage des Dorfes, hoch oder niedrig?

Man hat gegen das Resultat dieser Untersuchung, dass der See von Siggen der alte Nerthussee gewesen, mir mündlich eingewandt, dass man

---

[1] Mit welcher Kritiklosigkeit etymologisirt wird, davon bei dieser Gelegenheit nur ein Beispiel. Siemssen (Lisch Jahrb. VI. 52.) leitet den Namen Doberan ab von dem slavischen dobra, gut und beran das Lamm, also Doberan = agnus dei. Daraus würde folgen, dass dieser Name erst mit der Christianisirung des Landes aufgekommen sei, was aber ungeschichtlich ist. Denn 1164 April 29. zerstörten die Obotritenfürsten Prisbislav und Niclot das Heidenthum zu Doberan und dessen Heiligthümer daselbst (Kirchberg Chronik bei Westphalen, Monumenta IV. p. 742.) Der erste liess in demselben Jahre den Anfang machen zur Erbauung eines Gotteshauses zu Alt-Doberan und in der Schenkungsurkunde des Bischoffs Berno von 1177 (Westphalen, Monum. III. Praef. p. 142.) kommt eine villa slavica Doberan vor, die gewiss älter ist, als das christliche Doberan.

bei der Trockenlegung jenes Sees vor einigen Jahren gar nichts gefunden, was diesem Resultate hätte zur Stütze dienen können, namentlich habe man keine Knochenreste der einst im See ertränkten Sklaven entdeckt. Allein es ist auch gar keine Nachforschung von Sachkundigen angestellt worden. Die ungebildeten Tagelöhner und Arbeiter, welche bei der Trockenlegung des Sees beschäftigt waren, hatten ebensowenig, wie damals die gelehrtesten Archaeologen eine Ahnung davon, von welchem Interesse der Fund einiger menschlicher Knochen in jenem Seebecken für die Wissenschaft sei. Sie haben die Knochen möglicherweise übersehen oder unbeachtet gelassen. Wahrscheinlicher ist es aber, dass sie solche gar nicht gefunden. Der See war nämlich ein ziemlich untiefer. Es muss sich jedoch in dem Zeitraum von fast 18 Jahrhunderten ein ungeheurer Schlamm- und Moderabsatz in denselben abgelagert haben, der Alles verdeckt hat, was aus jener Urzeit sich noch erhalten haben mag. Diese Absatz- und Sedimentschichten sind unberührt geblieben bei der Trockenlegung des Sees und können also möglicherweise die Knochenreste der ertränkten Sklaven noch enthalten. Nachgrabungen wären daher im archaeologischen Interesse sehr wünschenswerth. Aber selbst dann, wenn bei diesen Nachgrabungen keine menschliche Knochen gefunden würden, wäre aus diesem negativen Ergebniss der Nachforschung noch nicht der Schluss zu ziehen, dass der See von Siggen nicht der Nerthussee gewesen sei. Denn wohl wissen wir, dass die Sklaven, welche das Götterbild gewaschen, im See ertränkt worden sind; daraus folgt aber noch keinesweges, dass man die todten Körper derselben im heiligen Wasser gelassen habe. Man wird sie wohl, wenn sie später wieder an die Oberfläche des Wassers gekommen, irgendwo verscharrt haben. Denn über die Art und Weise der Ertränkung der Sklaven wissen wir nichts, so dass es unwahrscheinlich ist, dass man Vorkehrungen getroffen, um das Verbleiben der Leichen im Wasser zu erzwingen. Sind aber die Leichen wieder sichtbar geworden, so wird man sie wohl schwerlich der Verwesung an freier Luft Preis gegeben, sondern sie beerdigt haben. Endlich können die Knochen auch während der 18 Jahrhunderte, die sie im Wasser gelegen, zerstört worden sein. Zum Beweise, dass solches sehr wohl möglich, berufe ich mich auf die Vorkommnisse, welche bei der Trockenlegung des Harlemer Sees 1853 beobachtet worden sind. Der amtliche Geologe Staring erzählte 1859 Lyell dass man vergebens nach menschlichen Ueberresten gesucht habe, obgleich verschiedene Erdarbeiten von etlichen tausend englischen Meilen Länge den Boden aufgewühlt hatten. Im Harlemer Meer waren aber viele Schiffbrüche vorgekommen und eine Seeschlacht war dort geschlagen. Man fand aber nur Trümmer von einigen spanischen Schiffen, aber keine menschlichen Gebeine. (Lyell, Alter des Menschengeschlechts. Uebers. von *Buchner*, Leipzig 1867 S. 101.). Es sind Menschenknochen überhaupt viel vergänglicher als die Säugethierknochen; nur die Vögelknocken mit ihren lufterfüllten Markräumen zerfallen noch leichter und schneller als die ersten. Es ist demnach nicht einzusehen, wie eine unterlassene Untersuchung ein auf andern Wegen festgestelltes Ergebniss widerlegen soll, wenn selbst aus der resultatlosen Untersuchung noch kein Einwand hergeleitet werden kann gegen das durch eine Reihe wissenschaftlicher Combinationen erlangte Ergebniss.

Der Cultus der Nerthus, wenn auch unter verschiedenen Namen und in seiner Verknüpfung mit einem heiligen Hafen, war übrigens einst ein weit verbreiteter. Wir müssen diese merkwürdige Erscheinung genauer verfolgen, weil sie selbst über den nordischen Nerthusdienst in einigen Punkten die gewünschte Aufklärung gewährt, sowie den Zusammenhang des Nordens mit dem Süden in einem speciellen Falle klar vor Augen legt. Wir können diesen Cultus ausser hier im Norden noch am Pontus, in Gallien und in Rom nachweisen.

1. Am Pontus. Ein heiliger Hafen, ἱερὸς λιμὴν, lag östlich vom kimmerischen Bosphorus am Pontus Euxinus, 300 Stadien von Sindike (Arrian Per. 19.), wohl derselbe, den Plinius (H. N. VI, 5, 17) Hieros nennt, an einem gleichnamigen Flusse. Aber nicht blos ein heiliger Hafen, auch ein Tempel der μητηρ findet sich hier, jener μητηρ, welche in den Ländern des Pontus verehrt wurde. Dieser Tempel stand auf dem zwischen Hypanis (Bog) und Borysthenes (Dniepr.) vortretenden Lande, dem Vorgebirge des Hippolaus ('Ιππόλεω ἄκρη) (Herodot. IV 76; Arrian Peripl. p. 9; Heyne, de sacerdot. Comanensi. Nov. Comm. Soc. Götting. XVI p. 128; Köhler, sur le monument de la Reine Comosarye. St. Petersburg 1805; Kreuzer im Heidelberger Jahrb. 1822 p. 1236.) Höchst merkwürdig ist der Parallelismus dieses Cultus am baltischen und schwarzen Meere und fordert zu weiteren Nachforschungen auf

2. In Gallien. Aller Wahrscheinlichkeit nach hat einst im alten Gallien ein ähnlicher Cultus der Magna mater existirt, wie am baltischen und schwarzen Meere. Das jetzige Barbeau hiess früher Bar—beel und war ein Cistercienserkloster. Von diesem Orte heisst es nun beim Vincent Bellov: Ecclesia S. Mariae de Sacro Portu, qui dicitur Bar—beel (Adelung, Mithridates II 45). Also auch hier finden wir einen heiligen Hafen und zwar aus keltischer Vorzeit, wie der keltische Name des Ortes beweist. Ob nun aber dieser heilige Hafen wie zu vermuthen, in Verbindung gestanden mit einem Cultus der Magna mater, das ist eine Aufgabe, welche, wenn sie überhaupt zu lösen ist, ich aus Mangel an den betreffenden literarischen Quellen andern Forschern überlassen muss, die in dieser Hinsicht glücklicher situirt sind. Ich habe es nur als ein der Lösung werthes Problem hier bezeichnen wollen.

3. In Rom. Im Jahre 207 vor Chr. holte eine römische Gesandtschaft an den König Attalus die alte vom Himmel gefallene Bildsäule der Kybele von Pessinus in Phrygien ab und stellte sie in Rom auf, wo der Göttin ein Tempel erbaut und im Frühling ein jährliches Fest, die Megalesien, gefeiert wurde, bei welchem die Abwaschung der Magna mater beim Ausfluss des Almo in die Tiber die Hauptceremonie ausmachte. (Ovid. Fasti IV. 361. cfr. v. 1. und die Interpreten; Livius XXIX 10 sq.). Dass aber Kybele die Mater Dea, die Magna mater Deûm, die μεγαλη μήτηρ τῶν θεῶ gewesen, das geht aus

den Worten hervor, die Apulejus (XI p. 761 sq. ed. Oudendorp.) der Göttin in den Mund legt: Me primigenii Phryges Pessinunticam nominant Deûm matrem. Der römische Cultus der Kybele hatte übrigens die grösste Aehnlichkeit mit dem nordischen der Nerthus, wie ihn Tacitus beschreibt. Auch in Rom zogen Kühe den Wagen der Göttin, welcher die Länder durchfuhr (Lucret II 597); an einem bestimmten Tage — VI Kal. April = den 26. März (Vibius Sequester) — wurde nicht nur der Wagen (Ammian. Marcellin XXIII 3), sondern auch ihr Bild gewaschen (Ovid. Fasti IV 337). Dass aber der Umzug der Göttin nicht blos zu Wagen auf dem Lande, sondern auch auf einem Schiffe zu Wasser Statt fand, das geht aus einer Abbildung auf einer Votivara in der Sculture tutte di Campidoglio. Distrib. 5. tav. XXIV p. 127 hervor, wo die Göttermutter auf einem Schiffe sitzend dargestellt ist, welches von einem Priester geführt wird. Der jetzige Porto Santo Stefano in Toscana, Provienz Siena, am tyrrhenischen Meere ist freilich nach einem katholischen Heiligen genannt; es frägt sich aber, wann und wie man zu der ungewöhnlichen Procedur gekommnn, einen Hafen einem Heiligen zu weihen, und ihn nach demselben zu benennen. Sollte nicht vielleicht auch hier einer der zahlreichen Fälle vorliegen, wo ein örtlicher heidnischer Cultus auf einen christlichen Heiligen übertragen wurde? Dann müsste der jetzige Name sehr alt sein; ob er diess ist, muss ich Andern zu entscheiden überlassen: der heilige Stephanus ist wenigstens ein alter Heiliger der Kirche.

Diese Gleichheit des römischen und nordischen Cultus der Göttin erklärt sich ganz einfach daraus, dass beide ihre Urheimath am Pontus hatten. Vom südlichen Ufer des schwarzen Meeres, von dem uralten Pessinus in Phrygien verbreitete sich der Cultus nach dem nördlichen Ufer, nach dem Vorgebirge des Hippolaus, und von dem Pontus aus zieht, der Mythe nach, Kybele mit Apollo nach dem Hyperboräerlande (Kreuzer, Symbolik II. 48) d. h. nach der Nerthus-Insel Oldenburg—Fehmarn. Ob aber diese Uebertragung vielleicht zusammenhängt mit der Wanderung der Kimmerier nach dem Norden, als die Scythen sie aus ihren Sitzen am Pontus vertrieben, das wird im Verlaufe unsrer Urgeschichte ein wichtiger Gegenstand der Nachforschung für uns sein müssen. Ueber dem Nerthuscultus ähnliche Sagen im Mittelalter cfr. Sulpic. Sever. Vita S. Martini cap. 9; Gregor. Turon. de gloria confessionis c. 77; Göttinger gelehrte Anzeigen 1833 Nr. 28 S. 272.

§ 17. Da die Wasserscheide Schleswigholstein's in der Nähe der Ostküste des Landes liegt, so fliessen die grösseren, im Lande selbst entspringenden Ströme fast durchgehends von Osten nach Westen. Von den kleineren Flüssen des Landes sind mehrere theils in ihrem Laufe, hauptsächlich aber an ihrer Mündung versandet oder verschlammt, wie ja denn auch alle Flüsse weniger wasserreich geworden sind durch die Ausrodung der früheren grossen Waldungen des Landes. Die Nipsau z. B., welche jetzt an der Mündung versandet und auch an andern Stellen bis nach Riepen hinauf sehr seicht ist, trug im 12. Jahrhunderte Schiffe, die nach Friesland und England (Adam.

Bremensis, De sita Daniae, in initio), Flandern und Schonen segelten (Westphalen, Monum. IV p. 2016). Noch *H. Rantzow* (Westphalen l. c. I p. 4) rechnet zu den Städten an der Westsee, die gute Häfen hatten, auch Riepen. — Der Lohbeck, an dem Lygumkloster liegt, war einst schiffbar, ist jetzt aber unfahrbar geworden. (*Kuss* in den Provinzialberichten 1823, Heft 3, S. 85.) — Die Husumer Au, welche gegenwärtig nur kleine Schiffe trägt, führte früher 40 grosse, von den Husumern ausgerüstete Schiffe ins Meer, ohne die kleinen zu rechnen (Husumer Nachrichten. Erstes Stück. Vorrede und S. 66.), und *Heinrich Rantzow* rühmt von Husum, dass es einen berühmten Handelshafen habe, in welchen Waaren allerlei Art aus Holland, England und Schottland gebracht und von da nach Flensburg über Land geführt würden. — Auch die Mühlenau, welche in die Treene fliesst, jener kümmerliche Ueberrest des früheren Eidermeerbusens (§ 21), ist jetzt unfahrbar. — Die in der friesischen Geschichte erwähnte Milda, welche in der Gegend von Mildstedt ihren Lauf hatte und auf welcher mit kleinen Schiffen gesegelt werden konnte (Sammlung Husumer Nachrichten. Erstes Stück, S. 21.), ist jetzt völlig verschwunden. Auch gibt es hier mehrere Oerter, deren Namen sich auf Beck, Aue und Fleth endigen, bei welchen aber zur Zeit kein fliessendes Wasser vorkommt. — Die Treene floss ursprünglich bei Seebüll vorbei durch den Friesenkoog in die Eider. Als aber Friedrichstadt angelegt wurde, sperrte man den Lauf des Flusses jenseits der Stadt durch einen Querdeich und seitdem fällt die Treene durch Kanäle in die Eider. — Auch der Lauf der Sorge ward von der Gegend des vormaligen Meggersees an beträchtlich künstlich geändert. (*Bolten*, Stapelholm S. 53.) — Auf der Stör gingen früher ansehnliche Schiffe bis Arpstorf; denn bei Bestätigung der Privilegien der Stadt Itzehoe von 1260 (Privil. civitatis Itzehoe bei Westphalen IV.) wird ausdrücklich bestimmt, dass die Schiffer von der Elbe und der Wilster nicht befugt sein sollten, mit ihren Schiffen, wie sie sonst gewohnt gewesen, bis Kellinghusen und Arpsdorf hinaufzugehen. Es reichte früher auch die Fluth in den Stör bis Arpsdorf hinauf. (Origines Neomon. ap. Westphalen II.) Jetzt aber gehen nur bei vielem Wasser Jollen dahin. — Die Schwale bei Neumünster, ein Nebenflüsschen der Stör, war nicht nur einst schiffbar — navigabilis jam in parte ducali fit Swala (Westphalen, Monum. II p. 2238.) — sondern es spricht sogar *Helmold* (Chronic. I cap. 48 und 55) von einem Portus Falderensis. Die Elbe (§ 18) und die Eider (§ 21), die beiden grössten Ströme des Landes, welche sich in die Nordsee ergiessen, sind diejenigen Flüsse, die in Folge der grossartigen Umwandelungen, welche die Nordsee in historischen Zeiten erlitten, ihren Lauf wesentlich verändert haben. Auch der Grenzfluss Schleswigholsteins gegen Dänemark hin, die Königsau (§ 22), war in der Vorzeit ganz anders beschaffen als jetzt.

§ 18. Die Elbe, — Albis der Römer (Albais, sprich Albis, vom gaël und ir. bais Wasser, mit dem Vergrösserungspräfix al, also das grosse Wasser), ὁ Ἄλβις Strabo, ὁ Ἄλβιος Dio Cass., Alba der Späteren (z. B. Mamertin. Genethl.

Maximiani 16, Vopisc. in Prob. 13. Sidon. Apollin. Carm. VII 392 cfr. Salmas.
ad Spartiani Did. Julian. 1), der Eridanus der Mythologen (§ 20), die Albia
der Chronisten, die Elv der Sachsen, die Saxelfr der Scandinaven, die Jalaw
der Nordfriesen, poln. Laba f. böhm. Labe n., — bildet als Nieder-Elbe auf
einer Strecke von jetzt 18 Meilen, wo überall die Meeresfluth noch ihre Wirkung äussert, die Grenze des Landes gegen Südwesten. So lange die Nordsee
durch die noch nicht eingetretene Trennung Englands von Frankreich einen
ungeheuren Golf bildete (§ 4), dem die Fluth von Norden zuströmte (§ 3 b),
musste nach einem bereits früher (l. c.) erwähnten Naturgesetze der Lauf
der Elbe, so weit die Fluth auf sie eingewirkt, mehr die Richtung nach Norden hin eingehalten haben, statt ihres jetzt mehr nach Nordwesten gerich-
teten Laufes, und da der englische Kanal noch in historischer Zeit geschlossen
gewesen (§ 3 f), so muss folglich gleichfalls die Elbe in geschichtlichen Zeiten
diesen Lauf inne gehabt haben. Durch die geognostische Untersuchung der
früheren Elbufer wird dieser Schluss ebenfalls bestätigt. Denn die fast überall
zusammenhängende Dünenkette, welche an der Gränze der heutigen Marsch
und Geest durch Ditmarschen sich hinzieht und durch Holstein sich fortsetzt,
bezeichnet den Lauf des damaligen Hauptstromes der Elbe. Am geschlossen-
sten ist aber die innere, im Lande liegende Dünenkette in Ditmarschen. In
Süderditmarschen verläuft sie von Meldorf bis Averlakendonn in einer Ausdehnung von 3 Meilen mit nur vier kleinen Unterbrechungen; in Norderdit-
marschen geht sie von Wittenwurth 1½ Meilen ununterbrochen fort bis an
die Eider beim sogenannten Preil, auf ihrem Gipfel den Flecken Lunden tra-
gend. Schwieriger ist es, durch Holstein an der Grenze der Marsch und
Geest den Verlauf der inneren Elbdüne zu verfolgen. Ihr Flugsand ist nämlich fast überall gedämpft, die Düne wandert nicht, ist nur lückenhaft erhalten und oft schwer zu erkennen. Doch kann man im südlichen Holstein, im
Amte Reinbeck, eine fast ganz fest gewordene, meilenlange Dünenkette an
der Grenze der Geest und Elbmarsch verfolgen. In Lauenburg wandert dagegen die Elbdüne bei Geesthacht landeinwärts, wodurch das Dorf Besenhorst
schon zu wiederholtem Umbau gezwungen worden ist. Doch ward der letzte
Umbau durch eine Eisfluth im Jahre 1806 veranlasst. Dass aber diese Dünenkette ihre Bildung nicht dem Meere, sondern der Elbe verdankt, geht daraus
hervor, dass sie in dem vom Meere so entfernt abliegenden Lauenburg und
südlichen Holstein gefunden wird. Der Umstand, dass man in ihrem Sande
sehr häufig Schalen von Meeresmuscheln antrifft, wie sie noch jetzt in der
Nordsee leben, erklärt sich einfach dadurch, dass diese durch die Fluthströmung in die Elbmündung hineingeschwemmt wurden. Ist unsere Deutung
richtig, so müssen die Schalen der Meeresmuscheln in den lauenburgischen
und südholsteinischen Dünen ganz fehlen oder nur vereinzelt vorkommen, was
zu untersuchen die Mühe werth wäre.

Dieser alte Hauptstrom der Elbe hat aber ausser der Dünenkette noch
andere Spuren seines ehemaligen Laufes hinterlassen. Es sind diess eine

Reihe hinter einander von Süden nach Norden liegender kleiner Land-seen in Ditmarschen, welche man auf älteren Karten des Landes, z. B. bei *Danckwerth* noch findet, von denen die meisten jetzt freilich ausgetrocknet sind, einige aber, z. B. der Fielsee und der grösste aller, der Kudensee noch bestehen. Wie nun im früheren Mittelalter die jetzt sogenannte „dove Elbe" erweislich der Hauptstrom war, so muss in noch weit früheren Zeiten der östliche Arm der Elbe der Hauptstrom gewesen sein.

Es bestanden also einst die Seemarschen Ditmarschens, sowie die Elb-marschen Holsteins aus Inseln, zwischen denen hier und da einzelne Sand-bänke und Düneninseln sich vorfanden. So floss vormals ein Elbarm gen Westen bei Busenwurth vorbei, und das grösste Kirchspiel Süderditmarschens, Marne (e = öe, ey?) war einst eine grosse Elbinsel. Theils von Natur, theils durch Kunst wurden diese Marschinseln Ditmarschens alle zum Theil unter sich, zum Theil mit der festländischen Geest verbunden. - Aus dieser ursprüng-lichen Trennung der Marsch von der Geest erklärt sich die Thatsache, dass noch jetzt alle Wurthen Ditmarschens nie in der Niederung an der Grenze beider, sondern stets in der Mitte zwischen der Geest und dem Meere, d. h. auf den vormaligen Marschinseln liegen. Ditmarschen und die Wilstermarsch bilden also Gegensätze: dort ist die Mitte, hier der Rand der Marsch zuerst bebaut worden. (§ 8.) Mitten zwischen diesen Marschinseln fanden sich aber einzelne Düneninseln, frühere Sandbänke. So kommt es, dass noch jetzt die Ortschaften Catharinenheerd, Garding und Tating in der Landschaft Eider-stedt, Risummoor in der Tonderschen Marsch, Meldorf in Süderditmarschen auf gedämpften Dünen insularisch in der Marsch liegen. Aehnliche Dünen-inseln finden sich auch in den Elbmarschen bei Bielenberg und Scholenfleth. Auch die kleinen Merschdistricte Sommerland, Grönland und Kamerland waren früher Inseln, wie *Kuss* (*Falk's* Neues Staatsbürgerl. Magazin Bd. I, S. 536 fgg.) nachgewiesen, und *Danckwerth* (S. 282) beruft sich auf einen alten Ab-riss der Haseldorfer Marsch, nach welchen sie zu Vicelins Zeiten aus lauter Elbinseln bestanden habe. Die Elbmarsch hatte aber früher eine viel grös-sere Breite, da hier viel Marschland verloren gegangen ist. Die Elbmarsch, die jetzt nur bis Wedel hinabreicht und bedeicht ist, zog sich früher noch tiefer hinab bis jenseits Spisserdorfs hin. Denn 1201 schenkte ein Herr von Haseldorpe der Domkirche zu Hamburg ausser mehreren Zehnten in dortiger Gegend auch totam decimam Spitzerdorpe in arido et palude (d. h. auf der Geest und in der Marsch) (*Staphorst* Hamburgische Kirchenhistorie I p. 608 cfr. 466). Im Necrologio Hamburgensi (*Langebeck*, Script. rer. Dan. V 418) heisst es: in arido villae Spisserdorp, was voraussetzt, dass es auch dort Marsch gegeben habe, die übrigens hier bedeicht war. Denn im Necrol. Hamb. (l. c. p. 411) heisst es: Obiit Reynerus, pro cujus memoria Capitulum dedit talentum de viginti marcis, quas converterunt in aggerem Spichterdorpe. Diese Marsch erstreckte sich wahrscheinlich bis an den Spisserdorfer Sand, einer Sandinsel in der Elbe vor Spisserdorf; sie lag also zwischen dieser und der

continentalen hohen Geest. — Anderseits ging die jetzige Hamburger Elbmarsch weiter nach Norden hinunter. Das Vorland von Finkenwerder erstreckte
sich vormals fast bis Nienstädten und reichte in S.W. bis vor die Este
(*Schütze* Hamburg, Geschichte I 92). Wir erinnern hier noch an den Namen
des Dorfes Otmarschen (d. h. alte Marsch) nördlich von Altona. (Cfr. *Kuss* in den
Schleswigholstein-Lauenburgischen Provinzialberichten 1821, Heft 3, S. 74 fg.)[1])

Die vormalige sogenannte Nordereider oder der Wasserarm, welcher,
bevor Eiderstedt 1489 durch Eindeichung des Dammkoogs mit der Süder-
marsch des Amtes Husum verbunden und landfest wurde, Eiderstedt vom
Festlande trennte — 1579 ward durch Eindeichung des Adolphkooges die alte
Nordereider gänzlich geschlossen (vergl. *Heimreich's* Chronik von Nordfriesland) — war die Fortsetzung der längs der inneren Dünenkette mitten durch
Ditmarschen hindurchströmenden Elbe; denn dass die Nordereider ursprünglich kein Arm der Eider selbst gewesen, das wird aus der alsbald (§ 21) folgenden Beschreibung der letzteren zur Genüge erhellen. Dass sie aber die
ursprüngliche Fortsetzung der Elbe bezeichnet, geht aus der Richtung ihres Laufes hervor, welcher die gerade Fortsetzung der an der Grenze
der Geest durch Ditmarschen hindurchströmenden Elbe ist. Daher heissen
noch jetzt ein paar gewaltige Wattströme in der Gegend der vormaligen Nordereider Naardar- und Söddaria, wobei man sich erinnern muss, dass die Elbe
selbst bei den Nordfriesen Jalaw, während Fluss im Allgemeinen Flet oder
Gatel heisst. (*Johannsen* im Jahrb. für die Landeskunde B. 6, S. 289, Anm.)
Dagegen existirte der Theil der Untereider, welcher jetzt Ditmarschen von
Eiderstedt scheidet, damals noch nicht, denn nach *Heimreich's* Chronik von
Nordfriesland (S. 40 u. 137) hat die grosse Wasserfluth von 1338 Eiderstedt
und Ditmarschen durch einen anderen, neuen und grossen Eiderstrom von
einander gerissen. Der Sage nach war die Eider bei Tönningen vor Zeiten
nur eine mässige Au. (*Bolten*, Stapelholm S. 313.)

Erinnern wir uns aber, dass Schleswigs Westküste damals viel weiter
in die Westsee sich hinein erstreckte (§ 4), so folgt daraus, dass die damalige
mehrarmige Mündung (Ptolom. Geogr. II 10. Dio Cass. 77, 14.) der durch
dieses jetzt zum Theil versunkene Land hindurchfliessenden Elbe weit nördlicher lag als jetzt, wie denn auch Ptolomäus ihre Mündung als $56^{\circ}\ 15'$ N. B.
angibt, während sie jetzt ungefähr unter $53^{\circ}\ 51'$ (Cuxhafen) ins Meer sich ergiesst. Woher nun diese grosse Differenz von $2^{\circ}\ 24'$? Ist es blos eine fehler-
hafte Angabe des Ptolomäus? Ich glaube es nicht, und zwar aus folgendem
Grunde. Unmöglich kann der Ausfluss der Elbe das Nordende der sog. Nordereider gewesen sein. Denn hier verband sich der Elbstrom mit dem östlich
ins Land tief eingreifenden Eidermeerbusen (§ 21) und beide vereint flossen
unter dem Namen Hewer am inneren Rande der schleswigschen Marsch gen
Norden. Nach Westen, wie jetzt, konnte die Hewer nicht fliessen, weil das
alte Nordstrand, d. h. Nordstrand annoch in Verbindung mit Pelworm, in

---

[1]) Siehe hinten die Zusätze.

uralter Zeit auch mit dem alten Everschop und Ulholm zusammenhing (§ 10).
Der Name Hewer bezeichnet diesen Wasserstrom als die Mündung (wäl. u.
altfries. aber, die Mündung). Die Mündung der Elbe ist aber bei Hoyer zu
setzen, welches auf der *Meyer's*chen Karte Nordfrieslands von 1240 bei *Danck-*
werth Höwers[1]) heisst, wie der Ort auch noch jetzt ausschliesslich im Munde
des Volkes lautet. Der Name Höwers ist nun aber ein genitivisch-eliptischer,
dessen Grundwort, von dem der Genitiv des Bestimmungswortes abhängt, weg-
gefallen ist, was ja das Wesen der Elipse ausmacht. Da nun Höwer offenbar
= Hewer, so ist die Niederlassung oder der Ort als der der Mündung
$\varkappa\alpha\tau'$ $\dot{\varepsilon}\xi o\chi\acute{\eta}v$ d. h. der Elbmündung bezeichnet. Hier bei Hoyer endet die
Marsch, die also ursprünglich Elbmarsch war. Hoyer liegt unter 54° 58' N. B.
Ptolomäus hat sich also nur um 1° 17' geirrt, was leicht begreiflich ist, weil
alle seine geographischen Ortsbestimmungen (abgesehen von denen des 8. Bu-
ches) nur aus den Distanzentfernungen der Itinerarien, um ein Drittel reducirt, berechnet sind. (A. Roscher, Ptolomäus und die Handelsstrassen in Cen-
tralafrika 1857.) Wenn aber die Elbe einst so weit nach Norden sich erstreckte,
so wird der Gotteskoogsee unweit Tondern zu der Reihe der Kettenseen gehört haben, die wir oben in Ditmarschen namhaft gemacht, und der Dünen-
streifen im Osten der jetzigen schleswig'schen Marschen wird den östlichen
Uferrand dieses vormaligen Elbarmes bezeichnen; die Listertiefe endlich, und
zwar das breite, nordwestlich hinausführende Nordergat derselben wird seine
alte Mündung sein. Doch gilt dieses nur für einen bestimmten Zeitpunkt,
d. h. von der Zeit, als Hoyer (Höwers) gegründet wurde und eben deshalb
seinen Namen erhielt. Da aber die alte schleswigsche Dünenkette noch nördlicher bis zum Nissumfjord hinaufreicht (§ 7), so muss in einer noch früheren
Zeit die Elbmündung noch höher nördlich gelegen sein. Die jetzige Mündung
des Nissumfjord liegt ca. unter 56° 20', also fast genau da, wo Ptolomäus die
Elbmündung angibt. Das früher in 3 Inseln getheilte Eiderstedt — Eiderstedt
Everschop und Utholm — gehörte also nebst den nordfriesischen Inseln zu
den Marsch-Elbinseln. Es bildete demnach einst die Elbe von Geesthacht
an ein durch mannichfaltige Wasserarme in zahlreiche Eilande zerschnittenes
Delta, und damit wäre denn eine bis jetzt unaufgelöste Aufgabe gelöst. Es
spricht nämlich Ptolomäus von drei in der Mündung der Elbe gelegenen
grösseren Inseln, welche er die der Sachsen nennt.[2]) Keiner hat aber bis dahin diese nachzuweisen vermocht. Von der See ist hier übrigens viel Land
verschlungen — den Untergang von 7 Kirchspielen hierselbst hat *Kuss* (*Falk's*
Staatsb. Magazin B. III. S. 347 fg.) nachgewiesen; durch die grossen Fluthen
von 866 und 1164 verlor Ditmarschen viel und ward entvölkert (*Bolten*, Ge-

---

[1]) Vielleicht ist auch im Text des Waldemarischen Erdbuches statt des sinnlosen Höthaer
Höwaer zu lesen: ein w kann leicht für ein th angesehen sein.

[2]) *Nῆσοι δὲ ὑπέρκεινται τῆς Γερμανίας κατὰ μὲν τὰς τοῦ Ἄλβιος ἐκβο-*
λὰς αἱ καλούμεναι Σαξόνων τρεῖς (Lib. II. cap. 10. in fine.)

schichte Ditmarschens B. II. S. 291—294) — wie denn die *Meyer'*sche Karte noch den sog. Süderstrand hier zeigt. Man hat, die Glaubwürdigkeit *Meyer's* in Frage stellend, die vormalige Existenz dieses Landes für ein reines Phantasiegebilde erklärt, ob mit Recht, werden wir alsbald (§ 19) sehen, wenn wir, auf diese Frage zurückkommend, einerseits die Glaubwürdigkeit *Meyer's*, andererseits die Einwürfe gegen die Existenz des Süderstrandes besprechen werden.

Denkt man sich nun alle Elbmarschen Holsteins als Inseln, so wird man finden, dass der damalige gebogene Lauf der Elbe manchen mehr oder minder tiefen Einschnitt oder Winkel (Horn) ins Land machte. Einen solchen bildete die Elbe bei Elmshorn, daher sein Name: Elmshorn = Elweshörn. (Der Uebergang des *w* in m deutet auf keltische Einwirkung. Im Keltischen wird bekanntlich das mortificirte *m* [= gäl. mh. oder irisch *m*] wie *w* ausgesprochen. So sagt ja auch der Süddeutsche, ein germanisirter Kelte, „*mer*" statt *wir*, wie denn ja auch in der sanscrit. fünften Varga der Lippenlaute der unaspirirte weiche Labial *b*, in den nasalen Labial *m*, übergeht, im Munde des Orientalen *Mecca* fast wie *Becca* lautet und im Französischen aus lat. marmor marbre, aus κάμιλος câble entstanden ist u. s. w.) Ein anderer Einschnitt wurde von der jetzigen Wilstermarsch gebildet, die als Marsch ja noch nicht existirte und von der *Kuss*, wie bereits bemerkt (§ 8), nachgewiesen, dass sie früher ein Landsee gewesen, der zu der Reihe der Kettenseen gehört hat. Denn unzweifelhaft stand dieser durch eine schmale Barre später von der Elbe geschiedene Landsee in einer noch früheren Zeit in offener Verbindung mit dem Elbstrom. Von der Spitze von Schulau unterhalb Blanknese aus spaltete sich die Elbe in eine grosse Zahl von Armen, die ein buntes Gewirr von Inseln bildeten, die wechselweise vom Strome geschaffen und wieder zerstört wurden. Diese Marschinseln sind später landfest geworden, als unter dem Einfluss der veränderten Fluthrichtung (§ 8 b) der Fluss sich mehr nach Nordwesten wandte. Noch in viel späteren Zeiten hat die Elbe durch Veränderung ihres Laufes einzelne Ortschaften zum Umbau gezwungen. Ueber die Gegend, wo Wewelsfleth vor einigen Jahrhunderten lag, gehen schon seit lange die Fluthen der Elbe (Alardus, Res nordalbing. ad annum 1508 bei Westphalen II) und Brunsbüttel hat schon viermal umgebaut werden müssen. (*Bolten*, Ditmarsische Geschichte.) Es lag Itzehoe einst nicht, wie jetzt, mitten im Lande, sondern an dem Einfluss der Stör in die Elbe, weshalb Karl der Grosse gleich wie zu Hamburg auch hier 809 eine Burg gründete. Es floss nämlich ein Elbarm bei Uetersen und Elmshorn vorbei nach Itzehoe. (*Geuss*, Beiträge zur Kirchengeschichte und Alterthumskunde, Itzehoe 1788. S. 8 u. 9.) Es dehnt sich aber im Süden von Itzehoe, Kellinghusen und Sarlhusen, welche am Rande eines höher belegenen Landstriches liegen, eine Niederung aus, welche, ungefähr eine Meile breit, erst bei Hohenfelde, Westerhorn, Osterhorn, Bokel und Lützhorn endigt, woselbst der Boden wieder ansteigt. Bis Wittenberg am südlichen und bis Lohbarbek am nördlichen Ufer der Stör ist diese Gegend noch Marsch, aber von da an nach Osten hin ist sie moorigt, moorartig, wasserreich, zum Theil morastig, wüste und so niedrig, dass sie durch Deiche geschützt wird, und wo diese fehlen, da wird der Boden bei hohem Wasser mehrere Fuss hoch überschwemmt. Nach Osten zu erstreckt sie sich weit ins Land hinein, unter andern bis Bostedt, zwischen Grossenaspe und Neumünster. Daher heisst die Swala palustris (Westphalen II p. 2330) und von Neumünster wird gesagt: Neomonasterium — situm — inter paludes crebras (Westphalen l. c. p. 2338). Bei Bostedt erhebt sich nun das Land wieder in der Gestalt eines hohen vorspringenden Vorgebirges noch weiter nach Osten und dehnt sich auch in der Richtung nach Segeberg und Oldesloe aus. Doch befinden sich innerhalb des Umfangs dieser Niederung einzelne hohe Landstriche, frühere Inseln in diesem Wasserarm, der einst eine Föhrde bildete. Dafür zeugt nicht nur seine Bodenbeschaffenheit, seine Niederung, sein sandiges, mooriges oder morastiges Terrain, sondern es spricht auch der Name des Dorfes Limford bei *Danckwerth* (jetzt Lehmförde) dafür, da man aus diesem Namen ersieht, dass dieser Wasserarm denselben Namen wie der jütsche Liimfjord geführt hat.

Die Elbe zwischen Geesthacht und Hamburg muss früher einen anderen Lauf genommen haben, als jetzt. Sie hat ihr altes Bett verlassen, denn wenigstens ein Arm derselben muss in grader nordwestlicher Richtung durch die Inseln der Vierlande geflossen sein. Seitdem aber die beiden Elbarme, die Dove- und Goseelbe durch Deiche von dem Hauptstrom abgeschnitten worden sind, fliesst der ganze Strom unzertheilt zwischen Hope und dem Zollenspieker hindurch. Die beiden eben genannten Elbarme, die nur zur Fluthzeit von unten herauf Wasser bekommen, bilden vereint die Billwerder Elbe. Von Geesthacht bis Hope fliesst der Strom in südwestlicher Richtung und nimmt dann vom letzteren Orte an seine Normalrichtung nach Nordwesten wieder an. (*Guthe* Die Lande Braunschweig und Hannover 1867. S. 98.)

Alle Nebenflüsse, welche der Elbe in Holstein zufliessen — die Stör, der Rhin, die Krückau (Seester), die Pinnau (Esche), die Alster und die Bille — hatten einen kürzeren Lauf, insofern der Theil derselben, welcher jetzt durch Marschland fliesst, noch nicht existirte. Die Bille floss bei Steinbeck, Schiffbeck, Hamm und Horn vorbei, da, wo Hammburg liegt, in die Elbe. Dieser Ausfluss der Bille bestand bis zur Anlage der Schleusse bei Bergedorf. Die Mittelwetterung im Hammerbrook, der zwischen der kleinen Reichenstrasse und dem Schoppenstehl befindliche Fleet, endlich der Fleet hinter dem Fischmarkt sind Ueberbleibsel der alten Bille. Der letzte Fleet ergoss sich wahrscheinlich über den Messberg, dessen Boden und Umgegend Sumpf und Wiesen waren. Die Bille ward durch den Schleussengraben bei Bergedorf und durch die Curslaker Schleusse in die Dove Elbe geleitet. Vor dieser Ableitung war die Kampbille, die nach den Heckkathen fliesst, der Hauptstrom. Dieser Arm, zwischen dem Amte Reinbeck und Billwerder, fliesst bei der ehemaligen Billschanze in den Billbrook und von da durch die Brandshöfer Schleuse in die

Norderelbe. Vergl. Neddermeyer's Topographie von Hamburg 1832, S. 27 u. 31, Gieseke's Geschichte von Hamburg, S. 337. Schliesslich bemerken wir noch, dass die Tiefe des Fahrwassers der Norderelbe (d. h. ihres rechten Stromufers ungleich bedeutender ist, als die der Süderelbe, des linken Stromufers. Denn im Schwemmlande, wo die Flüsse von keinem festen Ufer wie in einer Rinne eingeschlossen sind, haben alle nach Norden fliessenden Ströme in Folge der Axendrehung der Erde die Neigung, ihr Wasser zum Ostufer und alle südwärts laufende Flüsse eine solche, dasselbe nach Westen hin zu strömen, so dass es also in beiden Fällen das rechte Ufer aufsucht, und hier das Flussbett stärker vertieft. (*Guthe* l. c. S. 100).

§. 19. Bevor wir weiter gehen, wollen wir hier als am passendsten Orte noch handeln von zwei kleinen hochberühmten Inseln, die in der Mündung der Elbe gelegen: Helgoland nämlich und die Basilia der Alten.

I. Helgoland, das Halaghlun der Friesen, das hillige Land der Sachsen, Forsetisland beim heiligen Willibrod, die insula sancta der Chronisten, die Faria (= Farey, Fährinsel) des Adam von Bremen (de situ Daniae) in der (damaligen) Elbmündung, war sehr fruchtbar, reich an Korn, Vieh und Geflügel, aber baumlos. Rings von Felsenrissen umgeben, ist die Insel nur an einer Stelle zugänglich, wo auch frisches Wasser sich findet. Die jetzt winzig kleine Insel ist 2200 Schritt lang, 650 Schritt breit und ragt 200 hamburger Fuss über den Meeresspiegel empor. Auf noch nicht $^1/_{100}$ Quadrat-Meile leben ungefähr 2000 Menschen. Wenn sie auch vielleicht nicht so gross war, wie die Phantasie unserer Vorväter sie ausgemalt — vergl. die Meyer'sche Karte von Nordfriesland im Jahre 1240 bei Danckwerth —, so hatte die Insel doch gewiss früher einen grösseren Umfang als jetzt. Nach *P. Sax* (Cammerer Nachrichten S. 31.) war 1640 das Oberland noch 1512 Ruthen im Umfang, das Unterland machte noch 448 Ruthen aus. An einigen Stellen war die Breite 180 Ruthen. Wenn auch die jährliche Abnahme Helgolands kleiner ist, als die der Halligen, so gibt doch die der letztern einen ungefähren Maassstab für die Zerstörung ab. Seit der letzten Vermessung der Halligen im Jahre 1802 hat die See jährlich im Durchschnitt ungefähr 16 Fuss von allen Seiten weggerissen, welche der Strömung und dem Wellenschlage ausgesetzt gewesen (*Bruun* in Juul og Knudsen Slesvigske Provindsialefterertninger B. II. S. 205). Die Hallige Habel hatte 1802 ein Areal von 173 Tonnen Land, 1859 dagegen nur 82 Tonnen; der Verlust betrug also in 57 Jahren 91 Tonnen (l. c. B. III. S. 200.) Sylt verliert jährlich mindestens 4—5000 □Ruthen. (*Hansen* in Biernatzki Landesber. 1846. S. 98.) Wiebel (die Insel Helgoland, Hamburg 1848) hat freilich nachzuweisen gesucht, dass Helgoland zu den Zeiten Adam's von Bremen fast ebenso gross gewesen, wie jetzt. Er kommt nämlich zu diesem Resultate, indem er durch Vergleichung seiner genauen Vermessung der Insel mit einer am Ende des verflossenen Jahrhunderts gerade nicht sehr genauen Aufnahme derselben den Destructionscoëfficienten der Insel für ein Jahrhundert berechnet. Abgesehen aber von der Unsicherheit der Prämisse, worauf diese Rechnung beruht, lassen sich auch gewichtige Einwände gegen das Resultat erheben. Zuvörderst passt weder die Beschreibung, die Adam von Bremen in seiner Abhandlung de situ Daniae von ihr gibt, noch der weit ältere Bericht, der sich im Leben des heiligen Willibrod von Alcuin (Frobenius Tom. II, Vol. I, p. 187) findet, zu der gegenwärtigen Grösse der Insel. Nach Adam ist die Insel, quae in ostio fluminis Albiae longo recessu latet, wo Bischoff Eilbert (um die Mitte des 11ten Jahrhunderts) das erste Kloster baute, sehr fruchtbar, korn- und viehreich; aber ohne Bäume; rings um die Insel liegen gefährliche Klippenriffe, nur an einer Stelle kann man landen, wo auch süsses Wasser ist; nach Willibrod war alles auf der Insel dem Forsetis geheiligt, Keiner wagte es, ein Stück Vieh zu berühren, Willibrod aber mit seinen Gefährten schlachtete und ass von den Thieren. Jetzt aber kann ausser Kartoffeln nichts auf der Insel gebaut werden und nur einige Schafe finden dort ihr nothdürftiges Futter. Um korn- und viehreich zu sein, muss die Insel nothwendig eine grössere Ausdehnung gehabt haben. In alten Urkunden und lateinischen Testamenten aus dem Jahre 1483 werden noch Wischen und Weiden auf Helgoland erwähnt (*Outzen*, und *Cammerer*, Nachrichten S. 246 fg.) 1638 wurde auf Helgoland noch englische Gerste, Bohnen und Erbsen gebaut; man besass noch Pferde und Kühe (*P. Sax* bei Camerer l. c. S. 243) und 1699 waren noch 58 Kühe auf der Insel, deren Winterfutter aber vom Festlande bezogen werden musste. (*Camerer* l. c. S. 281.) Der Umfang der Insel betrug 1699 noch 15000 Fuss (*Camerer* I. 260.), dagegen 1790 nur 9200 Fuss (Provinzialbericht 1790. S. 13.). Die vom Hauptfelsen abgerissenen kleineren Felsen, Mönche genannt — es gab derer früher wenigstens 5 — zeugen für den grösseren Umfang der Insel (*Camerer* I. 269.) Wenn aber Adam von Bremen sagt: in hoc oceano insula est modica Heiligeland (De situ Daniae cap. 217. cfr. *Staphorst* Hamb. Kirchengeschichte B. 1. S. 365.), so kann dies unmöglich von der jetzt winzig kleinen Insel gelten, die er statt modica als parvula hätte bezeichnen müssen. Adam spricht auch noch von einer Anhöhe (collis) auf der Insel, von welcher jetzt keine Spur mehr vorhanden. Im J. 1652 stand die Düneninsel mit dem Hochlande noch in fester Verbindung und hatte im Norden einen weissen Gypsfelsen (*L. Meyn*, Zur Geologie der Insel Helgoland. Kiel 1864. S. 6 fg.) weisses Kliff genannt,[1] der dem 200 Fuss hohen Oberlande 1570 fast an Höhe gleich kam, (Provinzialberichte 1790) aber unbewohnt, nur von Schafen beweidet war. Sein Umfang war noch so gross, dass man darauf Scheibenschiessen halten konnte (*Camerer* I. 263.). Das letzte Stück dieser Gypsfelsenwand wurde 1711, Nov. 1. (*Camerer* Nachrichten S. 46) in einer Sturmfluth zerstört. *Forchhammer* (Neues Staatsb. Magaz. B. I. S. 509.) hält mit Recht die ganze jetzige Insel für den Adam'schen Collis. Aus dem Berichte, dass bei

---

[1] Das witte Kliff erhielt seinen Namen im Gegensatz zu der rothen Steinart der Hauptinsel, dem Keuper, einer Mergelart, die leicht verwittert und durch Einwirkung des Meeres Marschthon bildet. Zwischen beiden kommen Liasschiefer mit Kohlen (Tök) vor, der leichten Verwitterung gleichfalls unterworfen.

einer Ueberschwemmung im 12ten Jahrhundert 7 Kirchspiele von 9, welche die Insel früher gehabt, fortgespült worden, zieht er den Schluss, dass der grösste Theil des Landes niedriges Land im Gegensatz zur jetzigen Hochinsel gewesen sei. Diese Ansicht von *Forchhammer* hebt nun auch einen Einwand gegen die früher bedeutendere Grösse der Insel, welcher sonst schwer zu beseitigen ist. Der Umstand nämlich, dass das jetzige Kirchspiel auf Helgoland, der Ort oder das Städtchen auf demselben gegenwärtig keinen besonderen Namen hat und ihn auch nie gehabt zu haben scheint, spricht dem Anschein nach dafür, dass niemals mehrere Kirchen oder auch nur mehrere Ortschaften auf Helgoland bestanden haben (*Falk* Arch. Bd. V. S. 468). Ist aber der jetzige Rest des alten Helgolands der Adamische Collis und wurde dieser erst nach dem Untergange der übrigen Insel bebaut und bewohnt, so war es ja ganz unnöthig, der Niederlassung noch einen besondern Namen zu ertheilen.

Da Meyers Karten in *Danckwerths* Neuer Landesbeschreibung eine der Hauptquellen für den älteren Zustand Helgolands, sowie Nordfrieslands überhaupt abgeben, so ist deren vielfältig angezweifelte Glaubwürdigkeit hier etwas näher zu prüfen. Geerz (Geschichte der geographischen Vermessungen und der Landkarten Nordalbingiens, Berlin 1859. S. 39 fg.) hat auf eine Thatsache aufmerksam gemacht, die von allen Beurtheilern der Meyer'schen Karten von Nordfriesland, Outzen allein ausgenommen (Falk, Staatsbürg. Magazin 1826 S. 144) völlig übersehen worden ist, dass nämlich nach dem ausdrücklichen Zeugnisse von *Heimreich Walter* (Nordfriesische Chronik 1666 S. 66 u. 103 *Falk's* Ausg. Th. I S. 1, 9 u. 161, einem Zeitgenossen Meyer's, mit dem er in Verbindung stand, dieser seine Karten vom alten Nordfrieslande nach einem Originale entworfen habe, welches er in der bischöflichen Bibliothek in Kopenhagen vorgefunden, ein Umstand, den Meyer seinem Mitarbeiter Danckwerth zu verschweigen genügenden Grund hatte (Geerz l. c. S. 168 Anm. 212). Es ist überdiess eine reine Unmöglichkeit, ohne alle Karten die Umrisse eines Landes festzustellen, welches seit vier Jahrhunderten eine Beute des Meeres geworden, und *Meyer's* Untersuchungen an Ort und Stelle, von denen *Danckwerth* (Landesbeschreibung S. 93) spricht, können sich nur auf die jüngste Vergangenheit bezogen haben, deren Résultate auf *Meyer's* neuerer Karte von der Westküste mit ihren Watten nebst den Angaben über untergegangene Ortschaften verzeichnet sind. Daher findet man auf der neueren Karte untergegangene Ortschaften angegeben, die man auf der Karte von 1240 vermisst, z. B. auf den Watten südlich von Föhr die Dörfer Ribbel,[1] Billum und Süderstadum. Schmidt hat ferner nachgewiesen, dass bei einer Vergleichung der Karten Nordfrieslands mit einander das Resultat sich herausstellt, dass sie von verschiedenen Autoren herrühren müssen, also von *Meyer* nur copirt oder in verjüngtem Maasstabe gezeichnet worden sind. Es haben ferner die Forschungen *Booysen's*, *Peters's* und *Kuss's* die Richtigkeit der

---

[1] Ein Theil der Südküste Föhrs heisst heute noch Rebbelstrand (F a l k's Staatsb. Magazin 1824. S. 170.)

historischen Karten *Meyer's* in Betreff der Inseln Sylt und Föhr und von 7 ehemaligen Kirchspielen in Eiderstedt im Allgemeinen bestätigt, sowie *Biernatzki* bei seinen Nachforschungen gefunden hat, dass die Lage der zu *Méyer's* Zeiten (1638—1648) niedergelegten oder zerstörten Dörfer Holsteins durchgehends sehr richtig auf seinen Karten angegeben ist. Endlich haben *Outzen* und *Forchhammer* nachgewiesen, dass kein Zweifel an der Ehrenhaftigkeit *Meyer's* aufkommen könne, Unter solchen Verhältnissen erhalten seine Angaben über Nordfriesland und folglich auch über Helgoland einen höheren Grad von Glaubwürdigkeit, nämlich den seiner Quelle, des Originals der Karte in der Bibliothek des Bischofs von Schleswig, welches im Kopenhagener Stadtbrande von 1728 vernichtet wurde; doch haben Langebeck und Gebhardi die Zeichnungen noch gesehen.

Es ist ferner der „*Mayer'sche* Abriss von dem (1300 vergangenen Rungholte und seinen Kirchspielen Anno 1240" die Kopie einer Zeichnung auf einem Pergamentblatte in Quartformat mit der Ueberschrift: Clades Rungholtina, die sich in der Kartensammlung von 1638 befindet, welche die königliche Bibliothek in Kopenhagen besitzt (G. K. S. 1026) Bruun in den Schlesvigske Provindsialefterretninger B. 4 S. 137.

Da die Marsch zur Zeit der Abfassung von *Waldemars* Erdbuch (1231) im Wesentlichen seine jetzige Inselbildung angenommen (§ 10), so müssen *Meyer's* Karten einen älteren Zustand als 1240 darstellen. Anderseits zeigt aber die Anzahl der Kirchen auf ihnen, dass die Karten später umgearbeitet und erneuert sind. So z. B. ist das Vorwerk Gronenhove, westlich von Tondern, erst 1574 errichtet worden. (*Mollers* Bericht von verschiedenen Ländern, Städten und Gegenden des Herzogthums Schleswigs). Die Karten vom alten Nordfriesland stellen also den Zustand älterer und neuerer Zeit gemischt unter einander dar. Was nun *Meyers* neuere Karte von Eiderstedt betrifft, so ist diese, namentlich die des Westertheils sehr fehlerhaft: einige Kooge sind falsch situirt, andere mit einander verwechselt und mehrere fehlen ganz, während eine gleichzeitige, 1613 verfasste Chronik von *Joh. Schultze* (*Falks* Staatsb. Mag. 1834 S. 610 fg.) dieselben Kooge zeigt wie jetzt. Da *Mayer* den Zustand der Gegenwart nicht kannte, so muss er die älteren Karten von dem südlichen Theil Nordfrieslands nachgezeichnet haben, und ausgehend von einer falschen Vorstellung von dem Alter der originalen Karten hat er in den alten Rahmen missverständlich eingefügt, was die Chronik und die Sage von dem Zustande jener supponirten Zeit zu berichten hatte. Dagegen ist der Süderstrand *Mayers* kein Phantasiegebilde, wie *Michelsen*, *Schmidt* u. A. gemeint haben, wenn man auch vielleicht einräumen kann, dass das von *Mayer* vorgefundene und von ihm nachgezeichnete Original falsch situirt sei. Doch berichtet noch *Petrejus* 1597 nach einem alten Missale in der Kirche St. Peters, dass das vergangene Land gen Südwesten hin der Süderstrand geheissen. (*Camerers* Nachrichten II S. 737. Hamken in den Provinzialberichten von 1786 S. 330 fg.).

Ziemlich allgemein hat man das Faria des Adam von Bremen für Helgoland erklärt; dagegen hat namentlich *Bruun* (Slesvigske Provindsialefterretninger B. 4 S. 154 fg. 1863) nachzuweisen versucht, dass unter Faria Föhr zu verstehen sei, welches aber zu Adams Zeiten noch mit Amrum und Sylt zusammenhing und eine Insel bildete. Prüfen wir die Gründe für diese seine Hypothese. Wenn *Bruun* behauptet, dass zu Adams Zeiten Helgoland schon christlich sein musste und er folglich nicht von dessen Heidenthum berichten konnte, so ist dieses Muss, wofür er keine Gründe angiebt, nicht einzusehen. Warum sollte das Heidenthum an diesem hochheiligen Orte sich nicht länger erhalten haben als anderswo? Und war denn damals in dieser Inselgegend das Heidenthum schon überall ausgerottet? Mit Nichten! — Da nun aber ferner Adam erzählt, dass Faria bei den Seeräubern für eine heilige Insel gehalten sei, so dass keiner sie im Geringsten zu berauben wagte, im Gegentheil jeder von ihnen einen Theil der Beute den heidnischen Priestern (heremitis) weihte und die Insel deshalb-Heiligeland genannt wurde und dass sie mit dem im Leben des heiligen Willibrod genannten Forsetisland identisch sei, so passten diese Angaben durchaus nicht zu *Bruuns* Hypothese und er erklärte sie daher kurzweg für spätere Einschiebsel. Weshalb denn aber? Weil hier einerseits gesagt wird: (piratae) solent hermitis ibi viventibus decimas praedarum offerre cum magno devotione und es anderseits späterhin noch heisst: locus venerabilis omnibus nautis, praecipue vero piratis, so soll diess ein Beweiss sein, dass beide Stellen als Wiederholungen derselben Sache von zwei verschiedenen Verfassern herrühren. Da es aber der Absicht unseres Kritikers nicht genügen würde, dass, vorausgesetzt, jedoch nicht eingeräumt, dieser Schluss sei stichhaltig, nur der eine dieser Sätze als Interpolation ausgestossen werde, so tilgt er gegen alle Regeln der Kritik beide. Und nicht nur diese angebliche Wiederholung wird gänzlich beseitigt, er erlaubt sich noch nebenbei, als ob diess sich ganz von selbst verstände, die Worte Adams: Collem habet unicum, arborem nullam, scopulis includitur asperrimis, nullo aditu nisi uno, ubi et aqua dulcis gleichfalls ohne Weiteres zu streichen; denn diese mussten beseitigt werden, weil sie seiner Hypothese schnurgerade widersprachen. Wer verkennt hier die masslose Willkühr? — Doch gehen wir weiter! Die häufigen Strandungen, von denen Adam spricht, sollen nur auf das alte Föhr, nicht auf Helgoland passen, denn es sei leicht gewesen, die letztere Insel zu vermeiden, während die Westküste Amrums und Sylts damals, wo die Schifffahrt den Küsten folgte, noch gefährlicher gewesen als heut zu Tage. Zuvörderst ist es aber eine geschichtliche Unwahrheit, dass damals nur Küstenschifffahrt bestanden: man denke an die kühnen Wickinger, die seit Jahrhunderten nach allen Richtungen die Nordsee durchschwärmten. Ueberdiess lag Helgoland damals nicht so in offener See, wie jetzt, sondern, wie Adam sagt, in der Elbmündung, da die Nordküste Hannovers sich weiter ins Meer hinaus erstreckte. — *Bruun* meint ferner, Helgoland könne keine Deiche gehabt haben, die doch zum Kornbau nöthig gewesen; denn die Deiche hätten wegen ihrer den Wogen ausgesetzten Lage eine Stärke gehabt haben müssen, welche man ihnen zu geben damals nicht im Stande gewesen sei. Daraus aber, dass man Deiche noch nicht errichten konnte, die allen Sturmfluthen trotzten, kann man doch unmöglich den Schluss ziehen, dass man gar keine gebaut habe. Der Deichbau ist uralt, wenn auch anfangs noch sehr unvollkommen. *Saxo* spricht von Deichen und das Deichwesen wird schon in einem Dokumente von 1247 genannt. Warum Helgoland nicht sollte Deiche gehabt haben, ist nicht abzusehen. Und waren denn Deiche hier überall absolut nothwendig? Konnte nicht wenigstens ein Theil der Insel so hoch über den Meeresspiegel emporragen, dass Deiche ebenso überflüssig waren, wie sie es jetzt noch sind. — Adam sagt ausdrücklich, Faria habe Hadeloa (Hadeln) gegenüber gelegen. Diess passt allerdings ebensowohl auf das entfernte alte Föhr, wie auf das nähere Helgoland; wenn er aber dabei zugleich bemerkt, dass Faria in ostio fluminis Albiae longo recessu latet, so gränzt es an Absurdität, diess „latet" auf die grosse Insel Föhr (in ihrer alten Ausdehnung) zu beziehen, bei welcher ja nach *Bruuns* Angabe selbst die allein übliche Küstenschifffahrt vorbeiging. — Alles aber, was *Bruun* aus Adams Angaben der Grösse Farias demonstriren zu können vermeint, ist grundlos, weil er Adams milliarium einer deutschen Meile gleich setzt, was sie jedenfalls nicht ist, wenn auch deren Grösse sehr streitig. Der Name Fahrtrappe aber für den Wasserarm zwischen Sylt und Amrum beweist nichts für die Lage von Faria, denn beiden Benennungen, der der Insel und des Wasserlaufes liegt das Wort: fahren zu Grunde (Fährinsel, Fahrweg). Wer aber durch alle diese Gründe noch nicht überzeugt worden, welche Herr *Bruun* für seine Hypothese beigebracht, der wird sicherlich durch das letzte Argument desselben überführt werden. Der Mönch *Eilbert* († 1072), den Erzbischof Adalbert von Hamburg zum Bischof von Fühnen weihte, trat 1046 seine Reise dahin an (Langebeck Script. rer. Danic. VII 217), kam aber, um Seeräubern nicht in die Hände zu fallen, nach Faria, bekehrte die Bewohner und baute dort ein Kloster. Adam nennt ihn deshalb einen Bischof von Fühnen und Faria. In diesen Worten Adams liegt aber nicht, dass es zwei Bisthümer: Fühnen und Faria gegeben, sondern dass der Bischof von Fühnen, der durch Zufall veranlasst, die Insel Faria bekehrt hatte, diese mit zu seinem Sprengel zu rechnen pflegte. Ein Bisthum Faria existirte nicht, wie denn schon Suhm dasselbe für eine unbegründete Hypothese erklärte. Die Thatsache, dass das schleswigsche Domkapitel 1305 sein Recht, die friesischen Kirchspiele zu visitiren nachweisen musste (Pontoppidan, Annal. II 91), beweist wohl, dass dieses Recht bestritten ward, jedoch von wem? nicht von dem Bischof von Fühnen, sondern von den Pröbsten der Schleswigschen Diöcese. 1141 schenkte der König *Erich Lamm* die Einnahmen von der Insel Sylt einem Kloster auf Fühnen (*Jensen* Kirchliche Statistik I S. 544 Not. 2; *Heimreich* edid *Falk* S. 243 Noten; *Booysen* Beschreibung der Insel Sylt 1828 S. 22 und 34. Trap, Beskrivelse af. Sleswig S. 191). Es gab nämlich auf Sylt gewisse Mönchsländereien und der Sage nach stand bei der Kirche von Keitum einst ein Kloster, wie denn auch auf der Karte von Olsen ein Munkemarsch und Munkehöi vorkommt. Daraus hat nun aber *Bruun* geschlossen, dass das Kloster, welches *Eilbert* nach Adam auf Faria gestiftet, das Kloster bei Keitum gewesen und zugleich ist ihm ein Licht darüber aufgegangen, wie König *Erich Lamm* dazu gekommen, die Einkünfte von S y l t einem Kloster auf F ü h n e n zu schenken. Der geheime, tiefere Grund gerade d i e s e r Schenkung an ein Kloster auf Fühnen soll der sein, dass das alte, bereits seit fast 200 Jahren verschollene Bisthum Faria, dessen erster, letzter und einziger Bischof *Eilbert* zugleich Bischof von Fühnen war, wieder in Erinnerung gebracht werde. Wer bewundert nicht den Scharfsinn des Herrn *Bruun?*

Dr. *L. Meyn* (Zur Geologie der Insel Helgoland. Kiel 1864) hat den geologischen Beweis geführt, dass die Sage von der grösseren Ausdehnung der Insel wirklich begründet ist. Ausser den Riffen, wie sie jetzt bestehen, trugen vielleicht deren ehemals über das Meer sich erhebende Schichten, gewiss aber eine zerstörte Braunkohlenformation und eine eigenthümlich ausgebildete durch kleine runde Porphyrgeschiebe besonders bezeichnete Schicht des norddeutschen Diluviums zum Bau der Düne bei und können nach den feststehenden Gesetzen der Dünenbildung nur hier an Ort und Stelle zerstört sein, mithin müssen sie einst eine Insel von festerem Bau als jetzt gebildet haben (l. c. S. 12). Der handgreifliche Beweis einer einst viel grösseren Ausdehnung der Insel liegt in der Düne selbst und in den Bestandtheilen ihres Strandes vor uns ausgebreitet da, welche besser als die beste historische Ueberlieferung die Beschaffenheit der alten Insel unleugbar dokumentirt und die alte Sage als Wahrheit bestätigt. Die einst viel grössere Insel stellte aber nicht ein grösseres Felseneiland oder eine an den Felsen gelehnte Marschbildung dar, sondern eine G e e s t i n s e l von gleicher Beschaffenheit wie Sylt und die Hälfte von Föhr, aus welcher der roth geschichtete Fels und der schneeweisse massige Gypsfelsen des witten Kliffs hervorragten (l. c. S. 14). Die Böschung des Unterlandes und das Gerölle am Fusse des rothen Felses enthält nur höchst selten und ganz vereinzelt ein Stück des weissen Kalkgesteins aus den Riffen, auf denen die Düne liegt. Wo ein solches Stück gefunden wird, hängt ihm in der Regel noch die grosse Wasserpflanze an, die auf ihm wurzelte und deren Bewegung im Wellenschlage dasselbe losriess und hieher trug. Fast noch sparsamer findet man die Brocken des rothen Gesteines der Hauptklippe auf dem Strande der Düne, obgleich das ganze Felsendreieck vom Gerölle dieser Art massenhaft umringt ist. Auch diese Stücke sind von Fukuspflanzen flottgemacht und dahin getragen. Daher wird das am Strande vorfindliche Gerölle nicht von den Wellen herbeigetragen, sondern gehört ausschliesslich dem Ufer an, dessen Abhang den Strand berührt; nur einzeln verirrt sich dazwischen ein Fremdling. Mit vollkommener Gewissheit kann man daher aus dem Material eines Strandes auf die Zusammensetzung des Landes schliessen, welches er berührt und noch aus seinen Trümmern ist der Schluss auf seine einstige Beschaffenheit zulässig. So auf Helgoland! Auf der Düneninsel ist alles verschwunden, was Anspruch machen könnte auf ein höheres

Alter: es ist eben nur ein Dünenland und ein Strandwall, beide veränderlich von Wind und Wasser. Zwischen der Böschung des Ebbestrandes und den eigentlichen Hügeln der Düne liegt eine grössere Ebene, das Feld der brandenden Wogen bei Sturmfluthen, welche wie gepflastert dicht mit Steinen bedeckt ist. Unter diesen Bruchstücken sieht man zahlreich die dünnen Kalkstein- und Dolomitfliesen des Riffes. Fast ohne Ausnahme sind diese zum Theil noch scharfkantigen Bruchstücke von Würmern zernagt. Sie haben also, bevor sie in ihre jetzige vor Meeresbedeckung gesicherte Lage kamen, unter der Meeresoberfläche gelegen; sie sind also fast ausschliesslich Bruchstücke der jetzt noch unter dem Wasserspiegel anstehenden Riffe, nicht aber der Schutt eines zusammengestürzten Felsens, der auf seiner eigenen Basis liegen geblieben und dort nur dem Schaume der Brandung ausgesetzt gewesen sein würde. Dasselbe gilt von den abgerundeten umherliegenden Blöcken von weisser, gelber und röthlicher Kreide, wie sie in den der Lagerung nach obersten Riffen ansteht; denn diese sind von den oft noch darin sitzenden Bohrmuscheln tief angebohrt, nicht selten durchlöchert. Nirgends zeigt sich eine Andeutung, dass Ueberreste eines zusammengestürzten Felsens dazwischen wären, alle scheinen nur Bruchstücke der Aussenriffe zu sein, wie der Tök, der auf gleiche Weise durchbohrt ist. — Ganz vereinzelt trifft man unter den Steinen glatte, scharfkantige G y p s blöcke, die Ueberreste der im Sturm zusammengebrochenen Klippe aus Gyps, welche nur deshalb so sparsam sind, weil die Bevölkerung, die Kunst des Gypsbrennens einst übend, den durch natürliche Ereignisse losgebrochenen Vorrath zu jenem Zwecke verbraucht hat. — In viel grösserer Zahl und in allen Dimensionen erscheinen dazwischen die Feuersteine mit ihren Kreidepetrefacten, theils in den ursprünglich knolligen Formen, theils zerbrochen und zersplittert. Im Gemenge mit den runden weissen Quarzkieseln einer zerstörten Braunkohlenformation nehmen sie den äussersten Saum des Wellenschlages auf dem Ebbestrande ein. Zu allen diesen auf der Nebeninsel und ihrem Felsenfundamente einheimischen Steinen gesellen sich die Fremdlinge, die nordischen Porphyre, in den schönsten Farben in eirund geschliffenen und meistens auch nicht viel grösseren Geschieben, dann eben solche Basaltkugeln und basaltähnliche Trappmassen von nordischem Charakter. Skandinavische Sandsteine, Granite und Gneuse in unregelmässigen Gestalten, wie die Geschiebe sonst zu sein pflegen, finden sich seltener. Mit grosser Bestimmtheit kann man daraus auf ein sandiges und lehmiges Diluvium schliessen, dem diese kleineren Geschiebe eingebettet waren. Nirgends in ganz Norddeutschland findet man diese kleineren Geschiebe als isolirte Erscheinung auf Felsboden, wie die grossen vereinzelten Findlinge. Das Diluvium auf dem Niederlande ist aber kein Sand-, sondern ein Lehmdiluvium gewesen, denn sonst müsste sich der norddeutsche Diluvialsand in dem Sande des Strandes und der Düne wieder finden, mit seinem unendlichen Reichthum verschiedenartigen Gesteinsbrocken, was nicht der Fall ist. Das Lehmdiluvium ist völlig weggeschwemmt worden. An wenigen Stellen der Nordseeküste mag der

Dünensand eine so eigenthümliche Beschaffenheit haben, als zu Helgoland. Die feineren aus der Kreide des Riffes ausgewaschenen Bryozoen und Foraminiferen, die Bruchstücke zahlloser Schalthiere, welche ringsum im tieferen Meere leben, die zerriebenen gelben und blauen Abschuppungen der Austerschalen, von der im Osten belegenen Bank herrührend, die kleinen mikroscopischen Organismen des umgebenden Meeres vermengen sich mit schwarzem Titaneisesand und einem aus gelben und weissen Quarzkörnern gemischten gemeinen Sande, welche letzteren beide auf einen nicht genügend beachteten Bestandtheil der alten Insel hindeuten. Den Schlüssel dieses Räthsels giebt das rothe Kliff der Insel Sylt ab, welches aus einem weissen Sande der Braunkohlenformation besteht, welcher zusammengesetzt ist aus grob- und feinkörnigen weissen und blaugrauen Quarzen von völlig eirunder Gestalt, in der Grösse der Bohnen und Mandeln, selten von der der Taubeneier. Jede Schlämmprobe weist in diesem Sande auch Titaneisen nach. Bedeckt ist diese Tertiärbildung von einer nicht sehr mächtigen röthlich gelben diluvialen Lehmschichte, in welcher wenig mehr und wenig grössere skandinavische Steine vorfindlich sind, auch gerade von denselben härteren Gesteinsarten, die man auf Helgoland findet. Indem der untere Sand von den Wellen weggespült wird, bricht der Lehm in Klötzen herunter und verwäscht sich, die nordischen Geschiebe des Lehms und die Quarze des Braunkohlensandes bleiben auf dem Strande liegen. Abgesehen von dem oben beschriebenen Detritus der Riffe, ist der Strand und die Düne auf der Nebeninsel von Helgoland ebenso zusammengesetzt: es sind die zersplitterten Feuersteine, die nordischen Geschiebe, die eirunden Quarze, das Korn, die Farbe und Mischung des Sandes beiderorts ganz gleichartig. Es ist daher vollkommen gewiss, dass da, wo jetzt die Düne sich befindet, eine grössere Geestinsel allmählig zerstört wurde, die aus einer sandigen Tertiärformation mit diluvialer Lehmdecke bestand, wie das rothe Kliff auf Sylt. Der unverkennbar mit Diluvialsand nicht vermischte tertiäre Sand des Strandes stellt den Zasammenhang der Bildungen auf Helgoland und Sylt wieder her (l. c. S. 14—25).

Man hat auf verschiedene Weise die Grösse der Insel zur Zeit *Adam's* von Bremen zu bestimmen versucht. Direct dieselbe nach dessen Angaben — einer Länge von 8 und einer Breite von 4 Milliaria — zu berechnen, ist unmöglich, einmal weil die Angabe einer mittleren Breite fehlt und weil zweitens die Grösse der Milliaria bei Adam sehr streitig ist. Nach *Lappenberg's* Berechnung war Helgoland nach der Karte *Meyer's* für das Jahr 800 $1\frac{1}{2}$ Quadratmeilen, nach der für das Jahr 1300 aber $\frac{1}{4}$ Quadratmeilen gross. Da Adam von Bremen um das Jahr 1072 geschrieben, so beträgt der Verlust für 272 Jahre 0,68 Quadratmeilen, vorausgesetzt dass der Abbruch von 800 bis 1072 ebenso regelmässig wie von 1072 bis 1300 stattgefunden hat; folglich war Helgoland im Jahre 1072 = 1,50 — 0,68 = 0,82 Quadratmeilen gross. Da aber nun schon längst die geschichtliche Forschung über die *Meyer'schen* Jahreszahlen 800, 1240, 1300 u. s. w. den Stab gebrochen hat, so beruht auch diese Bestimmung auf einer unsichereren Basis, als Geerz zu meinen scheint (l. c. S. 173 Anm. 215).

Von Schmidt und Wiebel sind die gegenwärtigen grossen Meerestiefen von 56 bis 96 Fuss als Grund gegen die ehemalige grössere Ausdehnung Helgolands nach Nordosten und Eiderstedts, als Süderstrand, nach Südwesten auf *Meyer's* Karten angegeben. Diese Meerestiefen sind aber nicht constant, haben sich vielmehr im Laufe der letzten Jahrhunderte gebildet und können demnach keinen Grund abgeben, die grössere Ausdehnung dieser Insel in Abrede zu stellen. Wie wechselnd hier die Meerestiefen sind, davon überzeugt man sich bald. An der Stelle, wo noch 1634 der mittlere Theil der a l t e n Insel Nordstrand lag, fand sich im Jahre 1858 eine Meerestiefe von 42 Rhein. Fuss. Westlich von Sylt und Amrum war noch im Jahre 1650 ein während der Ebbe trocken liegendes Watt vorhanden; an dieser Stelle hat das Meer während der Ebbe jetzt eine Tiefe von 38 bis 42 Fuss. Der sogenannte, etwa 240 Fuss breite Steinwall, welcher bis zum Jahre 1720 West-Helgoland mit Ost-Helgoland (der jetzigen Düne) verband, war noch 1698 so hoch, dass nur eine aussergewöhnliche Fluth denselben überschwemmte; jetzt liegt dieser Steinwall bei halber Fluth 12 bis 20 Fuss u n t e r dem Meeresspiegel. Noch zu Danckwerth's Zeit (1652) hatte das Meer östlich von Helgoland eine so geringe Tiefe, dass man bei starkem Ostwinde e i n e M e i l e W e g e s auf dem Sande hinausgehen konnte (Landesbeschreibung S. 153) und durch diese T h a t s a c h e stützt Danckwerth seine Angabe, dass „Helgoland viel grösser gewesen sein soll, dann itzo" (d. h. 1652). Dagegen hat gegenwärtig (1858) das Meer eine Meile östlich von der Helgolander Düne eine Tiefe von 42 bis 114 Fuss. Nehmen wir nun an, dass Ebbe und anhaltend starker Ostwind diese Tiefen um 20 Fuss vermindern können, so zeigt dieses Beispiel, dass auf einer Strecke von der Länge einer Meile das Meer im Laufe von 206 Jahren an Tiefe bis zu 94 Fuss zugenommen hat, mithin nach den vorliegenden Thatsachen die Annahme unwandelbarer Meerestiefen an den norddeutschen und nordfriesischen Küsten unzulässig ist und folglich auch die darauf gebauten Beweise gegen die ehemalige Grösse Helgolands und Eiderstedts keinen Halt haben (Geerz l. c. S. 175 u. 176).

Ueberdies deutet der Meeresgrund mit seinen Steinriffen in der Nähe der Insel darauf hin, dass er der von den Wellen blos gelegte Untergrund der Insel gewesen. An der Westseite ist bei klarem Wasser dieser steinerne Grund 50 Ruthen weit zu spüren und gegen Norden streichen vom Oberlande und von der Düneninsel aus je ein Felsenriff, von welchen das der letzteren, das grössere, hornförmig, doppeltgespalten, eine Seemeile weit sich erstreckt und zur Ebbezeit nur 1—2 Faden tief liegt. Es soll, wie die Lootsen behaupten, aus derselben rothen Steinmasse wie Helgoland bestehen.

Einzelne Geschichtsforscher haben gelehrt, dass Helgoland im Jahre 1210 in einer Sturmfluth von den Wogen mitten durchrissen worden sei. Es findet sich nämlich in den Annal. Islandicis bei Langebeck Script. III p. 77

zum Jahre 1210 die Notiz: Raent ey hin helga, mit der lateinischen Uebersetzung: Insula sancta direpta. Des Nordischen unkundig, hat man sich an
dem lateinischen, direpta gehalten und diess Wort auf eine Sturmfluth bezogen. Allerdings lässt sich beweisen, dass im Jahre 1210 eine grosse Wasserfluth alle Küsten der Nordsee getroffen. So sagt z. B. *Danckwerth* in seiner
Landesbeschreibung S. 76: Es ist aufgezeichnet, dass 1210 ein grosser Wald,
so Axenholt geheissen, und sich von lvern auf Röm' ins Osten bis Guiddeng-
Kirchspiel erstreckte, durch eine grosse Wasserfluth verwüstet und vergangen.
Ferner lesen wir in den Annal. Godofredi Monachi apud. Freher I p. 279:
Die St. Thomae 1210 vehementissimus ventus fuit, ut per provincias plurima
aedificia dejicerit et arbores maximas funditus evelleret. Und aus diesen Prä-
missen hat man den ferneren Schluss gezogen, dass dieser Durchriss sich nicht
beziehen könne auf die Trennung des Hochlandes von der Düneninsel, weil
beide noch 1652 erweislich im Zusammenhange gestanden, dass daher ein
Theil der Insel spurlos verschwunden sein müsse. Der Grund aber ist falsch,
worauf diese Schlussfolgerungen basirt worden sind. Statt an der Uebersetzung sich zu halten, haben wir uns die Frage vorzulegen, welcher Begriff
liegt in dem Originalworte „raent"? Jedes Lexicon lehrt nun, dass dasselbe
nur plündern, mit Gewalt rauben, nicht zerreissen bedeutet, während das
lateinische direpta beide Begriffe bezeichnet. Dass Helgoland 1210 ausgeplün-
dert worden, ist eine Notiz, welche dem Isländischen Annalisten gewiss er-
wähnenswerther wird erschienen sein, als dass die Insel durch ein Naturereigniss gelitten habe.

§ 20. II. Die Insel $Ba\sigma\acute{\iota}\lambda\epsilon\iota\alpha$, Basilia der Alten. Durch *Redslob's*
scharfsinnige Kritik (*Thule*, Leipzig 1855) sind jetzt alle Widersprüche und
Dunkelheiten gehoben, welche sich in den Angaben der Alten über dieses
Eiland vorfinden. Plinius (Histor. natur. IV. 13. 27) sagt nämlich, nachdem
er die Südgrenze Europas besprochen, und zuletzt an deren östlichem Ende,
der Nordwestseite des Schwarzen Meeres, verweilt· Exeundum deinde est, ut
extera Europae (d. h. die auswendige, an den Ocean grenzende Seite Europas)
dicantur, transgressisque Riphaeos montes (die Karpathen) litus Oceani septentrionalis in laeva, donec perveniatur Gades (Cadix) legendum. Insulae
complures sine nominibus eo situ traduntur (diess passt nur auf die
Nord-, nicht auf die Ostsee), ex quibus ante Scythiam (nach den Vorstellun-
gen der Alten alle weniger bekannten Länder im verhältnissmässig hohen
Norden), quae appellatur Raunonia (das Bernsteinland, von dem Dänischen
Rav, friesisch Rövstiin, Bernstein) unam abesse diei cursu, in quam veris
tempore fluctibus electrum ejiciatur, Timäus (von Sicilien, lebte ungefähr 280
v. Chr. zur Zeit der Könige Agathocles und Pyrrhus) prodidit. Der Sinn
dieser Stelle ist also folgender: Von den mehreren Inseln in dieser Richtung
liegt nach Timäus eine vor dem Raunonia genannten Scythien, und zwar
eine Tagesreise von der Küste entfernt, welcher entlang man nach Gades
kommt. Raunonia, vor welcher die Insel liegt, ist also etwas von der letz-

teren Festlandsküste Verschiedenes. Die Insel liegt also von der Küste aus, von der sie eine Tagesfahrt entfernt ist, vor Raunonien, dieses also hinter der Insel. — Nun fährt Plinius fort: Reliqua litora incertâ signata fama. — — — Xenophon Lampsacenus (dessen Zeitalter unbekannt) a litore Scytharum tridui navigatione insulam esse immensae magnitudinis (paene similem continenti setzt Solinus cap. 30 hinzu) Baltiam tradit. Eandem Pytheas Basiliam nominat. Endlich sagt Plinius an einer andern Stelle (Histor. natur. XXXVII. 2. 11): Pytheas Guttonibus, Germaniae genti, accoli aestuarium Oceani, Mentonomon nomine, spatio stadiorum sex millium; ab hoc diei navigatione insulam abesse Abalum (die Insel Aebelöe an der Nordküste Fühnens.[1]) Illo (succinum) per ver fluctibus advehi et esse concreti maris purgamentum: incolas pro ligno ad ignem uti eo [2]), proximisque Teutonibus vendere. Huic et Timaeus credidit, sed insulam Basiliam vocavit. Diese letzten Worte des Plinius enthalten, genau analysirt, einen Unsinn. Plinius sagt nämlich, Timaeus habe dem Pytheas in Bezug auf Abalus geglaubt, die Insel aber nicht Abalus, sondern Basilia genannt, oder mit anderen Worten: Timaeus habe den Angaben des Pytheas in Betreff der Insel Abalus Glauben beigemessen, habe aber gemeint, diese Angaben gelten nicht von Abalus, sondern von Basilia. Diess ist aber geradezu eine logische Ungereimtheit, welche Timaeus unmöglich begangen haben kann, welche aber Plinius aus Missverständniss ihn sagen lässt. Die Sache erklärt sich einfach und genügend, wenn man annimmt, der Bericht des Timaeus über Basilia stimmte so genau

---

[1] Wie kann aber Pytheas sagen, dass die Insel Abalus, wenn diese die jetzige Insel Aebelöe bei Fühnen ist, nur eine einzige Tagesschifffahrt von Mentonomon (der schleswigschen Westküste) entfernt sei? Eine Tag- und Nachtfahrt pflegte man im Durchschnitt auf 1000 Stadien zu veranschlagen (Forbiger, Handbuch der alten Geographie I 550 fg.) = c. $28^4/_5$ geographische Meilen. Der Einwurf, der in dieser Frage liegt, fällt weg, weil damals Jütland von Schleswig durch eine Meerenge getrennt war (§ 22). Es ist daher Abalus unzweifelhaft Aebelö bei Fühnen und nicht die jetzt auf einer Landzunge liegende Stadt Aebeltoft in Jütland, die noch mal so weit von Mentonomon entfernt ist. Gesetzt auch, dass die Landzunge, worauf die Stadt Aebeltoft liegt, vormals eine Insel gewesen, so lag diese doch nicht eine Tagesfahrt von der Küste entfernt, wie solches Pytheas von der Insel Abalus berichtet. Die Insel Aebelö gehört zum Kirchspiel Klinte in der Skamharde, Amt Odensee. Sie ist nur 431 Tonnen Land gross, von denen 269 Tonnen mit Eichen bewachsen sind. Bei niedrigem Wasser kann man zu Wagen nach der Insel fahren, bei Hochwasser ist diess aber gefährlich, da das Riff, welches zur Insel führt, steil zur Tiefe abfällt. (Trap, Statistisk-topograpsisk Beskrivelse af Kongeriget Daumark Kjöb. 1857 II. S. 683).

[2] Dieser Bernstein, den die Bewohner der Bernsteininsel als Brennmaterial gebrauchen, ist Braunkohle. Denn nach Philemon (bei Plinius XXXVII. 2. 11.) giebt das Electrum keine Flamme von sich, was nicht auf den Bernstein, wohl aber auf die Braunkohle passt. Derselbe sagt ferner bei Plinius l. c. fossile esse (electrum) et in Scythia erui duobus locis, candidum atque cerei coloris, quod vocaretur electrum, in alio fulvum, quod appellaretur sualiternicum (d. h. das heimlich d. h. ohne Flamme, Brennende: von suelen, R. sual, urere (Graff's Althochdeutscher Sprachschatz VI. 872) und ternigo oder dernico, latenter). Vergl. Bessel Pytheas S. 62, Göttingen 1858. Wie ist man aber dazu gekommen, die Braunkohle mit dem Bernstein zu verwechseln? Der gegrabene sehr dunkle Bernstein wird oft in Braunkohle gehüllt angetroffen (G. Rose, Reise nach dem Ural B. 1. S. 481; R. Murrhisoen in Geology of Russia Vol. I p. 366).

mit des Pytheas Bericht über Abalus überein, dass Plinius glaubte, beide
sprächen bei verschiedenen Namen von einer und derselben Insel. Plinius
ward aber zu dieser falschen Identification von Abalus und Basilia dadurch
verführt, dass Pytheas und Timaeus übereinstimmend berichten, beide Inseln
lägen eine Tagefahrt vom Ufer entfernt und an beide werde im Frühling von
den Fluthen Bernstein angespült. Dazu kam, dass Plinius da, wo Timaeus
von einer Reihe von Inseln sprach, von welchen eine (unam) Bernstein lieferte,
ohne hier ihren Namen zu nennen, zu der Annahme verleitet wurde, Timaeus
statuire überhaupt nur eine einzige Bernsteininsel, während dagegen Pytheas
in den Plinius vorliegenden Stellen nur von einer Bernsteininsel Abalus sprach,
über Basilia sich aber so auszudrücken schien, als wäre sie eine Insel von
ungemessener Grösse, so dass Plinius Pytheas Basilia für eine ganz andere
Insel als des Timaeus Basilia hielt und sie — mit Recht oder Unrecht — mit
einer anderen von Xenophon Lampsacenus Baltia genannten Insel identificirte,
die auch von ungemessener Grösse sein sollte. Pytheas drückte sich nämlich
über Basilia auf eine doppelte Weise aus: einmal ganz so, wie Timaeus, dessen
Gewährsmann ja Pytheas selbst war, dass Basilia keine Insel von ungemessener Grösse sei. Dieser Ausdruck des Pytheas kam aber in den Stellen dieses
Autors, die dem Plinius vorlagen, entweder nicht vor oder wurde von ihm
übersehen. Dagegen sprach Pytheas an anderen Stellen von Basilia so, dass
es dem Plinius oder dem Schriftsteller, aus dem Plinius die Pytheas'sche
Nachricht schöpfte, erschien, als spräche er von einer Insel von ungemessener Grösse. Was konnte nun aber bei Plinius diesen Schein begründen? Das
Missverständniss erklärt sich folgendermassen: Aus Strabo ersieht man, dass
Pytheas grosse Landschaften nicht mit ihrem, ihm unbekannten Specialnamen,
sondern oft ganz unbestimmt bezeichnet, z. B. das Land östlich vom Rhein
nannte er $\tau\grave{\alpha}$ $\pi\acute{\varepsilon}\rho\alpha\nu$ $\tau o\tilde{o}$ $\dot{P}\acute{\eta}\nu o\upsilon$, die nordwestliche Ecke Galliens $\tau\grave{\alpha}$ $\pi\varepsilon\rho\grave{\iota}$ $\tauo\grave{\upsilon}\varsigma$
$\dot{\Omega}\sigma\tau\iota\alpha\acute{\iota}o\upsilon\varsigma$ und das Thule gegenüberliegende Land bezeichnet er mit $\tau\grave{\alpha}$ $\pi\varepsilon\rho\grave{\iota}$
$\Theta o\acute{\upsilon}\lambda\eta\nu$. Wahrscheinlich unterschied also Pytheas auch $Ba\sigma\acute{\iota}\lambda\varepsilon\iota\alpha$ und $\tau\grave{\alpha}$ $\pi\varepsilon\rho\grave{\iota}$
$Ba\sigma\acute{\iota}\lambda\varepsilon\iota\alpha\nu$ und mit dem letzteren Ausdrucke bezeichnete er das hinter Basilia
liegende Land von unbestimmter (ungemessener) Grösse, dessen Specialnamen
er nicht kannte. Plinius aber oder sein Gewährsmann übersahen diesen Unterschied, wie bei der obigen Stelle in Betreff von Thule ihn alle Interpreten
bis auf Redslob übersehen haben. Was Pytheas von dem Lande um Basilia
sagte, dass es von ungemessener Grösse sei, bezog Plinius auf Basilia selbst.
So wurde diese Insel zu einer von ungemessener Grösse. Die einfache Voraussetzung, welche diesem Erklärungsversuche zu Grunde liegt, gewinnt aber
augenscheinlich an hoher Wahrscheinlichkeit dadurch, dass Plinius' in Betreff
der Insel Thule sich nachweislich offenbar einer gleichen Verwechs-
lung schuldig gemacht hat. Denn von dem Lande um Thule ($\tau\grave{\alpha}$ $\pi\varepsilon\rho\grave{\iota}$ $\Theta o\acute{\upsilon}\lambda\eta\nu$)
nicht von Thule selbst[1]) hat Pytheas nach Strabo (Geograph. II. 144. Casaub.)

---

[1]) Mela III 6 berichtet aber, diesen Unterschied bestätigend, Thule Belcarum litori
opposita est; und von den Belcae sagt derselbe (III 5) fere omnes (sc. Scythici populi) etiam in
unum Belcae appellati.

und nach Kleomedes (*Κυκλῶν Θεωρία* edid. Bake I. 47) berichtet, dass es das letzte Land der Erde gen Norden sei und dass es dort sechsmonatliche Tage und Nächte gebe. Strabo's Worte zeigen deutlich, dass Pytheas' Thule unterschieden von jenen Gegenden, wo die Tage und Nächte 6 Monate dauerten. Plinius dagegen (Histor. natur. II. 75. 77) lässt Pytheas sagen, diess sei auf der Insel Thule selbst der Fall, wovon die natürliche Folge war, dass sie auch eine Insel von ungemessener Grösse ward (cfr. S. 41. Note). Dem Plinius widerspricht nicht blos, wie gezeigt, Strabo, sondern auch Marcianus Capella, nach welchem (c. 6. 194. Hugo Grotius) Pytheas behauptet hatte, er habe auf der Insel Thule von solchen sechsmonatlichen Tagen und Nächten nur gehört, ja Plinius wird durch die eigenen Worte des Pytheas geschlagen, welche Geminus Rhodius (Elementa astronom. 5) uns bewahrt hat, nach denen die Barbaren in Gegenden, wo die Nächte 2 und 3 Stunden lang waren und welche Cosmas Indopleustes kurz die nördlichsten nennt, dem Pytheas die Gegend zeigten, *ὕπου ὁ ἥλιος κοιμᾶται*, d. h. wo die Sonne gänzlich schlafe, 6 Monate lang gar nicht aufgehe. Es ist diess, was die Scandinaven den Sunsetl oder den Sunnensetlgang nannten, „hvor Solen ganger til Sœde, til Senge, til Hvile[1]“, où le soleil se couche.[2]) Diese unverfänglichen Worte des Pytheas missverstehend, erzählt Cosmas Indopleustes (II. 149. edid. Montfauc.), die Barbaren hätten dem Pytheas die Schlafstelle der Sonne gezeigt.

Auf solche einfache Weise hat Redslob alle die Irrthümer aufgedeckt, die Plinius in seine Relation eingemischt hat und wodurch die Nachrichten der Alten über die Insel Basilia so widerspruchsvoll wurden. Es ist nun auch klar, dass Timaeus in jener oben zuerst angeführten Stelle des Plinius von Basilia spricht. Diodor (V. 23) endlich berichtet in Uebereinstimmung mit Timaeus über Basilia folgendes: *Τῆς Σκυθίας τῆς ὑπὲρ τὴν Γαλατίαν καταντικρὺ νῆσος ἐστι πελαγία κατὰ τὸν Ὠκεανὸν ἡ προσαγορευομένη Βασίλεια. εἰς ταύτην ὁ κλύδων ἐκβάλλει δαψιλὲς τὸ καλούμενον ἤλεκτρον, οὐδαμοῦ δὲ τῆς οἰκουμένης φαινόμενον — — — — Τὸ γὰρ ἤλεκτρον συνάγεται μὲν ἐν τῇ προειρημένῃ νήσῳ, κομίζεται δὲ ὑπὸ τῶν ἐγχωρίων πρὸς τὴν ἀντιπέραν[3]) ἤπειρον,* (d. h. nach dem gegenüber liegenden Festlande) *δι' ἧς φέρεται πρὸς τοὺς καθ' ἡμᾶς τόπους,* (d. h. nach den südlich gelegenen Handelsstädten) *καθότι προείρηται.*

---

[1]) Allen Gestirnen wurden bestimmte Plätze und Stühle beigelegt, auf denen sie ihren Sitz und Wohnung hatten. Zumal gilt diess von der Sonne, die jeden Tag zu ihrem Sitze und Sessel niedergeht. Vergl. Grimm's Deutsche Mythologie II. 663.

[2]) Schon Herodot IV. 24. 25 berichtet aus hohem Norden die Sage, dass oberhalb der Agrippäer, seiner Beschreibung nach (IV. 23.) eines mongolischen Volkes, jenseits hoher Gebirge (des Altai) Menschen mit Ziegenfüssen und noch nördlicher Menschen wohnten, die 6 Monate im Jahre schliefen, d. h. wo eine sechsmonatliche Nacht herrschte. Nach Lehrberg (Untersuchungen zur Erläuterung der älteren Geschichte Russlands. St. Petersburg 1816. S. 44.) ist diese Sage eine ächt sibirische.

[3]) Das Wort *ἀντιπέραν* verlangt, dass die einander gegenüber liegend zu denkenden Orte (hier die Insel Basilia und das Festland) durch eine Wasserstrasse getrennt sind.

Nach dem bisher Erläuterten ist, die Lage von Basilia leicht zu bestimmen. Sie ist eine von den namenlosen Inseln, von denen Plinius spricht, welche in der Nordsee liegen müssen (siehe oben). Nach Diodor ist sie eine Meeresinsel ($\pi\epsilon\lambda\alpha\gamma\ell\alpha$ $\nu\tilde{\eta}\sigma o\varsigma$), die nicht in ($\ell\nu$), sondern gegen den Ocean hin ($\kappa\alpha\tau\grave{\alpha}$ $\tau\grave{o}\nu$ $'\Omega\kappa\epsilon\alpha\nu\grave{o}\nu$) liegt, d. h. eine Küsteninsel ist, und zwar dem Scythien gegenüber liegend, welches über, d. h. nördlich von Galatien sich erstreckt. Die Griechen bezeichnen aber mit Galatien sowohl Gallien als Germanien. Diodor rechnet die Insel aber zu den westlichen (V. 24). Nach Timaeus liegt Basilia vor Raunonia, eine Tagefahrt von der Festlandsküste entfernt, dieser gegenüber. Bernstein wird nicht blos im Frühjahre von den Wogen an sie angespült; er wird auch auf dieser Insel zusammengebracht und von den Bewohnern nach dem gegenüber liegenden Festlande (Galatien) zum Weitertransporte verführt: Basilia ist also der Stapelplatz des Bernsteins. Erinnern wir uns nun ferner, dass die Elbmündung sich damals viel weiter nach Norden hin erstreckte (§ 18), ein Deltaland bildend, so haben wir, weil Raunonia die Kimbrische Halbinsel ist (§ 27), vor welchem die Insel Basilia lag, selbige in der Elbmündung zu suchen, womit Diodor's Bezeichnung $\kappa\alpha\tau\grave{\alpha}$ $\tau\grave{o}\nu$ $'\Omega\kappa\epsilon\alpha\nu\grave{o}\nu$ vortrefflich stimmt.

Geht man nun von der unzweifelhaft richtigen Voraussetzung aus, dass Pytheas den Namen *Βασίλεια* nicht erfunden habe, sondern dass dieser der in seinem griechischen Munde modificirte alte einheimische Name der Insel sei und bedenkt man, mit welcher Zähigkeit geographische Namen an der Oertlichkeit haften, eine Thatsache, die durch tausendfältige Beispiele erläutert werden kann, so muss, falls die Insel *Βασίλεια* nicht verschwunden, von den Wellen völlig verschlungen ist, sein Name noch existiren, mag auch die Insel vielleicht landfest geworden sein. Man hat also ein Recht, die Frage aufzuwerfen: welche Oertlichkeit findet sich nun hier in dem obigen Landstriche, deren jetziger Name in dem griechischen *Βασίλεια* steckt? Redslob, welchem der alte Lauf der Elbe unbekannt war, hält den Flecken Wesselburen für die landfest gewordene Insel *Βασίλεια*, aber sicherlich mit Unrecht. Es ist vielmehr das einst auf einer Insel gelegene Geestdorf Wesseln oder Wessling bei Heide, im Kirchspiele Weddingstedt. Denn Wesseln ist weit älter als Wesselburen: der Sage nach ist das letztere ein Tochterdorf des ersteren (*Schröder's* Topographie von Holstein, 1ste Ausgabe, 1841, Art. Wesselburen). Das Wort Wesseln bedeutet aber Wechseln, Tauschen, Handeln; der Ortsname bezeichnet also passend den einstmaligen Stapelort des Bernsteins als Handelsort. Im Worte Wesselburen liegt aber an und für sich schon der Beweis, dass der Ort später angelegt worden als Wesseln oder Wessling. Die Bewohner des letzten Orts waren Handelsleute, die des ersteren stammen freilich von ihnen ab und behielten daher den Namen Wessel bei, aber es waren Buren (Bauern), d. h. sie gaben den Handel auf und betrieben den Ackerbau. So lässt sich aus Wesseln der Ursprung von Wesselburen, in Uebereinstimmung mit der Sage aus dem Einfacheren das Zusammengesetztere erklären, während das umgekehrte

Verhältniss zu unlösbaren Schwierigkeiten führt. Der Name der Insel war also Wesseley, Wasseley (die Handelsinsel), [1] woraus der Grieche Pytheas *Βασίλεια* machte. Denn der Laut *W* wird von den Griechen durch ein *B* wieder gegeben, z. B. *Visurgis* = *Βισουργις* bei Strabo. So heisst auch im mittelaltrigen Latein Wesselburen *Basilibora* und *Basilipyrgus* (*Neocorus*, Chronik von Dittmarschen. I. S. 237). Das Dorf Wesseln lag aber auf einer Sandbankinsel am vormaligen Elbufer, früher an dem innersten Winkel eines unterhalb der Insel Büsum tief in das Land einschneidenden Meerbusens. Denn bei einem Blicke auf die Karte von Ditmarschen aus dem Jahre 1559 bei Danckwerth ersieht man aus der Lage der damals noch bestehenden Reihe von Kettenseen, dass der alte Lauf der Elbe östlich von Heide gegangen, das gleich Wesseln auf der Geest, früher auf einer Sandbankinsel gelegen. Diese Lage dicht an der Küste entspricht auch der Beschreibung der Alten weit mehr, als das damals mitten in der Elbe auf einer Insel liegende Wesselburen.

Wir sind hier, von der einfachen natürlichen Voraussetzung ausgegangen, dass *Βασίλεια* der einheimische Name der Insel gewesen und können nicht einsehen, wie Pytheas dazu sollte gekommen sein, ihr einen griechischen Namen beizulegen. Die Weise der neuen Seefahrer (nicht der Landreisenden) neu entdeckte Inseln und Küsten mit neuen Namen aus der Sprache ihrer Entdecker zu benennen, war bei den Alten ungebräuchlich, wie die Namen Albion, Britannia, Scandinavia, Codanonia, Raunonia und die Bezeichnungen *τὰ περὶ Θούλην, τὰ περὶ τοὺς Ὡςιαίους* u. s. w. beweisen. Wenn nun aber gar *C. Müller* meint, dass Abalus ebenso wenig ein einheimischer Name gewesen, sondern ein phoenikisches Wort sei und wörtlich »Insel des Baal« bedeute, und Christ (*Avien* und die ältesten Nachrichten über Iberien und die Westküste Europa's. München 1865. S. 36. und 37) in dem Worte *Βασίλεια* die griechische Uebersetzung der phoenikischen Bezeichnung Abalus = Baltia findet, und folglich nach Pytheas Abalus = *Βασίλεια* sei, so verstrickt man sich in ein Netz von Hypothesen, welches durch die Angaben der Alten zerrissen wird. Denn wie kann Plinius berichten, dass Abalus (= Basilia) von dem aestuarium Mentonomon (der Wattenküste Schleswigs) eine Tagesreise entfernt war, da Basilia ja ein Theil dieser Wattenküste selbst gewesen ist? Ueberdies haben aber auch weder Christ noch Müller nachgewiesen, wo denn Abalus = Basilia zu finden sei. Weil Christ nun aber nur die preussische Küste als Bernsteinland

---

[1] Vor der Erbauung des Fleckens Heide soll in Wesseln ein grosser Wochenmarkt gehalten sein. (Dahlmann Neocorus I. 243. Schröder's Topographie von Holstein 1866. Artikel Wesseln), ein kümmerlicher Ueberrest seiner früheren Handelsgrösse. Von den beiden Namen des Ortes Wesseln und Wessling ist ohne Zweifel der letztere für den älteren zu halten, denn alle abgekürzte Namen sind jüngeren Ursprungs. Die Sylbe ing im Namen Wesseling ist durch Einschiebung des Nasals aus dem ags. eg (Insel) entstanden, analog wie man im Deutschen, Holländischen und Flämischen den Nasel in den Namen des dritten Wochentages einschob oder wie aus ahd Ziestag, mhd zistac später zinstag (dies census) wurde. Auch zienstig, zeinstig kommen vor. (Roesler, Ueber die Namen der Wochentage. Wien 1865. S. 22.). Daher ist auch der alte Name von Wesselburen Wesslingburen.

kennt, und alle Untersuchungen der neueren Zeit über die einst bernsteinreiche Westküste Schleswigs ihm unbekannt geblieben sind, so muss er Abalus = Basilia auch nach der preussischen Ostseeküste verlegen. Dadurch kommt er aber wieder in Conflict mit der Lage des aestuarii Mentonomon, welches nur in der Nordsee mit seiner Ebbe und Fluth liegen kann; denn der Abstand der Insel Abalus an der preussischen Küste beträgt doch mehr als eine Tagreise von dem aestuarium Mentonomon, der Westküste Schleswigs.

Bei einem Rückblicke auf das durch Combination hier Gefundene erhalten wir schliesslich noch ein nicht zu verachtendes Resultat. Es ging bei den Griechen die Sage, dass es einen bernsteinführenden Fluss Eridanus gebe, der im Nordwesten von den Rhipaeen entspringend, gen Norden in den Ocean sich ergiesse. (Hesiodi Theog. 338; Batr. 20; Herodot III. 115; Eudoxus beim Kirchenvater Basilius in Hexaem. homïl. III; Hygin. fabul. CLIV.) Da nun die Insel Basilia, der Stapelplatz des Bernsteins, an deren Ufer im Frühling das Meer Bernstein anschwemmte, in der Ebbe lag, welche bei Hoyer (Höwers) sich ins Meer ergoss (§ 18), so konnte aller Bernstein, den man von Schleswigs jetziger Westküste bezog, damals in Wahrheit als Elbbernstein angesehen werden, so dass also von diesem Gesichtspunkte aus nichts im Wege steht, -die Elbe für den Eridanus zu erklären. Dass aber die Elbe wirklich der Eridanus gewesen, das geht unumstösslich hervor aus des Paùsanias Beschreibung des Meeres (der Nordsee), in welches der Eridanus sich ergiesst. *Pausanias* (I. 3, 6) berichtet nämlich: *Οἱ δὲ Γαλάται οὗτοι νέμονται τῆς Εὐρώπης τὰ ἔσχατα, ἐπὶ θαλάσσῃ πολλῇ καὶ τὰ πέρατα οὐ πλωΐμῳ· παρεχέται δὲ ἄμπωτιν καὶ ῥαχίαν καὶ θηρία οὐδὲν ἐοικότα ἐν θαλάσσῃ τῇ λοιπῇ· καὶ σφισὶ διὰ τῆς χώρας ῥεῖ ποταμὸς Ἠριδανός. κ. τ. λ.* Ein grosses Meer aber mit Ebbe (*ἄμπωτις*) und Fluth (*ῥαχία*), also nicht die Ostsee, welches in seinen (von Britannien) entferntesten Theilen (*τὰ πέρατα*) d. h. an Schleswigs jetziger Westküste nicht schiffbar (*οὐ πλωΐμα*) ist — eine Hyperbel für der Schifffahrt sehr gefährlich — und welches überdies sich von dem übrigen Meere (*θαλάσσῃ ἡ λοιπῇ*), d. h. dem atlantischen Ocean durch seine Meeresfauna [1]) (*θηρία*) unterschied (*οὐδὲν ἐοικότα*) ein solches Meer kann nur die Nordsee sein, und der in dasselbe mündende, bernsteinführende Eridanus ist folglich die Elbe, denn kein anderer Fluss der Nordsee (Rhein, Ems, Weser) führte einst dieses Product. Auch die fernere Angabe des Pausanius (VIII, 25, 13), dass der Eridanus gleich dem Ister (der Donau) viele Inseln hatte, passt auf die Elbe. Derselbe berichtet endlich noch, dass der Bernstein im Sande des Eridanus gefunden werde (V. 12, 7). Auch die älteren Angaben, dass der Eridanus auf den Rhipaeen (dem Riesengebirge) entspringe und gen

---

[1]) Worin bestand nun aber dieser Unterschied? Martins (Von Spitzbergen zur Saharah. Jena 1868. B. 1. S. 226.) gibt nur ganz im Allgemeinen an, dass man an den Westküsten Englands Fischarten fängt, die nie über den Pas des Calais oder den St. Georgskanal hinauskommen, wie ja denn auch der Häring, der Schellfisch, der schwarze Wittling nur in der Nordsee längs der Ostküsten reichlich vorhanden ist.

Norden in den Ocean sich ergiesse, passt vollkommen auf die Elbe. — Nach dieser Auseinandersetzung ersieht man, in wie fern ein berühmter Historiker Recht hat zu dem Ausspruche: der alte Fluss Eridanus war und ist ein fabelhafter Fluss, der nirgends als in der Sage des Volkes und in der Phantasie der Dichter existirte (*Heeren's* Werke B. 13. S. 179). Allerdings ist es leichter und bequemer eine mythische Ueberlieferung für ein reines Phantasiegebilde zu erklären, als in ihr den historischen Kern unumstösslich nachzuweisen. Ueber die Etymologie des Wortes Eridanus habe ich mich an einem andern Orte (Zeitschrift der Gesellschaft für Geographie in Berlin, herausgegeben von Koner B. 3. S. 17 fg.) ausführlich ausgesprochen, so dass ich keine Lust verspüre, hier mich noch einmal selbst abzuschreiben. Ich habe dort nachgewiesen, dass es sowohl im Norden als auch in Attica einen Fluss dieses Namens gegeben, dessen Name aber nicht griechischen, sondern barbarischen Ursprungs ist und von einem vorhellenischen Volke in Hellas herrührt, das sich auch über Nordeuropa verbreitet hat. Die griechische Sprache reicht nämlich nicht aus, um alle sonstigen Flussnamen, in denen die Wurzel Dan oder Tan steckt — Rhodanus, Danus, Danubius, Tanais u. s. w. — etymologisch zu erklären, welche Namen dagegen, weil in Nordschottland ein Fluss Don existirt, der bei Aberdeen ins Meer fällt, sämmtlich ungezwungen ihre Deutung aus dem Gaëlischen oder Irischen erhalten. Es bezeichnet nämlich das Wort airdhe (sprich erj) den Osten und Dan oder Don Fluss, so dass also Eridanus Oststrom bedeutet, ein Name, der sowohl auf die Elbe als auf den Fluss Attica's passt, welcher letztere von Osten herkommend, in das Ilissos fällt, an dem Athen liegt. So hatte demnach die Elbe einst zwei verschiedene Namen, die einer und derselben Sprache angehören: Albis und Eridanus. Jener in der Bedeutung des grossen Wassers (§. 18) ward von den Anwohnern, dieser, als Oststrom bezeichnet, von den westlichen Stammesgenossen Britanniens gebraucht und kam so zur Kunde der Südländer.

§. 21. Die Eider führt in der Geschichte sehr verschiedene Namen. Der Geograph von Ravenna sagt: Confinalis praenominatae Daniae est Saxonia — — — ut sunt Dani, qui juxta Dina fluvium, qui inter cetera flumina, Daniam transeuntia, ingreditur in Oceanum. Hier kann nur von der Eider die Rede sein. Damit stimmt es, dass einerseits im Krakumal v. 3 ein Dinaminne oder Dunaminde und bei den Isländern eine Dunaheide vorkommt, andererseits Helmold und Albert von Stade das Dannewerk Dinawerch nennen. Das Wort Dina hat mit dem Namen der Dänen nichts zu thun. Da nun im Wälischen[1] Din die Grenze, Befestigung, Schliessung bedeutet, so muss Dina der Name der Eider bei den Kelten sein. Es ist die (so häufig

---

[1] Auch die Ortsendigung — dunum, altir. dûn, mons, castellum, bezeichnet den befestigten Ort, die Veste, die Burg. Das Wort Düne gehört ebenfalls hierher, da selbige ja auch Schutz gewährt gegen die Meeresüberschwemmungen. So ist denn Edinburg die Uebersetzung des schottischen Namens Dunedin. Auf der Südinsel von Neuseeland ist der Name in der Stadt Dunedin wieder erstanden. (Andree, Globus VII. S. 397.)

gefundene) Wiederholung des Namens eines bekannten im Osten gelegenen Flusses, der D ü n a, die also auch eine keltische Gränzscheide gebildet hat. Ueberdiess ersieht man aus dem keltischen Namen, dass schon in grauer Vorzeit die Eider zur Bezeichnung der Grenze gedient.

Dass von den Angelsachsen die Eider F i f e l d o r genannt, geht unter andern aus jener Stelle des Scopesvisidh v. 69 hervor, wo es von Offa in Bezug auf seinen berühmten Zweikampf heisst:

> Âne svëorde
> märce gemaerde
> vidh Myrgingum
> bi Fifeldôre;

d. h.

> mit dem Schwerte
> zog er die Grenze
> gegen die Myrginger (Bewohner Holsteins)
> am Fifeldor (der Eider).

Nach Mone (Anzeiger 1839, S. 438) ist der Namen Fifeldor ursprünglich friesisch, analog den Namen Fivelgâ, Vivelsted, Fivolâ. König Alfred nennt den Hellespont Fifelstream. Fifeldor bedeutet aber „Thüre des Meeres". Diess Wort corumpirt nun Ditmar von Merseburg zu Wieglesdor.

A e g i s d ö r, der Name der Eider bei den Scandinaven, ist die Uebersetzung des angelsächsischen Fifeldors, denn altnord. heisst Aegir das Meer.

In den Annal. Fuldens. ad annum 811 heisst der Fluss Egidora, bei Regino Agidora, im Necrolog. Nestvedens. Egidur, bei Adam von Bremen, Helmold, Arnold von Lübeck und Albert von Stade Egdora, bei Saxo Grammaticus Eydora, Eidorus — offenbar alles dialectische Umbildungen des altnordischen Namens. Wenn Mone (die gallische Sprache) den Namen für keltisch hält — vom irisch ag, eg, der Salm, und dior, Wasser, also Salmenfluss — so irrt er, weil die Kelten die Eider Dina nannten.

Die Eider muss einen Lauf gehabt haben, gänzlich verschieden von dem jetzigen; denn es passen die alten Beschreibungen über die Anlage des Dannewerks, verglichen mit dessen Ueberresten, durchaus nicht auf die heutige Eider. Sehr willkührlich hat man bald die Treene für die alte Eider erklärt (*Falk*), bald wiederum in dem kleinen, früher schiffbaren Mühlbach, der bei Gross- und Klein-Reide vorbeifliessend in die Treene fällt, selbige zu sehen geglaubt (*Outzen's* Untersuchungen der denkwürdigsten Alterthümer Schleswigs und des Dannewerks Altona 1826). Um ein klares Bild von dem einstigen Laufe dieses in der Geschichte Schleswigholsteins eine so grosse Rolle spielenden Flusses zu erhalten, muss man sich Eiderstedt noch nicht landfest, die Marschen des Amtes Husum noch nicht existirend denken. Die Landschaft Stapelholm (ursprünglich zwei Geestinseln) lag als Insel, wie ihr Name besagt — das nordische Wort Holm bedeutet Insel — noch im Meere; der Megger- und der Börmerkoog bezeugen durch ihre Bezeichnung als Köge —

ein eingedeichtes Stück Land, welches dem Meere abgewonnen, heisst ein Koog — und durch ihre tiefe, sumpfige Lage, dass auch sie Meeresboden gewesen. Zu *Danckwerths* Zeiten waren beide Köge noch Landseen, von denen damals noch eine ganze Reihe existirte. Wo die Stapelholmer Marsch im Norden aufhört, fängt die Moorgegend bei Bünge an und nördlich von diesem Landstriche kommt die Niederung bei Hollingstedt, welche noch vor einigen Jahrhunderten aus Sumpf bestand. Dannewerk desinit in paludes apud Hollingstadium (Westphal Monum. III. 323). Eine genauere geologische Untersuchung der ganzen Gegend von der Husumer Marsch an bis gegen Schleswig hin zeigt theils moorigen Grund, theils tiefen Sand mit reichlichen Schalenüberresten von noch jetzt in der Westsee lebenden Meeresmuscheln, ein Beweis, dass auch hier einst Meeresboden gewesen. Mitten in dieser Sandsteppe liegen zwei Dörfer: Gross- und Klein-Reide, deren Namen bezeugen, dass dort einst Schiffsrheden gewesen. Hier auf diesem Boden kann man sich leicht überzeugen, dass die Westsee, vor Zeiten tief in das Land einschneidend, einen breiten Meeresbusen gebildet hat. Daher konnte noch im 15ten Jahrhundert das Dorf Bünge, unfern Hollingstedt, durch eine hohe Fluth verwüstet werden (Lib. censual. bei Langeb. VII p. 468). Auf der anderen Seite ging die Schlei noch 1154 bis an Klein-Danneweck, so dass der jetzige Bustorfer- und Dannewerksee damals noch Theile derselben waren (siehe die Karte bei *Danckmerth*). Neque hi, qui nunc Gottorpium ducunt, aggeres erant, sed erat pars illa tota palustris (Westphalm III. 322). Aber nicht blos geologisch lässt sich diese Thatsache nachweisen, auch historische Zeugnisse sind nicht unschwer beizubringen, dass noch in verhältnissmässig späten Zeiten dieser Meeresbusen bestanden, welcher den Namen Eider geführt. Die Hauptstelle findet sich in der Olaf Tryggesöns Saga (Oldnord. Sagaer Vol. I. S. 111) wo es (übersetzt) heisst: Zwei Meeresbusen, auf jeder Seite des Landes einer, gehen ins Land hinein; zwischen diesen haben die Dänen eine hohe und starke Burgmauer von Steinen, Rasen und Holz errichtet, und draussen davor einen tiefen Graben gegraben u. s. w. Ferner kommen noch folgende Stellen vor: Heimskringla I p. 217 (in lateinischer Uebersetzung): Danewirki ea erat constitutio, ut ab utroque mari duo sinus longius in continentem penetrent, inter intimos quorum recessus relictum terrae spatium munierant Dani. Oldnord. Sagaer X. 203: Das Dannewerk war quer über das Land zwischen der Mündung (d. h. dem inneren Ende) der Schlei und der Eider errichtet; Jomsvikinga Saga c. 8. p. 28: Das Dannewerk war zwischen „Aegisdör" und „Slesmynne" nur über das Land zwischen den Meeren errichtet; ibidem. c. 9. p. 30: König Harald fuhr mit der Flotte nach „Aegisdör" aber Hakon Jarl mit seinem Heere nach „Slesdör" auf der anderen Seite des Landes; Oldnord. Sagaer X. 204: König Harald Blaatand zog mit seinem Heere nach der Eider, aber Hakon Jafl mit dem seinen nach der Schlei. — — — Und nun stiessen Kaiser Otto und König Harald auf einander, worauf es sogleich zur Schlacht kam; sie kämpften auf Schiffen und es fielen Viele auf der Seite

König Harald's, weshalb er sich zurückzog. Darauf ging der Kaiser auf der anderen Seite ans Land, bei der Schleimündung, wo Hakon Jarl war u. s. w., Saxo Grammatic. p. 182: Thyra — — — quantum a Slesvico ad occidentalem Oceanum patet, vallo fossaque proscindere aggressa est. — Besonders hat die Angabe fränkischer Chronisten, dass von der Schlei an bis zur Westsee das Nordufer der Eider befestigt worden sei, Anstoss erregt und musste Anstoss erregen, so lange man den heutigen Tages gültigen Begriff von Eider festhält. So sagt z. B. Ammonius (Hist. Francorum lib. IV.): limitem regni sui, qui Saxoniam respicit, vallo munire constituit, eo modo ut ab orientali maris sinu, quem illi Ostersalt dicunt, usque ad occidentalem Oceanum totam Egidorae fluminis aquilonarem ripam munimentum vallo praetexeret. — Noch zu Zeiten des dänischen Königs Svend Grathe (um die Mitte des 12ten Jahrhunderts) müssen die Terrainverhältnisse hier im Wesentlichen die nämlichen gewesen sein, denn in seinem Kampfe mit seinem Nebenbuhler Knud Magnussen, zog Svend einst seine Schiffe von der Schlei bei Schleswig nach Huchlsteth in die Eider. Dieses längst vergangene Kirchdorf, zur Praepositura major gehörend, muss auf dem Wege von Schleswig nach Rendsburg gelegen sein, wie aus dem Schleswiger Stadtrechte erhellt (cap. 41. 3. wo „Huhaelstath statt Hughaelstath steht), (*Dahlmann* lässt die Schiffe ganz irrthümlich in die Treene, die Falk'sche Eider, hinein ziehen. Vergl. Geschichte Dänemarks Bd. I. S. 158.)

Dergestalt werden die Angaben der Chronisten über die Anlage des Dannewerks und des Kograbens erst verständlich, ja einer von ihnen bedient sich des Ausdruckes eines „Isthmus der kimbrischen Halbinsel", welcher durch jenes Befestigungswerk geschlossen worden: vallum a mari orientali ad occidentale ductum, quo isthmus Cimbricae chersonesi clauderetur. (Cypraei Annal. episcoporum Slesvic. p. 43 u. 61). Jetzt kann aber von einer Landenge gar nicht die Rede sein. Weil das älteste Schleswig (Haetheby) am Südufer der Schlei lag, da wo jetzt die einsame Haddebyer Kirche steht, so wurde der älteste Theil des Dannewerkes südlich von derselben bis an das Selker Moor geführt; denn wäre Schleswig am Nordufer der Schlei wie jetzt belegen gewesen, so würde es wegen der grösseren Kürze des Weges natürlicher gewesen sein, das Dannewerk von dem westlich von dem Gottorfer Schlosse belegenen Ende der Schlei beginnen zu lassen. Die Verlegung der Stadt vom Süd- an das Nordufer der Schlei hängt aber mit der Geschichte der Schleswigschen Markgrafschaft zusammen. Man sieht nun auch die Nothwendigkeit ein, die im Laufe der Zeit sich herausstellte, das Dannewerk weiter gen Osten fortzuführen, sowie jener grosse Meerbusen mehr und mehr versandete, bis es endlich die Treene erreichte. Wann und von wem die einzelnen Theile des Dannewerkes zu verschiedenen Zeiten angelegt worden, darüber berichtet die Geschichte. Der älteste Theil desselben, das sogenannte Kowerk, wird dem Könige Götrek zugeschrieben. Dass die Königin Thyra Danebod, Gorm des Alten Gemahlin, Waldemar I und Margarethe Sprenghest (die schwarze Grethe), Wittwe des Königs Christoph I. das Dannewerk theils restaurirt, theils weiter fortgeführt haben, ist hinlänglich bekannt. Das Alterverhältniss der verschiedenen Theile des Dannewerks lässt sich aus ihrer Lage in Verbindung mit ihrer Stärke und Vertheidigungskraft bestimmen. Wäre das viel mächtigere Dannewerk schon vorhanden gewesen, so würde man den Kograben nicht angelegt haben, welcher gegenüber und oberhalb Kleinrade endet, da das unterliegende Alluvium der Reiderau noch Meeresboden war. Von dem Dannewerk selbst ist die Abzweigung von Grossdannewerk nach Haddebye viel bedeutender als der Arm, der von Grossdannewerk nach der Pulvermühle führt und folglich auch jünger als der letztere; denn die gleichzeitige oder spätere Erbauung einer schwächeren Vertheidigungslinie hinter einer stärkeren, kann man unmöglich annehmen. Endlich ist der unterste Theil des Dannewerkes von Kurburg bis zur Mündung der Reiderau in weit späterer Zeit angelegt, so wie der Eidermeerbusen hier mehr und mehr versandete.

Die Eider ist also ursprünglich ein Meerbusen. Man darf sich aber dadurch nicht irre führen lassen, dass dieser Meerbusen meistens als Fluss (fluvius, flumen) bei den Chronisten bezeichnet wird. Denn auf gleiche Weise heisst die Schlei bald lacus, bald fluvius und nur selten wird sie sinus maris genannt. Bis in die neueste Zeit wird die Schlei officiell als Strom bezeichnet. In diesen Eidermeerbusen mit seinen vielen Inseln und mannichfaltigen Buchten ergoss sich von Norden her die Treene, von Süden ein kleines, im Isarnho Holsteins entspringendes Flüsschen, auf welches bereits zu Adam's von Bremen Zeiten gleichfalls der Eidername übergangen war. Es sagt nämlich derselbe (de situ Daniae): Hanc Daniam a nostris Nordalbingis flumen Egdora dirimit, qui oritur in profundissimo saltu paganorum Isarnho et extenditur secus mare Barbarum usque ad Sliam lacum. (Diess letztere passt nur auf den Eidermeerbusen). Einen vollkommen analogen Fall, dass ein Meerbusen und ein in ihn ausmündender Fluss denselben Namen getragen, finden wir beim Kieler Meerbusen. Derselbe giebt vor seinem Ende einen schmäleren Arm ab, der sich bogenförmig um die Altstadt herumschlingt, „kleiner Kiel" genannt. Dieser Name setzt aber als Gegensatz einen grossen Kiel oder den Kiel überhaupt voraus, in den Urkunden stagnum Kyl genannt, womit nur der Meerbusen selbst kann bezeichnet worden sein, an dem die Stadt liegt und daher (die Stadt) tom Kyl hiess. Es ergoss sich nun ein in alten Urkunden parvus fluvius odes rivus Kyl genannter Bach in den Kiel, der spätere sog. Vollradsbeck (Ravit, Jahrb. f. Landeskunde II. 256). So haben wir also gleich wie bei der Eider einen Meeresbusen und einen Fluss, beide mit demselben Namen — hier Kyl, dort Eider — bezeichnet. [1] Es fragt sich nun, wie ist man in beiden Fällen dazu gekommen, den Meerbusen und den Fluss mit demselben Namen zu bezeichnen? Man kann aus

---

[1] Oder sollte nicht vielmehr mit dem Ausdruck staguum Kyl der kleine Kiel bezeichnet worden sein?

dieser Thatsache den sicheren Schluss ziehen, welcher durch die Beschaffenheit des Bodens der betreffenden Gegend seine Bestätigung findet, dass der später als Eiderfluss bezeichnete Wasserlauf ursprünglich auch ein Theil des Meerbusens gewesen, welcher sich gabelförmig spaltend, einen Arm gen Osten nach der Stadt Schleswig hin, einen anderen gen Südosten nach dem ursprünglich auf einer Insel in demselben liegenden Rendsburg (Reinoldsburg) tief in Holstein hinein erstreckte. Die ganze Gegend zwischen dem untern Laufe der jetzigen Treene bis nach Rendsburg hin besteht aus Mooren, nassen Wiesen und kleinen Landseen: sie war einst ein Theil des Eidermeerbusens, da noch viel später die Eider durch den vormaligen Megger- und Börmer-See einen Ausfluss in die Treene hatte. (Schröder, Topographie von Holstein. Artikel. Eider). In diesen Theil des alten Eidermeerbusens ergoss sich auf schleswiger Seite die Sorge, früher ein Abfluss des Bistensees; dagegen auf holsteinischer Seite flossen die Brocklands-, Tieler-, Giesel-, Haler-, Luhn-, Jeven- und Wehrau in die Eider. Der obere Lauf derselben geht noch jetzt durch eine Reihe von Kettenseen. Sie nimmt nämlich ihren Ursprung im Gute Bothkamp aus einigen Teichen östlich vom Ovendorfer Redder, fliesst als sogenannte Dröge-Eider gen Norden in den Grieben- und von diesem in den Bothkamper See, wendet sich dann nach Brügge, nimmt den Wackenbeck auf, geht nordwestlich nach Reesdorf, nimmt den Abfluss des Einfelder und Bordesholmer Sees aus dem Schmalstedter Mühlenteich auf, kommt nach Voorde, erweitert sich zum Schulensee, fliesst als Schulen-Eider nach Westen, nimmt den Abfluss des Russ-, Dreck- und Hansdorfer Sees auf, tritt bei Marutendorf in den grossen Westen- und bei Achterwehr in den Flemhuder See und bildet von dessen Ausfluss bis nach Rendsburg als sogenannte Obereider die Gränze zwischen Holstein und Schleswig, auf welchem Wege sie den Abfluss des schleswigschen Wittensee durch die Schiernau aufnimmt. Da nun der Bothkamper See nicht sehr weit entfernt ist von dem Postsee, so erreicht das innerste Ende des viel verzweigten Eidermeerbusens fast das Wassersystem des östlichen Holsteins, welches wir später (§ 23) in seiner ganzen Eigenthümlichkeit werden kennen lernen. Die alte Grenze zwischen Deutschland und dem alten Dänemark war aber der Eidermeerbusen, nicht der eigentliche Eiderfluss. Ein solcher breiter Meeresbusen konnte demnach mit Recht den Namen „Thüre des Meeres" erhalten, eine Bezeichnung, die auf einen so kleinen Fluss, wie die Eider noch lange war, sicherlich nicht passte. Erst durch die Versandung und Verschlickung des Eidermeerbusens wurde der Lauf des Eiderflusses mehrfach abgeändert; im Jahre 1300 war er noch sehr unbedeutend und erst 1338 brach er sich durch Ditmarschen und Eiderstedt hindurch ein neues Strombett. Es erhellt hieraus, dass die frühere, sogenannte Nordereider ursprünglich der Eider gar nicht angehört habe. Beide, der Eidermeerbusen und die später als Nordereider bezeichnete Fortsetzung des Elbstroms vereinigten sich und flossen vereint als Hever gen Norden ins Meer (§ 18).

Wohl haben die Dänen das frühere Dasein eines grossen Meerbusens an der Westküste Südschleswigs erkannt. So findet man eine Abbildung des Eidermeerbusens nebst dem Dannewerk von dem dänischen Archäologen Worsaae im „Dansk Folke-Kalender for Aaret 1844. S. 155. Nichts desto weniger haben sich die Dänen wohlweislich — fides Danica! — gehütet, diesen Meerbusen mit seinem Namen zu bezeichnen (weder auf der Karte noch im Text), denn sein Name „Eider" hätte manche ihrer Prätensionen unbarmherzig über den Haufen geworfen.

Da der älteste Theil des Dannewerks, der Kograben oder das Kowerk, sich vom Selker Noër bis zur (vormaligen Schäferei) Kurburg 2160 Ruthen oder ungefähr $\frac{1}{2}$ Meile weit erstreckte und eben dazu diente, den Isthmus der kimbrischen Halbinsel zu schliessen, so war folglich dieser ungefähr $\frac{1}{2}$ Meile breit. Man wird hier unwillkührlich zu der Frage gedrängt, ob nicht in noch älterer Zeit beide Meere, die Eider der Westsee mit der Schlei der Ostsee zusammengehangen, so dass Kimbrien eine grosse Insel gebildet. Man kann diese Frage unbedenklich bejahen. Denn die Bodenbeschaffenheit des Isthmus, worüber das Kowerk geführt worden, giebt keinen Gegenbeweis gegen den vorzeitigen Zusammenhang beider Meere, da ja ein Theil des Landes, auf welchem der Kograben sich befindet, noch „Grundlos" genannt wird und vor 60 Jahren noch Sumpfpflanzen trug *(Dr. Heiberg)*; ja ein allgemein gültiges geologisches Bildungsgesetz fordert sogar eine ursprüngliche völlige Trennung Kimbriens vom Festlande. Denn es besteht das Gesetz, dass alle grösseren Halbinseln der Erde gegenwärtig im Norden mit dem Festlande zusammenhängen. *(Ritter.)*

Die kimbrische Halbinsel bildet die fast einzige Ausnahme.

Weit schwieriger zu beantworten ist die Frage, ob schon in historischen Zeiten diese Wasserverbindung bestanden. Wir werden später (§ 27) sehen, dass wegen des alten keltischen Landesnamens es höchst wahrscheinlich ist, dass zur Zeit der Einwanderung der Kelten in den Norden Kimbrien bereits mit dem Festlande zusammengehangen; allein die Möglichkeit liegt dennoch vor, dass die grosse Fluth, welche in Folge des Durchbruchs des Canals zwischen England und Frankreich Kimbrien traf, den Isthmus, der sich gebildet, wieder durchbrochen habe. Diese Möglichkeit lässt sich aber nicht zur Gewissheit erheben. Wenn aber Steenstrup (Oversigt u. s. w. 1855 S. 131) aus der Thatsache, dass die Hirsche und Rehe, deren Knochen in den Speiseabfallhaufen und Torfmooren gefunden werden, in Jütland grösser gewesen sind, als auf Seeland, den Schluss ziehen will, dass Jütland damals schon Festland gewesen, so ist nicht abzusehen, wie der schmale Isthmus Schleswigs eine solche Wirkung sollte ausgeübt haben.

* * *

Excursus.
Die kleinasiatische Halbinsel.

Ausser der kimbrischen bildet die kleinasiatische Halbinsel eine scheinbare Ausnahme von jenem von Ritter aufgestellten Gesetze. Aber auch hier lässt sich der Beweis führen, dass die Halbinsel erst in historischen Zeiten durch den Durchbruch des Schwarzen Meeres sich gebildet. Um nun aber diesen Beweis zu führen, dass Kleinasien, welches einst in Zusammenhang mit Europa gestanden, durch den Durchbruch des Schwarzen Meeres zur Halbinsel geworden, müssen wir zuvor den Zusammenhang des Kaspischen Meeres mit dem Aralsee und dann die Verbindung des Kaspi-Aralsee einerseits mit dem Eismeere, anderseits mit dem Assow'schen Meere nachweisen.

1. **Das Kaspische Meer hing mit dem Aralsee zusammen.** Die Alten geben den Umfang des Kaspischen Meeres viel grösser an, als es gegenwärtig ist, z. B. Plinius ungefähr doppelt so gross. Nach den Alten ist ferner seine Ausdehnung von Westen nach Osten weit bedeutender, als die von Süden nach Norden, während es sich jetzt grade umgekehrt verhält. Nach Herodot und Strabo fallen Oxus und Jaxartes beide ins Kaspische Meer, jetzt aber in den Aralsee, welcher den Alten als besonderes Meer ganz unbekannt war. Während der am Südufer des Aralsees mündende Oxus noch um 1660 einen Arm ins Kaspische Meer ergoss (Ritter, Asien II. 667; Humboldt, Centralasien II. 446 fg.), hat von dem am nordöstlichen Ufer des Aralsees mündenden Jaxartes nie gesagt werden können, dass er ins Kaspische Meer sich ergossen, wenn nicht beide Seen einst in Verbindung gestanden wären.

2. **Der Aralsee hing aber wiederum mit dem Eismeere zusammen.** Im Norden und Osten des Aralsees erstreckt sich die grosse Steppe der Kirgisen ohne relativ sichtbare Anhöhen bis nach Tobolsk. In dieser Steppe, einer negativen Niederung, findet man nur schleichende Binnenflüsse, bittersalze Brunnen, salzige Seen und schleimige Lagunen, auf Hunderte von Meilen keine Ortschaft, kein Gras, kein Holz. 2 Fuss tief findet man überall Wasser, meist gelblich, stinkend, voll Wurmbrut. Vor 100 Jahren mündete der Sarasee noch in den Aralsee, jetzt in den Teleghul, 5 Tagereisen vom Aral. Auch gegenwärtig verändert sich dort stetig die Oberfläche durch ein fortschreitendes Trockenwerden zwischen dem unteren Sihon, dem oberen Irtysch, dem Tobol und dem Uralflusse. Alle Seen verwachsen hier und verkleinern sich, die Moräste trocknen aus, der Boden wird fester. Seit Menschengedenken ist das Austrocknen sehr merklich, auch bei den unzähligen Salzlachen des Landes. Die weiten ischymschen und barnaulschen Salzmoraststeppen, mit zwei Fuss hohen mulmigen Thon- und Sandlagern überzogen, scheinen ein alter, seit Menschengedenken trocken gelegter Seeboden zu sein, der vielleicht vor einem Jahrtausend im Zwitterzustand zwischen See und Continent war und zum alten Kaspischen Seeboden gehörte *(Ritter)*.

So communicirte der Aralsee mit dem Irtysch, wie die zwischen beiden tief liegende Steppe mit salzigen Kettenseen, den Resten des alten ausgetrockneten Meeres, beweisen. Denn diese Region von kleinen Seen — die Gruppe des Balekkul, $50^1/_2°$ Breite und die Gruppe des Kumkul, $49^3/_4°$ — deutet auf eine alte Wasserverbindung mit dem See Aksakal und dem Aralsee. Es ist eine Furche, welche man nordöstlich über Omsk zwischen dem Ischym und Irtysch durch die seenreiche Steppe der Barabintzen und dann nördlich über den Ob bei Surgut durch das Land der Ostiaken von Barosoff nach den sumpfigen Küsten des Eismeeres verfolgen kann. (Humboldt in Poggendorf's Annalen B. 94. S. 13 fg. (1830). Erst jenseits des Jenisey's beginnt die eigentlich asiatische Pflanzenwelt (Humboldt, Centralasien S. 234). Die alten Nachrichten der Chinesen von einem grossen bittern Meere im Innern von Sibirien, das der untre Jenisei durchfloss, deuten vielleicht auf Abfluss des Aralsees und Kaspischen Meeres gegen Nordosten. Die Austrocknung der Baraba-Steppe, welche Humboldt auf dem Wege von Tobolsk nach Barnaul gesehen, nimmt in ihrer Kultur beträchtlich zu, und die Vermuthungen, die Klaproth über das bittre Binnenmeer der Chinesen geäussert (Asia polyglotta p. 232; Tableau historique p. 175) werden durch geognostische Localbeobachtungen immer mehr bewährt. (Humboldt in Poggendorfs Ann. l. c. und Fragments de Géologie et de Climatologie Asiatique Tom I. p. 44—47; 94). [1]

3. Der solcher Gestalt mit dem Eismeer zusammenhängende Kaspi-Aralsee hatte einst auch eine Verbindung mit dem Assow'schen und folglich auch mit dem Schwarzen Meere. Wenn jetzt der Spiegel des Kaspischen Meeres einen um 500 Fuss höheren Stand hätte, so würde dasselbe mit dem Schwarzen Meere in Verbindung treten (*Ritter*). Nun hat aber *Pallas* nachgewiesen, dass in der Vorzeit der Wasserstand im Kaspischen Meere 500 Fuss höher gewesen. Das Kaspische Meer erstreckte sich einst gen Norden bis zum 52° N. Br., ging von hier gen Südwesten zur Wolga, die damals unter dem 50sten Grade N. Br. ins Meer floss und mithin einen um 70 Meilen kürzeren Lauf hatte. Von der alten Wolgaumündung zog sich nun das Seeufer südwärts an den Höhenzuge hin, der den jetzigen Lauf des Stromes im Westen begleitet und dann seine Richtung durch die Steppe längs der Sarpa bis zum 46° N. Br. fortsetzt. Hier zeigt sich eine Niederung, welche 10—12 Meilen nach Süden reicht, wo sie nach dem Kaukasus ansteigt und welche *Pallas* für das Bett des alten Meeresarmes hält, der vormals das Kaspische mit dem Assow'schen Meere verband. Von dem höchsten Punkte dieses alten Bettes, 71 Toisen über dem Spiegel des Assow'schen Meeres, entspringt der Manytsch (Engelhardt und Parrot Reise in die Krym und den Kaukasus. Theil 1. S. 259), dessen Lauf die Richtung der vormaligen Meerenge andeutet. Noch erkennt man deutlich zwischen Tscherkask und Taganrog an dem Höhenzuge des Flötzkalkes das alte Seeufer (*Pallas*, Neuere Reise I. S. 454). Von dem jetzigen Seeufer bis zum Rande des alten gleicht der Boden einem sandigen Seegrunde, voller Salzlachen und mit Bruchstücken von Muschelarten

---

[1] Siehe hinten die Zusätze.

bedeckt, die noch jetzt im Kaspischen Meere leben. Am Rande des alten Ufers, 39 Faden über die Steppe erhöht, zeigt sich ein natürlicher Damm, aus Sand und einem kalkigen Cäment, an einigen Stellen aus verhärtetem Schlamme und Resten von Seegewächsen bestehend. Jenseits dieses durch Seewasser gebildeten Dammes gleicht der Boden nun nicht mehr einem alten Seegrunde, sondern einem vormaligen Trockenlande (cfr. *Pallas* Reise III S. 574. *Ritter*, Europa S. 64). — Als Ueberreste des einst weit ausgedehnteren Kaspischen Meeres finden sich links von der Wolga und links vom Uralflusse mehrere Salzseen, in deren durch Verdampfung concentrirten Laugen, gleich wie im Wasser des todten Meeres, weder Korallen noch Schalthiere, weder Krebse noch Fische existiren können. So liegt unter dem 49sten Breitengrade links von der Wolga der 3 Meilen lange, 2 Meilen breite Eltonsee oder das Altan-Noor, welcher jährlich 4 Millionen Pud (à 40 Pfd.) besten Kochsalzes liefert. Sein Wasser enthält im April 26, im August 27 und im October 30% Salz. Ferner befindet sich links vom Uralflusse in der Kirgisensteppe der Bittersee von Indersk, dessen Wasser 27% Salz enthält, und nicht weit von diesem der Bogdo-See mit einem gleich starken Salzgehalt. Auch der Urmia in Persien ist ein solcher Salzsee. (*O. Fraas*, Das todte Meer. Stuttgart 1867 S. 11. fg.).[1]

Da der Spiegel des Kaspischen Meeres nach den trigometrischen Messungen von Fuss, Sabler und Sawitsch jetzt ungefähr 95 Fuss tiefer liegt, als der des Schwarzen Meeres, so muss sein Stand, weil er mit letzteren früher zusammengehangen, mit ihm im gleichen Niveau und noch viel höher gewesen sein als der jetzige des Schwarzen Meeres. Denn da das alte Meeresufer 39 Faden oder 234 Fuss über dem Boden der Steppe zwischen Tscherkask und Taganrog erhöht gewesen, die Steppe aber noch über dem Spiegel des Schwarzen Meeres liegt, so muss dieser Spiegel vormals mehr als 234 Fuss höher gestanden sein als jetzt. Da nun die Ebene von Nicaea, welche die Wasserscheide bildet, zwischen dem Pontus Euxinus und der Propontis, nur 6 Toisen oder 36 Fuss über dem Schwarzen Meere liegt (Kephalides, Historia maris Caspii. Goettingae 1814 p. 236), so wird die Ebene von Nicaea vor dem Durchbruch des Schwarzen Meeres Meeresboden und die Propontis ein integrirender Theil des Pontus Euxinus gewesen sein, in welchem der Chersonesus thracica eine Insel gebildet, wie uns anderweitig bezeugt wird (Schol. ad Apollonium Rhod. I. 925). Auch nach dem Zeugnisse der Alten, z. B. des Diodor, standen früher beide Meere, das Schwarze mit dem Kaspischen, in Verbindung. (*Hoff* I 106). Skymnos von Chios nimmt einen Zusammenhang an zwischen dem Tanais und dem Araxis und nach Valerius Flaccus erstreckte sich das Schwarze Meer weit gen Norden und war dem Mittelländischen an Grösse gleich. Es existirte also einst ein westasiatisches Meer, welches sich vom Eismeer bis zu den Dardanellen erstreckte, wo der Isthmus zwischen Asien und Europa sich befand.

Auf welche Weise ward nun dieser Isthmus durchbrochen

---

[1] Siehe hinten die Zusätze.

und die Verbindung des Schwarzen mit dem Aegaeischen Meere hergestellt? Es geschah dieses durch die vulcanische Hebung des Ust — Urt, durch Bildung des Truchmenen-Isthmus zwischen Aral- und Kaspisee: der frühere Meeresboden ward dadurch theilweise trocken gelegt und die hierdurch bewirkte Anschwellung der Gewässer gegen Südwesten hin führte bei den Dardanellen den Durchbruch des Meeres herbei (*Ritter*). Dadurch, dass hier zuerst nachgewiesen, dass die Propontis ursprünglich ein Theil des Schwarzen Meeres gewesen, ist die Schwierigkeit beseitigt, dass eine so ausgedehnte Landstrecke, wie die vom Eingange des Bosphorus aus dem Pontus Euxinus bis zum Ausgange des Hellespontus ins Aegaeische Meer von einer einzigen Fluth sollte durchbrochen worden sein. Die geologischen Beweise für diese grosse Fluth sind noch ein Desiderat der Wissenschaft. Die Thatsache war freilich der scharfen Beobachtungsgabe der Alten nicht entgangen, dass die Ufer des Hellespontus und der Propontis untereinander ähnlich sind auf deren europäischer und asiatischer Seite (Mela I, 3, 5). Die aus Nordosten durch den Hellespontus einbrechende Fluth musste aber die Insel Euboea und das dahinter liegende Boeotien vorzugsweise treffen. Nun weiss die Sagengeschichte der Hellenen von einer uralten grossen Fluth, der Ogygischen zu berichten, deren Schauplatz eben Boeotien gewesen. So finden wir hier ein auf naturwissenschaftlichem Wege gefundenes Resultat durch die mythische Ueberlieferung bestätigt, die also einen historischen Kern enthält. Die griechische Mythe erzählt aber noch von einer zweiten grossen Fluth, der Deucalionischen, deren Schauplatz Thessalien war (Aristoteles, Meteorol. I. 14). Ritter hat nun aber (Vorhalle der Europäischen Völkergeschichten vor Herodot. Berlin 1820. S. 395) sowohl den geographischen als mythologischen Zusammenhang der Thessalier mit den Völkerschaften am östlichen Pontus und der Maeotis nachgewiesen, deren Herkunft von Bactrien her und von hier bis nach Indien zu verfolgen ist. Kennt ja selbst die indische Literatur einen Deo—Cal—yun, d. h. eine Deucalion, wenn gleich in einem andern sagenhaften Gewande als den griechischen. Mit dieser Pontischen Herkunft stimmt auch die Angabe, dass Deucalion ein Sohn, d. h. mythologisch ein Abkömmling des Kaukasiers Prometheus ist, den übrigens die indische Sage ja gleichfalls als Pramathesa kennt. Da nun nach der hellenischen Mythologie Deucalion ein Nichthellene war — sein Sohn Hellen wird erst als Stammvater der Hellenen angeführt — so hat Ritter wohl Recht, dass die in Westasien allgemein verbreitete Fluthsage durch die Einwanderung der Deucalioniden nach Thessalien überführt und dort localisirt sei (cfr. Buttmann Mythologus I. 194). Denn Mythographen zufolge ist aber die Ogygische Fluth eine ältere als die Deucalionische, d. h. die Deucalioniden fanden bei ihrer Einwanderung in Hellas shon die Ogygische Fluthsage vor.

Ueber den Durchbruch des Schwarzen Meeres äussern sich mehrfach die Alten. Abgesehen von den hier nicht zu berücksichtigenden Dichtern, vergleiche man Strabo Lib. I Tom. I p. 133, Lib. XI Tom. IV p. 466; Diodor

V 47. 48. 82. (der sich auf die Sagen der Samothrakier beruft); Dionys. Halicarn. I. 61 u. 68. Plato, De legib. III. p. 667. Edit. Bipont Tom. VIII. p. 106; Plin. H. N. II. 80; Philo, De mundo non corrupto p. 959.

* * *

§ 22. Die Königsau (Schottburgau), der Amnis secans Jutiam dänischer Chronisten, war einst ein viel breiterer Strom. Auf einer alten vor dem Jahre 1552 entworfenen seltenen Karte — Daniae Regni Typus. Cornelius Antoniades descripsit — trennt die Königsau als ein breites Gewässer Schleswig von Jütland, und noch heut zu Tage drängt sich jedem an Ort und Stelle durch den Augenschein die Ueberzeugung auf, dass das Bett der jetzigen Königsau früher viel breiter und offenbar ein Meerbusen der Nordsee gewesen, welcher sich etwa bis Kjöbenhoved erstreckte. „Man kann", sagt der um die Geographie Schleswigholsteins hochverdiente Geertz, welcher zuerst auf diess Verhältniss der Königsau aufmerksam gemacht hat (Geschichte der geographischen Vermessungen und der Landkarten Nordalbingiens, Berlin 1859, S. 16), „daran kaum zweifeln, wenn man, von Süden kommend, die Höhen von Dover erreicht hat und dann plötzlich durch das breite tiefe Thal des ehemaligen Meerbusens überrascht wird". Jene alte Karte beseitigt allen noch etwa vorhandenen Zweifel und zeigt überdiess, dass zwischen Kolding und Ripen ein westlicher Arm des Koldinger Meerbusens, sowie der Herdorper See Schleswig von Jütland trennte. Den Herdorper See findet man in den jetzigen grossen Wiesenflächen westlich von Kolding wieder, welche sich bis an die Königsau bei Wandrup erstrecken. Es schied also unzweifelhaft ursprünglich eine Meerenge Schleswig von Jütland, welches erst im Laufe der Zeit mit ihm verschmolz. (Siehe auf der folgenden Seite die Karte.)

Auf den von den Holländern W. Blaen, H. Hondt und Nicol. Piscator dem Aelteren im Anfange des 17ten Jahrhunderts herausgegebenen Karten der Herzogthümer findet man noch den Herdorper See, aber die Gewässer zwischen Jütland und Schleswig erscheinen bei „Slot" (Schottburghaus?) bereits getrennt (Geertz l. c. S. 20). Die Thatsache aber, dass die Königsau noch tief im Mittelalter hinein ein breiter Strom gewesen erklärt den Ausdruck der Isländer, welche Schleswig als „das Land südlich von der Au" (fyri sunnan á. Heimskringla V. p. 388) bezeichnen.

Aber nicht blos an der Nordgränze gegen Jütland hin war Schleswig durch eine Wasserstrasse von seinem Nachbar im Norden geschieden, auch mitten durch das Land hindurch bestand eine Verbindung der Ostsee mit der Westsee. Die 10 Meilen lange Treene, welche von Norden her in den Eidermeerbusen mündete, entsteht aus der Vereinigung zweier Auen, der Kielst- und der Bondenau, welche respective aus den Kirchspielen Husby und Sörup entspringend, bei Gross-Solt sich zu dem kleinen Träesee vereinigen. Die Kielstau kommt von Norden, die Bondenau von Osten. Gegenwärtig ist durch einen Graben bei Seeende am westlichen Ende des Söruper oder Südensee's eine Verbindung der Bodenau mit diesem See hergestellt, der auf diese Weise

Das Herzogthum Schleswig

Daniae Regni Typus. Cornelius Antoniades descripsit.

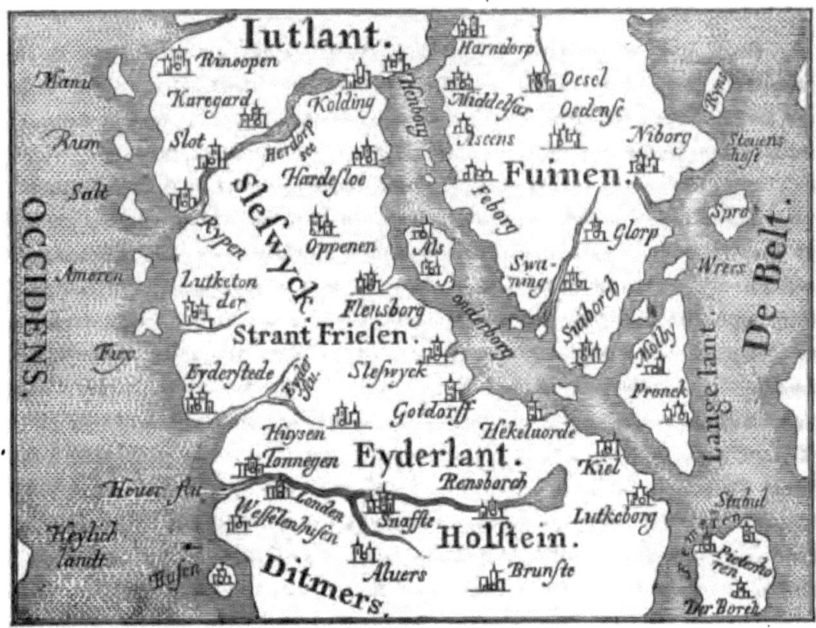

seinen Abfluss nach der Westsee hin erhalten hat. Sicherlich hat aber eine
natürliche Verbindung zwischen dem Söruper See und der Bodenau einst
bestanden, als bei der grösseren Bewaldung des Landes der Spiegel des Sees
durch seinen grösseren Wasserreichthum noch höher stand. Auf der anderen
Seite entspringt die Lippingau, welche unterhalb Östergaarde in die Gelting-
bucht fällt, auch aus dem Söruper See, und läuft durch ein langes, ziemlich
tiefes, bald engeres, bald breiteres Thal, welches zwischen Sterup und Westerholm sich zu einem breiten Wiesenthal — Sterup-Mai — erweitert, das früher
ein Landsee gewesen, in welchem das höhere, von Wiesen umgebene Land,
südlich von Westerholm — Aboland — eine Insel gebildet hat. Auch Wester-
und Osterholm waren Inseln in jenem jetzt verschwundenen Landsee, wie ihre
Namen beweisen. (Cfr. Jensen, Angeln, zunächst für die Angler. Flensburg
1844. S. 25—27 u. 378; Antiq. Tidsskrift 1846—1848. S. 268 **fg.**)

§ 23. **D i e L a n d s e e n.** Im Laufe der Zeit ist eine grosse Anzahl der Landseen verschwunden, woran Schleswigholstein dessen ungeachtet gegenwärtig
noch sehr reich ist: theils sind sie ausgetrocknet und aufgewachsen, theils durch
die Kunst theilweis oder ganz trocken gelegt worden. Aber nicht nur ihre
Zahl — man kann sie nach Hunderten rechnen — hat abgenommen, auch der
Wasserreichthum der vorhandenen ist gleich dem der im Lande entspringenden
Bäche und Flüsse nicht unerheblich vermindert durch die Lichtung und gänz-
liche Ausrottung der früheren grossen Waldungen des Landes. Desshalb liegt

jetzt manches Dorf in ziemlicher Entfernung von dem nach ihm genannten Landsee; so z. B. die Dörfer Blunk, Bornhövd u. s. w. Es bildeten daher vormals
oft mehrere Seen, welche jetzt entweder völlig geschieden oder durch einen
kleineren oder grösseren Wasserstrom verbunden sind, e in Wasserbecken. Noch
jetzt findet man im östlichen Holstein ein vielfach verzweigtes System unter
sich zusammenhängender grösserer und kleinerer Landseen. Mit Berücksichtigung der Terrainverhältnisse und eingedenk der früherén grösseren Ausdehnung
der Landseen überzeugt man sich leicht, dass mehrere an einander gränzende
Seen Wagriens, e in Binnenwasser bildend, mehrere bald kleinere bald grössere
Inseln umspühlt haben. So steht z. B. annoch der grosse Eutiner See einerseits
durch eine Au in Verbindung mit dem Kellersee, anderseits erhält er selbst
einen Zufluss aus dem Sibbersdorfer See, welchen die Stendorfer Au mit dem
Steendorfer See in Verbindung setzt. Die Stendorfer Au nimmt aber die Neue
Mühlenau auf, die aus dem Sagauer See kommend, durch den (jetzt trocken
gelegten) Lütjen See fliesst. Auf der andern Seite verbindet sich nun aber der
Kellersee wieder mit dem Ugley (See), welcher seinen Zufluss aus dem früher
weit grösseren Lebebensee erhält. Dieser an der Sagauer Scheide belegene Lebebensee stand unzweifelhaft einst in Verbindung mit dem ganz nahen Sagauer
See und so wurde eine von allen Seiten von Wasser umflossene, grössere Insel
gebildet. Auf diese frühere Inselbildung ward ich aufmerksam durch den Namen des Ugleysees. Denn was bedeutet das Wort Ugley? Die erste Sylbe des
Wortes kommt in mehreren Ortsnamen des Landes vor, z. B. die Uggel-Harde
(im Amte Flensburg), das ehemalige Kirchdorf Huglstedt, das Wort ist keltisch
und entspricht dem deutschen Hügel; die zweite Sylbe ey bedeutet Insel,
also ist Ugley die Hügelinsel.

Verfolgen wir nun aber weiter die Seeverbindungen Wagriens, so steht
der Kellersee ferner in Verbindung mit dem Diecksee (an dessen Südseite das
fürstliche Gehege Holm — also früher wieder eine Insel — liegt). Der Diecksee fliesst in den Behler oder Cleveezer See und dieser in den Grossen Plöner
See, der sich durch fünf Ausflüsse in den Kleinen Plöner See ergiesst. Zwischen
beiden liegt die Stadt Plön. Der grösste Landsee Holsteins, der Plöner See,
früher Colsee (Waldsee) genannt, liegt mit seinem Spiegel ungefähr 40 Fuss
über dem Spiegel der Ostsee. Es ist das Wasserreservoir, welches fast alle Gewässer von der höchsten Gegend Wagriens, der Bungsbergkette, her aufnimmt,
und in welches namentlich alle umliegenden Seen sich entwässern. Durch die
Schwentine steht nun der Plöner See mit der Ostsee in Verbindung. Bei Wittmold tritt die Schwentine aus dem Kleinen Plöner See, durchströmt den Güs-
dorfer See, bildet den Krohnsee, erweitert sich später zum Lanker See, dessen
schmalerer nördlicher Theil der Kirchsee (früher Gutegost) heisst und ergiesst
sich unterhalb Neumühlen in den Kieler Meerbusen. Der südliche Theil des
Lankersees steht mit. dem Postsee (früher Porssee) durch die Kührener Mühlenau (Kleine Kührener Au) dergestalt in Verbindung, dass diese aus der grossen Kührener Au (der Depenau), die in den Postsee fliesst, [1]) sich abzweigt, wäh-

---

[1]) Die Depenau fliesst aber in einer Thalsenkung nördlich von Bornhövd und leitet das

rand der nördliche Theil des Postsees durch die Preetzer Mühlenau in die Schwentine abfliesst. So bildete also das ursprüngliche Gebiet, auf dem das Kloster Preetz angelegt ward, gleichfalls eine grössere Insel. Dies geht unzweideutig aus den Worten der Schenkungsurkunde Adolph IV. vom 29. Sept. 1226 (Michelsens Urkundenbuch I. S. 198) hervor, wo es heisst: cujus termini sunt in aquilonari parte a Zwentine usque ad Lapides (wahrscheinlich die Hügel auf dem Dänenkamp im Norden von Preetz), a Netelov (der jetzigen Bobberau), Cattesvi (ein aufgewachsener See) ad malam paludem (den Wöhnkenteich), et a stagno Gutegost ac Ylse (ein Ysol liegt südlich von Preetz am Lanker See) usque in rivum (die Kührener Au), qui fluit in angulo Kuren in stagnum Porssee. Kuss hält es mit Recht für wahrscheinlich, dass alle diese Seen und Auen einst einen See gebildet.

Der grosse Plöner See erstreckte sich aber Zweifels ohne einst viel weiter nach Süden. Einerseits steht noch gegenwärtig mit ihm der Kembser See durch den Glindgraben in Verbindung; der Kembser See hängt ferner durch den Neuen Graben mit dem Seekamper See zusammen, den eine kleine Au mit dem Seedorfer (Hornsdorfer) See verbindet. Nun hat der Seekamper See durch die Berliner Au, die bei Travenhorst in die Trave fällt, seinen Abfluss. Anderseits ergiesst sich in den südlichen Theil des Grossen Plöner Sees die Tensfelderau (früher Argrimesau), die aus dem Nehmter See herkommend, durch den Muggesfelder See fliesst. Der Nehmter See liegt dicht bei dem grossen Moore westlich vom Dorfe Garbeck, welches unzweifelhaft früher ein See gewesen, der mit dem Nehmter See zusammengehangen, und aus diesem Moore entspringt eine Au, die bei jenem Dorfe vorbei unterhalb Travenhorst in die Trave fliesst. So hätten wir denn wiederum eine von See- und Wasserströmen umflossene grössere Landstrecke, eine wahre Südwasserinsel, nachgewiesen. Doch gehen wir weiter. Nachdem die Trave aus dem Warder See getreten, fliesst sie erst westlich, dann südlich bei Segeberg vorbei nach Oldesloe hin (zwischen beiden Städten mit einem Fall von einigen 40 Fuss), von Oldesloe wendet sie sich nach Osten und fliesst auf Lübeck zu. Sie bildet also einen grossen Bogen, dessen Concavität nach Osten gerichtet ist. Auf dem Wege nach Lübeck nimmt sie die Heilsau auf, welche auf der Dissauer Feldmark entspringend, bei Mönkhagen, Heilshoop Zarpen, Heidekamp vorbei durch den Herrenteich nach Reinfeld fliesst und dann in die Trave fällt. Bei Heilshoop verbindet sich die Heilsau mit einer anderen kleinen Au, die aus dem südlichen Ende des Warder Sees kommt. So ist also hier wieder ein von Wasser umflossenes Land gebildet.

In die Trave fliesst unterhalb Lübeck von Norden kommend die Schwartau, welche bei Quisdorf entspringend, durch den Barkauer See strömt, dicht neben der westlichen Spitze des bedeutenden Wolters Teiches vorbeifliesst, mit dem sie früher in Verbindung stand, und unterhalb des Fleckens Schwartau in die Trave fällt. Der Wolters Teich steht in Verbindung mit dem Taschensee, der von Norden her vom Süseler See Zufluss erhält und durch einen Kanal im Süden sich mit dem ganz nahen Kleinen Pönitzer See verbindet, welcher, den Abfluss des Grossen Pönitzer Sees aufnehmend, durch die Gronebecker Au in die Ostsee sich ergiesst. So stand also einst der obere Lauf der Schwartau in directer Verbindung mit der Ostsee, so dass folglich auch hier ein von Norden'nach Süden langgestrecktes Inselland gebildet wurde.

Aber nicht blos das Land südlich von den grossen Kettenseen Wagriens löst sich in eine Reihe grösserer und kleinerer Flussinseln auf, dasselbe ist der Fall mit dem Landstriche im Norden dieser Seen. Der Selenter See, der nächstgrösste Landsee Holsteins, steht durch die Köhner Mühlenau, die aus ihm entspingt, in unmittelbarer Verbindung mit der Ostsee. Anderseits verbindet die Salzau den Selenter mit dem Passader See, welcher einen doppelten Abfluss in die Ostsee hat, einmal durch die Schönberger Au, welche nach Norden fliessend, in den Salzwiesen sich theilt, indem ein östlicher Arm sich dem Schierbeck zuwendet und kurz vor dessen Ausfluss in die Ostsee mit ihm sich verbindet, während ein westlicher Arm, die Kuhbrücksau genannt, durch die Salzwiesen hindurch sich in den Barsbecker Binnensee ergiesst, der in offener Verbindung mit der Ostsee steht; und zweitens durch die Hagener Au, die aus dem Passader See kommend, zwischen Stein und Laböe direct in die Ostsee fällt. Durch den Lauf dieser Gewässer werden 2 Süsswasserinseln gebildet: die eine, welche von der Köhner und Schönberger Au und der Ostsee einerseits und dem Selenter See und der Salzau anderseits umschrieben wird; und eine zweite, welche die Schönberger und Hagener Au sammt dem Passader See und die Ostsee bildet. Dazu kommt noch eine grössere Insel, die von der Köhner Au, dem Selenter See, der Salzau, dem Passader See, der Hagener Au, dem Kieler Meerbusen, der Schwentine, dem Plöner und dem Behler See umflossen wird und dessen östliche Grenze eine Wasserverbindung dieses letzteren Landsees mit der Ostsee bildet. Die Kossau nämlich, aus einigen Teichen in der Nähe des Haupthofes Rixdorf entspringend, fliesst bei Kossau vorbei und alsdann westlich von Görnitz, wo dieses Gewässer ehemals bei Oldmöhlen eine Mühle trieb. Der Gormitzer See steht nun in Verbindung mit dem südlich von ihm gelegenen Schluensee, den die Behler Au mit dem Behler See verbindet. Nun geht die Kossau gen Norden in den Nottensee, aus diesem in den Tresdorfer und dann in den Schönweider See, den sie in der Nähe des Hofes Schönweide verlässt und bei Rantzau, Engelau, Helmsdorf und Neudorf vorüber sich bei Altenburg in den Grossen Binnensee (den Neversdorfer Binnensee) ergiesst, welcher mit mehreren Ausflüssen mit der Ostsee in Verbindung steht.

Fassen wir nun übersichtlich die Resultate dieser speciellen Auseinandersetzungen zusammen, so löst sich Wagrien, dessen nordöstlicher Theil, das Oldenburger Land in Verbindung mit der Insel Fehmarn die heilige Nerthusinsel bildete (§ 16), in eine Menge grösserer Inseln auf, welche aber bei der mehr oder minder hohen Lage ihrer Wasserscheiden über dem Spiegel der Ostsee als Süsswasserinseln zu bezeichnen sind. Diese jetzigen Süsswasserinseln waren aber einst Meeresinseln. Das ganze östliche Holstein hat sich nämlich und zwar in der gegenwärtigen Erdperiode gehoben, wodurch die Meeresinseln zu Süsswasserinseln geworden sind. Diese Hebung des Landes erkennt man aber an den Austerlagern bei Tarbeck und Waterneversdorf (Zimmermann in Leonhard und Bronn, Neues Jahrb. 1848. S. 550; Biernatzki, Landesberichte 1846. S. 205). Dasselbe wird auch bewiesen durch die Thatsache, dass in der Gegend von Bornhövd, der höchsten des Landes, viele Conchylien noch lebender Arten in grosser Menge gefunden werden, ganz besonders von Buccinum undatum, aber auch von Buccinum reticulatum, Cardium edule, Mytilus edulis, Pecten, Balanus, Ostrea edulis, Trochus cinerarius und Astarte, lauter Muscheln, die unsrer jetzigen Meeresfaune noch angehören (Leonhard u. Bronn, Jahrb. 1845. S. 573. Anm.)

§ 24. Der tiefere Untergrund Schleswigholsteins wird Zweifels ohne von der Kreideformation gebildet, die im Süden jenseits der Elbe bei Lüneburg, im Osten auf Rügen und Möen, im Norden am Liimfjord, im Lande selbst aber bei Itzehoe zu Tage tritt. Ueber die Kreide ist die Braunkohlenformation gelagert, und auf sie folgt die Geschiebeformation.

In Betreff der geognostischen Beschaffenheit der Bodenoberfläche Schleswigholsteins muss man die Marsch von der Geest unterscheiden. Noch im 12ten Jahrhundert war die Geest mit stehenden Gewässern, Sümpfen und Bröken, mit Wäldern, Heidekraut und einer ungeheuren Menge von grossen und kleinen Steingeschieben, fast überall bedeckt. Von Jütland, wozu damals auch Schleswig gehörte, sagt Adam von Bremen: Vix invenitur culta in aliquibus locis, vix humana habita tioni opportuna. Die ungeheuren, meilenlangen Wälder waren fast undurchdringlich, schauerlich finster und mit zahllosen, vom Sturme entwurzelten Bäumen 'angefüllt. Die Flüsse in zahlreiche Arme zertheilt, überströmten die Niederungen bei jedem etwas anhaltenden Regen und verwandelten sie in Sümpfe und Moräste. Das Meer wüthete bei hohen Fluthen zerstörend bis über die Mitte des Landes hinein. Vergebens suchte der Wanderer Weg und Steg; nur der Anwohner wusste einen Pfad durch die Wälder und zwischen den Sümpfen zu finden. Nur die Küsten waren etwas bewohnt; im Innern gab es nur an den Flüssen zerstreute, armselige Hütten, deren Bewohner von der Jagd und dem Fischfange lebten. Die erfrischenden Seewinde vermochten vor den dichten Wäldern nicht ins Land zu dringen und den von den Sümpfen erzeugten, von den Wäldern festgehaltenen Nebel zu zerstreuen, der den grössten Theil des Jahres hindurch das Land deckte. (Kuss, Versuch einer ausführlichen Naturbeschreibung der Herzogthümer Schleswig und Holstein. Altona 1820. Th. 1. S. 134 fg.)

Alles Land, was nicht Marsch ist, wird als Geest bezeichnet. Dahin ist zu rechnen der Geschiebethon und der Geschiebesand, der Haidesand und die Moore.

1) Den Geschiebethon findet man an der Ostseite des Landes, wo der Boden wellenförmig und hügelig ist, von Höhenketten durchzogen, mit muldenförmigen Thälern und nicht selten mit grösseren Vertiefungen, welche Landseen bilden. Der Geschiebethon enthält kalkhaltigen Mergel und Kreide-

lager (z. B. bei Pohls und Wildendorf im Amte Reinfeld, auf den Gütern Petersdorf, Güldenstein und Helmsdorf, bei Cismar und besonders am Kellersee), und bis in die grössten Tiefen abgerundete Granitblöcke (Irrblöcke, Findlinge). Bei uns überwiegt in ihnen der Granit den Gneis, der gekörnte Quarz den schiefrigen: in den Urgebirgen Scandinaviens verhält es sich gerade umgekehrt. — Während die Inseln Sylt, Föhr und Amrum aus Geschiebethon bestehen, bilden Romöe und Manöe alte Sandbänke im Meere. Auf der Insel Sylt schliesst der Geschiebethon viele Bruchstücke wahrer Lava ein, Bimstien genannt. Am schwersten, fast marschartig ist dieser fruchtbare Boden im Amte Reinfeld und dem angrenzenden Theile des Amtes Traventhal und im Gute Prohnsdorf. Ein solcher Boden zog den Adel und die (katholische) Geistlichkeit an. Die Wasserscheide liegt aber in Holstein am inneren Rande seiner hügeligen Ostküste.

2. Der Geschiebesand bildet westlich vom Geschiebethon ein Hochplateau von verschiedener Breite, oft durchzogen von stark markirten Höhenzügen, wie die Blankeneser Berge, die Höhenketten am Nordufer der Stör und die Bostedter Berge, die ausgeprägteste Hügelkette Holsteins. Sie streichen in der Richtung von SO. nach NW. Im östlichen Schleswig bildet der Geschiebesand nach beiden Seiten stark geneigte Hügelketten. Der Geschiebesand bildet ferner, durch Haidesand vom östlichen Landstriche getrennt, im Westen einen zweiten Strich von verschiedener Breite, welcher theils im Amte Rendsburg, theils an der inneren Grenze der ditmarsischen Marsch sich findet. Auch durchschneidet er in der Mitte des Landes den Haidesand in verschiedenen Richtungen, wie denn auch eine dünne Schicht des Geschiebesandes die Ebene der Braunkohlenformation im ganzen Lande deckt. Der Geschiebesand besteht aus gelbem Sande, oft gemischt mit Thon oder Korallensand, die in dem Geschiebe von der kleinsten bis zu sehr bedeutenden Grössen eingemengt sind. Er enthält Versteinerungen von noch jetzt in der Nordsee lebenden Thieren; bei Tarbeck findet man z. B. eine ganze Austernbank.

3. Der Haidesand, die Ceschiebeformation deckend und folglich jünger, bildet eine grosse, ausgedehnte, unfruchtbare Ebene ohne Geschiebe und Versteinerungen. Der Haidesand ist nur in den oberen Lagen vom Geschiebesande verschieden. Nahe der Oberfläche liegt eine Lage weissen Sandes, dessen obere Schicht selten über einen Fuss mächtig, von verfaultem Haidekraute schwarz gefärbt ist, ohne allen Kalk und Lehm. Unter dem weissen Sande liegt eine, selten über einen Fuss mächtige Lage gelben Sandes oder braunen Sandsteins (Sandahl), dessen Bindemittel ein organischer torfartiger Stoff ist. Die unterste Lage ist ein von Eisen gefärbter Sand mit kleinen eingemischten Steinen; ihre Mächtigkeit ist sehr verschieden und sie liegt dem Lehm und Mergel der Geschiebeformation auf. Meistens ist der Haidesand wohl ein durch die übergrosse Entwaldnung der Landesmitte in seinen oberen Schichten verwilderter Geschiebesand. Die Ahl- oder Fuchserde ist also ein Produkt der Haidevegetation und erst später gebildet. Sie enthält stets Holz-

kohlen von Dicotyledonen, der Structur nach der Buchenkohle vollkommen gleich. Die Geschiebeformation war also mit Wald bedeckt, als oder bevor die Ahlformation sich bildete. Ueberall trifft man im Haidesande Flächen von Krattbusch, die Reste alter Eichenwaldungen. In ihm liegen die grossen alten Dörfer der Landesmitte, sporadisch von einzelnen Anbauerstellen umgeben. Hin und wieder finden sich Anhäufungen von Flugsand, wie in der Segeberger Haide und bei Bostedt. Stellenweise kommt die Ahlformation auch im Osten des Landes vor.

4. Hier müssen wir noch der Moore gedenken, welche uns so manche für die Urgeschichte des Landes wichtige Alterthümer bewahrt haben. Man muss sehr wohl die Unterwasser-, Grünlands- oder Wiesenmoore von den Ueberwasser- oder Hochmooren unterscheiden, zu denen die Wald- u. Haidenmoore gehören.

a) Die Bedingung für die Bildung der Unterwassermoore ist ein flaches Wasser ohne merkliche Strömung. Sie kommen fast immer am Rande der Geest vor und haben ihre grösste Entwicklung da, wo die Geest sich buchtenartig einwärts zieht, während schmale Hervorragungen der Geest ohne das Uebergangsgebilde dieser Moore unmittelbar an die Marsch herantreten. An solchen Stellen bildet sich bald eine Pflanzendecke von Algen, Gräsern und Halbgräsern aus, welche von aussen nach innen fortschreitend, mit ihrem dichten Wurzelgeflecht zusammenhaltend, eine Decke über dem Wasser bildet, die mit Sand und Erdstaub von der benachbarten Geest her überweht, bald so dicht wird, dass sie den Fuss des Menschen tragen kann, der sie dabei in zitternde Bewegung setzt. Ja, an vielen Stellen können sie mit Pferd und Wagen befahren werden, wie sehr auch ihr Boden dabei erzittert, und unter der Last sich elastisch einbiegt. Da Gräser den Hauptbestandtheil dieser Vegetation bilden, so zeigen diese Moore statt des düstern Graubraun des Hochmoors saftig grüne Farben. Indem die nach unten hin allmählig absterbenden Pflanzenglieder im Wasser zu Boden sinken, verwandelt sich das Unterwasser in eine schwarze, nach und nach breiartige Masse, den s. g. Baggertorf, die mit der Zeit in sich immer fester wird. Dann erhöht jede Vegetationsperiode den Boden, der dadurch so hoch wird, dass er ferner nicht mehr überschwemmt werden kann, und auf der so gebildeten festen Fläche kann sich möglicherweise nun ein Haidemoor bilden, wenn sie nicht vorher von Menschen in Cultur genommen wird. Gewöhnlich wartet man diesen Zeitpunkt gar nicht ab, sondern benutzt das Moor schon lange vorher als Weide oder auch zum Ackerbau, indem man seinen Boden mit fruchtbarer Erde aus der benachbarten Marsch überschüttet. Solches geschieht namentlich in den Niederlanden, wo der grösste Theil der Provinz Holland und ein grosser Theil von Friesland und Utrecht aus solchen, in künstliches Marschland umgewandelten Mooren bestehen. — So lange das Moor noch nicht reif ist, steigt und fällt es mit dem Wasserstande. So geschieht es denn auch, dass namentlich im Hannöverischen, z. B. im Dorfe Wackhausen an der Hamme (Amt Osterholz) bei hohem Wasserstande bisweilen ein Strich Landes sich losreisst, forttreibt, und dann mit Mühe wieder an seine alte Stelle gebracht und mit Stricken an starke feststehende Bäume gebunden wird. Die Bildung solcher Grünlandsmoore kann einen grossen Einfluss auf die ganze geographische Configuration eines Landes ausüben. So wurde durch sie die Meerenge, die einst zwischen Schleswig und Jütland bestand (§. 22) ausgefüllt und Schleswig vollkommen physisch mit Jütland verbunden.

b) Die Ueberwasser- oder Hochmoore sind auf dem trocknen Sandboden der Geest entstanden, wo diese zu niedrigen, weitgedehnten Mulden sich ausbreitet, die dem Wasser nur geringen Abfluss verstatten. So lange hier der Untergrund aus reinem Sande bestand und durch denselben eine hinreichende Abwässerung Statt finden konnte, bildete sich, indem eine Generation der Vegetation nach der anderen verweste, nur gewöhnlicher Humus aus. Als sich eben auf diese Weise eine für das Wasser undurchdringliche Schicht gebildet hatte, deren Reste man in jedem Hochmoore als unterste Schicht, das s. g. Sohlband, mit ein Fuss Mächtigkeit findet, da siedelten sich in den nun entstehenden niedrigen Sümpfen gesellig wachsende Moose aus der Gattung Sphagnum an, zwischen denen schon Haïdekräuter vegetiren. Sie bildeten die zweitunterste Schicht des Moores, den s. g. Moostorf, der wenigstens mit geringer Mächtigkeit das Sohlband deckt, durch den Druck der später darüber gebildeten Torfmassen wohl zusammengepresst, aber in seinem Gefüge so gut erhalten ist, dass man die Blätter der ihn zusammensetzenden Moosarten bis zum feinsten Bau ihrer Zellen noch deutlich erkennen kann. Es sind dieselben Moosarten, die man noch heute in den ausgestochenen, mit Wasser gefüllten Gruben unsrer Torfmoorvegetation sieht. Als diese Moosvegetation nun die niedrigen Sümpfe ausgefüllt hatte, da starben die Moose ab und eine wesentlich aus Haide bestehende Pflanzendecke breitete sich über sie aus, grade so, wie noch jetzt, sobald die Torfgruben sich mit Moostorf angefüllt haben, eine dichte Decke von Haide sich über sie ausbreitet. Diese Vegetation, aus der gemeinen und der grossblüthigen Dophaide, Erica tetralix bestehend, denen sich nur wenige andre Pflanzen anschliessen, hat allmählich den ganzen Körper des Moores gebildet, indem die mit Wasser getränkten, nach unten hin absterbenden Wurzeln derselben nicht, wie bei der Verwesung auf trocknem Boden, sich grössentheils in Gase verwandelten, sondern mehr vor der vernichtenden Kraft des Sauerstoffes geschützt, unter Entwicklung von Kohlensäure, Wasser und Sumpfgas, zu jener weichen, schwammigen Masse vermoderten, welche fast keine Spur der Organismen bewahrt hat, aus dem sie entstanden ist, und zusammengetrocknet sogar zuweilen eine feinkörnige erdige und glänzende Structur annimmt (Pechtorf). Wie aber die Haide, auch auf dem trocknen Sande der Geestdünen gedeihend, auf diesem von Feuchtigkeit durchtränkten Boden eine zweite von der ersten so wesentlich verschiedene Heimath gefunden hat, so folgt ihr auch die Kiefer und erhält sich in dem zähen Schlamme, ohne dass ihre Wurzeln den festen Grund zu erreichen brauchen. Abgestorben oder durch Stürme niedergeworfen, werden ihre Stämme dann im Moore begraben. Dabei verwandelt sich ihre Rinde wohl in eine humusartige Substanz, so dass sie wie angebrannt aussehen. Das dabei nicht verwesende Harz findet sich nun concentrirt im Stamme, der durch dasselbe vor weiterer Verwesung geschützt zu sein scheint, und an Brennbarkeit gewonnen hat. Nur an wenigen Stellen sind noch Bäume erhalten, die unmittelbar im Untergrunde gewurzelt haben. — Charakteristisch für diese Moore ist eine schwache Wölbung ihrer Oberfläche, so dass ihre Mitte stets höher liegt, als der Rand des Beckens, daher der Name Hochmoor. Da nämlich die Torfsubstanz, ähnlich wie der Thon, im Wasser zwar zu jener eben geschilderten breiartigen Masse zerfliesst, dabei aber wenigstens auf weitere Strecken hin für das Wasser vollkommen undurchdringlich ist, so ist das Wasser der atmosphärischen Niederschläge in ihnen wie in einem Becken enthalten. Hat sich dieses Becken nun allmählich mit Torf angefüllt, so ist klar, dass, da am Rande desselben auf einige Entfernung hin Abwässerung Statt findet, hier das Wachsthum abgeschlossen sein wird, während die Mitte, reichlich durch atmosphärische Feuchtigkeit gesättigt, welche nach aussen hin nicht entweichen kann, ferneres Wachsthum des Moores gestattet, welches also von den Rändern nach innen zu uhrglasartig ansteigen wird, bis seine Mitte soweit sich erhoben hat, dass das überflüssige Wasser in Form kleiner Bäche von dem gewölbten Rücken herabgleiten kann. Dann ist die Wachsthumsperiode desselben zu Ende. Der auf solche Weise 10—20 Fuss über den Rand des Moores sich erhebende Rücken der Hochmoore wird häufig durch kleine Seen bezeichnet. — Ueber das Alter der Hochmoore lässt sich nichts Bestimmtes sagen, da die Schnelligkeit ihres Wachsthums zu sehr an äussere Bedingungen gebunden ist, als dass sie auch nur einigermassen gleichförmig betrachtet werden könnte. Die römischen Holzdämme zwischen Valte und Terapel in Hannover liegen 3—4 Fuss unter der gegenwärtigen Oberfläche des Moores. Es würde diess einem Wachsthum von 2—3 Zoll in 100 Jahren entsprechen, wenn nicht anzunehmen wäre, dass bei den meisten Mooren schon längst ein Beharrungszustand eingetreten ist. In den ausgestochenen Gruben geht die Wiedererzeugung freilich viel rascher von Statten, indem der Anwachs schon in einem Jahre etwa einen Zoll, in seltenen Fällen sogar zwei Zoll beträgt; doch bildet sich blos Moostorf. Der Körper des Moores wird so freilich wieder hergestellt, aber sein Inhalt ist ein ganz andrer. — Die Mächtigkeit der Torfmoore ist sehr verschieden; sie scheint sich nicht über 30 Fuss zu erheben und beträgt im Durchschnitt wohl nur 10 Fuss. Eine solche Schicht würde beim Zusammentrocknen auf etwa die Hälfte reducirt werden — bei den leichteren Torfarten beträgt die Volumenverminderung 34%, bei den schwereren gegen 80% — und die so erhaltene Mächtigkeit von etwa 5 Fuss würde ihrer Heizkraft nach einem Steinkohlenlager von 3 Fuss Mächtigkeit entsprechen.

    c) Die Waldmoore sind eine eigenthümliche Abart der Hochmoore. Sie haben eine runde Gestalt und geringe Ausdehnung, wenn nicht mehrere

mit einander verbunden sind, aber eine ansehnliche Tiefe von 30 Fuss und darüber. Solche Moore in Dänemark beschreibt nach Steenstrups Angaben *Morlot*
(Smithsonian report 1860 p. 305) folgendermassen: Da die Abhänge der Gruben,
in denen diese Moore sich bilden, sehr steil waren, so verloren die darauf
wachsenden Bäume, wenn sie sehr gross geworden, das Gleichgewicht und stürz-
ten in das Moor, worin sie nun aufgespeichert und erhalten blieben. Anfäng-
lich glaubte man, dass der Sturm sie in diese Lage gebracht habe, aber eine
sorgfältigere Untersuchung dieser Moore hat nachgewiesen, dass rings am ganzen
Umkreise derselben die Bäume mehr oder weniger regelmässig nach der Mitte
des Moores hin gerichtet liegen. Mitunter ist das Waldmoor so klein, dass die
Bäume von der einen Seite desselben zur andern hinüberreichen. Oft haben die
Stämme darin in solcher Menge sich angehäuft, dass man glauben könnte, sie
seien in grösster Menge in den kleinsten Raum absichtlich untergebracht. Ist
das Moor zu gross, um auf diese Weise ganz überdeckt zu werden, so wird
der mittlere Raum von der eigentlichen Torfmasse eingenommen, die ebenso
wie bei dem Hochmoore gebildet ist, von denen die Waldmoore sich nur durch
das Vorhandensein des äusseren Baumgürtels unterscheiden, welcher sich bei
jenen nicht bilden konnte, weil die Ränder der Hochmoore gewöhnlich zu niedrig
und zu wenig abschüssig nach Innen zu sind. Der mittlere Theil der Waldmoore ist sehr regelmässig gebildet. Den Boden nimmt eine Torfschichte ein,
welche durch Abspühlung von den Seitenwänden entstanden ist. Darüber lagert
sich eine 1½—2 Fuss, ja bisweilen 3—4 Fuss mächtige horizontale Moderschichte,
welche in den normal gebildeten Mooren sehr rein und ohne Beimischung fremder
Stoffe ist. Wo aber das Wasser mineralische Stoffe mit sich führte, da haben
sich in diesem unteren Lager oft aus Infusorienpanzern bestehende kieselige
Zwischenschichten oder Kalkablagerungen gebildet; hin und wieder auch wohl
ein Gemisch aus beiden. Später, als das Wasser wieder reiner geworden, schritt
die Torfbildung wieder kräftiger vor. — Auf die Moderschichte folgt ein gewöhnlich 3—4 Fuss dickes Torflager, das ersichtlich aus Laubmoosen (Hypnum)
besteht. Darauf erscheinen oft Stämme von Föhren (Pinus silvestris), die auf dem
Moore selbst vegetirt haben; sie sind aber klein, verkrüppelt und ihre Jahresringe stehen so dicht, dass man auf einen Zoll bis deren 70 zählt. Die Loca-
lität ist demnach ihrem Wachsthum nicht günstig gewesen, dennoch sind sie
dort mitunter 3, selbst 4 Jahrhunderte alt geworden. In den grösseren Mooren
trifft man sogar 2—3 Schichten solcher aufrecht stehender Stämme mit wohl-
erhaltenen Wurzeln über einander an. — Als der Boden nun durch das Wachsen
des Torfes allmählig höher und trockner wurde, machten die Laubmoose, aus
denen er sich bis dahin gebildet hatte, andern Platz, in dem nun das Fenn-
moos (Sphagnum) als torfbildende Pflanze erschien. Sodann treten die Fenn-
beere, die Drunkelbeere (Vaccinium uliginosum) und Moorhaide (Erica tetralix)
und ganz zuletzt das gemeine Haidekraut auf. An die Stelle der Tanne waren
indessen Birken und nachmals Erle und Haselstaude getreten. Diese aus Fenn-
moos bestehende Torfschicht erreicht eine Mächtigkeit von 3—10 Fuss und

schliesst die Bildung des Waldmoors ab, welches endlich auf seiner Oberfläche mehr oder weniger fest wird. Die vollkommene Entwicklung dieser Schichten kann natürlich nur in der Mitte des Moores, wo hinreichende Tiefe vorhanden ist, statt finden; nach den Seiten zu drängen sie sich mehr zusammen und treten in viel mehr beschränkter Mächtigkeit auf. Was den Baumgürtel dieser Waldmoore betrifft, so liegen in grosser Anzahl Föhrenstämme auf dem Boden des Beckens. Sie erreichen einen Durchmesser von drei Fuss und eine entsprechende Länge und ihr schöner Wuchs zeigt einerseits, dass sie einen günstigen Boden zu ihrer Entwicklung gehabt haben müssen, anderseits aber, dass sie so dicht gestanden und reine Bestände' gebildet haben, da sie nur in diesem Falle so gerade und schlank emporwachsen. In einzelnen Waldmooren erblickt man über den liegenden Stämmen noch eine Schicht von aufrecht stehenden Baumstumpfen, die zu denen gehören, welche auf der Moorfläche selbst gewachsen sind. Gewöhnlich fehlt dem Gürtel diese Schicht und man bemerkt wie weiter aufwärts in demselben die Föhren allmählig seltener werden und Eichen statt ihrer auftreten, bis diese letzteren endlich allein das Feld behaupten. Auch diese haben einen stattlichen Wuchs, und ihr Stamm erreicht oft einen Durchmesser von vier Fuss. Es ist diess die Wintereiche, erst in den höheren Torfschichten erscheint die Sommereiche in Gesellschaft der Erle, der Haselstaude und der harzigen Birke (Betula verrucosa), welche hier an die Stelle der ältern, tiefer liegenden weissen Birke (Betula alba) tritt. Die Espe geht durch alle Schichten hindurch. Hinsichtlich der beiden Eichen will man in Schweden beobachtet haben, dass die Wintereiche ein kultivirtes Land vorziehe und vor der Sommereiche verschwinde, wenn der Boden durch längere Kultur, durch welche die Humusschichte sich verstärkt, verbessert wird.

Die Marsch, $\frac{1}{4}$ bis 3 Meilen breit, die Westseite des Landes einnehmend, besteht aus fettem, glimmerreichen, ziemlich sandfreien, blauen Thon, Klei genannt, der sich $\frac{1}{2}$ bis 10 Fuss tief erstreckt. Die Marsch ist völlig eben, wie der Spiegel des Meeres, — die grössten Höhenunterschiede betragen bis zu 20 Fuss[1]) — sie ist jetzt ohne allen Wald, ohne Haiden und Sandflächen, ohne Quellen und ohne Steine. Wild wächst in ihr kein einziger Baum. Die Wege, im Sommer hart und glatt wie eine Tischplatte, sind im Winter grundlos. Von grossen Wassergräben künstlich durchschnitten, liegen die Wohnungen oft auf Wurthen. Es ist vortreffliches Gras- und Getreideland. Der Störz, eine Art Pecherde, welcher in der Marsch hin und wieder vorkommt, ist der Vegetation sehr hinderlich. Die Reste der alten Elbdünen bestehen aus gedämpftem Flugsande, von einem mageren Pflanzenwuchse bedeckt. Der Lage nach unterscheidet man Küsten-, Insel- und Flussmarschen; dem Unterboden oder dem Alter nach Moor- und Meersandmarschen (§ 8) oder ältere und jüngere Marschen. Vor der Bedeichung waren die Marschen in der Urzeit weite seichte und schlammerfüllte Busen, von kahlen Sanddünen, den

---

1) Dagegen ist der höchste Berg Schleswigholsteins, der Bungsberg in Wagrien, 554 Hamburger Fuss hoch (Geertz).

jetzigen Haidehügeln, begränzt und gegen das Meer hin offen. Der träge Fluss rieselte wohl in hundert Armen durch sie hindurch, eine Menge grosser und kleiner Inseln bildend. Die weiten Binsen- und Rohrfelder waren das einzige Grün. Zweimal des Tages überdeckten die grauen Fluthen Alles. In der einen Stunde sah man nichts als Schlamm, in der andern nichts als trübes Wellengeriesel; der nebelgraue Himmel vollendete das finstre öde Bild. Deiche existirten nicht, denn es ist wahr das stolze Wort des Holländers: Deus mare, Batavus litora fecit. [1]

Stellenweise deckt den Boden Schleswigholsteins jene schwarze mulmige Erde, die vorzugsweise aus modernden Pflanzenresten oder animalischen Aschen besteht und erst in Folge der Kultur sich mit den mineralischen Bestandtheilen des Bodens vermengt. Dieser Humus, eine Art organischer Schichtendecke, hat im Haushalt der Natur die Bestimmung, den Boden feucht und warm zu halten. Denn bei 12° R. absorbirt an Luftfeuchtigkeit eine Fläche von 50 Quadratzoll

Reinen Quarzsandes	0	Gran.
Kalksandes	2	,,
Ackererde	16	,,
Feiner Kalkerde	26	,,
Grauen Thones	37	,,
Feiner Bittererde	69	,,
Humus	80	,, (Rossmäsler.)

Die Humusbildung ist nach *O. Fraas* (Aus dem Orient. Stuttgart 1867. S. 196 fg.) abhängig von einem Winter, in welchem das Wachsthum der Pflanzen stille steht, die Baumblätter fallen und die der Kräuter und Gräser welk zu Boden sinken. Unter der Schneedecke oder wenigstens bei erniedrigter Temperatur geht der Zersetzungsprocess der Pflanzentheile nur langsam vor sich, bleibt theilweise auf dem Stadium der sauren Gährung stehen und es bildet sich ein Pflanzenmoder. Wenn im Frühling der Stock wieder rasch in die Stengel schiesst und der Wald sich belaubt, wird der am Boden liegende halbfaule Pflanzenrest des vorigen Jahres rasch überwuchert, vor dem zersetzenden Einflusse des Lichtes und der Einwirkung der Sonnenstrahlen geschützt, und so wächst im Laufe der Jahre unter dem Rasen die schwarze erdige Schichtendecke, die bei uns den Wiesenwuchs bedingt und den Bau aller Futterkräuter fördert. — In Ländern aber mit wenigen Regentagen im Jahre (Aegypten, Arabien) oder wo zwischen den beiden regnerischen Jahreszeiten (November-December und März-April) 5—6 regenlose heisse Monate liegen, wo die Temperatur oft über 30° R. steigt (Palästina), da fällt der Stillstand der Pflanze in die heisse Periode: das Grün trocknet ab, die Pflanzenfaser zerstäubt, der Zersetzungsprocess aller vegetabilischen Reste, die Ueberführung aller Kohlenstoffverbindungen in Gase geht viel rascher vor sich, ein Pflanzenmoder existirt gar nicht, noch weniger

---

[1] Siehe hinten die Zusätze.

bildet er Decken über den Schichten. Denn wo Wiesenmatten und Wald ist, da deckt auch eine Humusschicht den Boden. Pfaundler in Innsbruck (Poggendorf's Annal B. 129. S. 102 fg.) ist bei seinen Untersuchungen über die Wärmecapacität der Bodenarten zu dem Resultate gekommen, dass alle Bodenarten eine bedeutend geringere specifische Wärme besitzen, als das Wasser, dass aber die niedrigste Wärmecapacität den humusfreien Erdarten zukommt, gleichgültig, wie sie chemisch zusammengesetzt sind, ob sie aus Kiesel- oder Kalkerde der Hauptsache nach bestehen. Durchschnittlich besitzen alle trockenen, humusfreien Bodenarten eine nahezu gleiche Wärmecapicität, welche ⅕ von der des Wassers ausmacht. Von allen untersuchten Bodenarten besitzt dagegen der Torf die grösste specifische Wärme von 0,507 (die des Wassers = 1 gesetzt). Eine sehr humusreiche Erde schliesst sich an diesen mit 0,414 und eine andre noch viel Humus enthaltende mit einer Wärmecapacität von 0,348 an. Bei der Mehrzahl der andern Bodenarten schwankt sie zwischen 0,25 und 0,28. Ausser dem grösseren Gehalte an Humus muss aber auch ein grosser Wassergehalt des Bodens die Wärmecapacität steigern, weil sie bei ihm eine viel bedeutendere ist als bei allen Erdarten. Daher werden besonders thonige Erden, die das reichlich aufgesogene Wasser festhalten, sich in Bezug auf diese physikalische Eigenschaften dem Torfe nähern. Der Nutzen des Humus für das Wachsthum der Pflanzen ist also in einer physikalischen Eigenschaft, nicht in seinen chemischen Bestandtheilen begründet, wie man früher allgemein annahm. Man ersieht aber auch hieraus seine Entbehrlichkeit unter andern klimatischen Verhältnissen.

An einzelnen Stellen des Landes tritt der tiefere Untergrund des Bodens zu Tage. So erhebt sich der der Kreideformation angehörige Kalkberg bei Segeberg nach Schumacher zu einer Höhe von 297 Hamb. Fuss über dem Niveau der Ostsee. Helmold (I. 49) nennt ihn Alberg. Er war früher, von zerstörenden Werkzeugen noch nicht berührt, höher als gegenwärtig. Heinr. Rantzow (Descriptio Chersonesi Cimbricae in Westphalens Monum. I. p. 25) berichtet (um 1580), dass seine Höhe so bedeutend, ut e fastigio montis turres Lubecae, Hamburgi et Lüneburgii coelo sudo et sereno conspici possint, d. h. »mit blossen Augen«, denn Ferngläser waren damals noch nicht erfunden. Den Fuss des Berges bespülten einst zwei Seen, der grosse und kleine Segeberger See, so dass der Berg fast eine Insel bildete. Vom kleinen See sagt noch Rantzow; Imum montis alluit. — Man findet noch in einer Tiefe von 300 Fuss denselben Gyps und Anhydrit, mit kohlensaurem Kalk, Sand, Boraciten und Steinsalz gemischt. Da man nun ganz in der Nähe des Berges in tiefen Brunnen keinen Gyps mehr findet, so muss der Berg steil aus der Tiefe emporgestiegen sein. Ihn umgiebt ein blauer Lehm, der nordsüdlich streicht und bei Oldesloe vom Gyrogonit-Mergel bedeckt ist. Der Gyps streicht ebenfalls von Norden nach Süden und fällt unter Winkeln ab, die sich gen Osten rechten Winkeln nähern. Bei Stipsdorf, ¼ Meile östlich von dem Segeberger Kalkberge, ist der Gyps von der Geschiebeformation bedeckt. Wo aber das Travethal die blauen Lehmlager durchschneidet, zeigen sich viele

Salzquellen, die nördlichsten bei Tralau, die bekanntesten bei Oldesloe. Die Streichungslinie des Gypses führt von Segeberg über Oldesloe nach Lüneburg, wo Gyps und Salz verbunden vorkommen. Die nordsüdliche Hebungsrichtung ist ausgesprochen in dem Verhältniss des Gypses bei Segeberg und Lüneburg; sie zeigt sich deutlich in der Grenzlinie zwischen der Geschiebe- und Ahlformation.

Vom Nissumfjord in Jütland geht auf dem Rücken des Landes und an der Westküste eine Braunkohlenformation bis zur Elbe hinab. Der Gyps bei Lüneburg hat sie gehoben, sie bildet einen grossen Theil der Lüneburger Haide. Die oberste Lage besteht aus eisenhaltigem Sande und Sandstein. Dann folgen Thon- und Mergellager, zuweilen mit untergeordnetem mergeligen Kalkstein, Thonerde kommt häufig vor, stellenweise schneeweisser Sand mit eingemengtem weissen, glimmerreichen Thon. Die Versteinerungen bezeichnen die Braunkohlenformation als der Subapenninenbildung angehörig. An der südöstlichen Seite Sylts kommen sie besonders zusammengedrängt vor. Der Geschiebesand deckt oft die Braunkohlenformation. Zwischen ihr und der Geschiebeformation ist in Schleswig keine Grenze zu ziehen. Im östlichen Theile des Landes zeigt die Braunkohlenformation Schichten, die häufig senkrecht stehen, selten einen Winkel unter 45 Grad machen. Hier hat die Bildung des Geschiebethons, ein Product von Schlammvulkanen, die Braunkohlenschichten in ihrer horizontalen Lage gestört.

§. 25. Von der Bodenbeschaffenheit und den klimatischen Verhältnissen hängt der Pflanzenwuchs zunächst ab, so dass man eine Strand-, Haide-, Sumpf-, Geröllesand- und Geschiebethonsflora unterscheiden kann. Dass der Geschiebethon vormals völlig bewaldet gewesen, ist bekannt. Ihm ist die Buche eigenthünlich, die des Kalis bedarf und auch bei Kalk sehr gut gedeiht. Die vormals unbedeichten baumlosen Marschen sind das eigentliche Grasland. Doch gáb es auch einst Wälder in dem Marsch (*Adami* Brem. Histor. eccles. II. 33.) Daher findet man auch in ihr Ortsnamen, welche darauf hindeuten; z. B. Bishorst, Oster- und Westerwohld, Rungholt, Ham (Ham est silva Westphalen Mon I. Praef p. 52.) de Wohld bei St. Peters in Eiderstedt (Provinzialberichte 1796 S. 335.), ferner der Name Kolmar (vom gaël. coill — sprich Koll — Wald und mor, gross.) und alle Marschdörfer, welche das Wort Brook enthalten z. B. Brockdorf, Langenbrook, Rodenbrook, Nienbrook, Ellembrook, Halenbrook etc. Auch findet man in vielen Marschgegenden eine Menge Bäume in der Erde, z. B, in der Wilstermarsch Eichen und Erlen (*Geuss* I. S. 6), auf dem alten Nordstrand Eichen und Birken (*Camerer* II. S. 740.), ebenso bisweilen auf der Schlickwatte bei Nordmarsch (*Camerer* II. 32), ja es stehen noch auf der Watte Baumwurzeln in der Erde z. B. beim alten Nordstrand (*Petræus bei Camerer* II. 739) und bei der jetzt untergegangenen Hamburger Hallig (Provinzialbericht 1797. 2. S. 318). Endlich heisst es in der Schenkungsurkunde des Erzbischoffs Adalbert von 1139, wodurch er dem Kloster zu Neumünster die Marschen an der Wilster und der Stör übertrug: præterea de omnibus, quae in sylvis — — — elaboraverint, decimationem accipiant (Westphalen Mon. I. 13), und in der Bestätigungsurkunde dieser Schenkung durch Heinrich den Löwen werden die Landstrecken ganannt: paludem, quae juxta Wilsteram et alteram, quae est juxta Storam. (Westphalen I. 19). Nach *Adam von Bremen* (Histor. eccles. II. 33) liess Erzbischoff Unwan (im 11ten Jahrhundert) aus den Hainen (lucis), welche die Marschleute (paludicolae) an der Elbe damals noch häufig aus abergläubischer Verehrung besuchten, Kirchen erbauen. Ob, aber die jetzt öden Haidestrecken des Landes vormals bewaldet gewesen, ist eine Frage, die uns hier zunächst interessirt. Dass der Geschiebesand einst Eichenwaldungen getragen, ist unzweifelhaft, wie denn noch jetzt auf diesem Boden die prachtvollsten Eichenwaldungen vorkommen. Vor der Eiche wuchs die Föhre *(Pinus silvestris)* auf diesem Boden, da wir sie so oft in den Mooren finden, und zwar in grösseren Tiefen als die Eichenstämme (§ 4 b). So wurden z. B. aus einem Moor bei Barmstedt Kieferstubben in Menge ausgegraben und bei Föhr unter Terrig Föhrenbäume gefunden. (Provinzialberichte 1818. S. 635 aus Major's Adv. cimbr.)

Die Eiche war nicht nur einst über den Geröllesand verbreitet, wo früher Föhrenwaldungen standen, sie bedeckten auch einen grossen Theil der Niederungen, welche jene umgaben, welche aber in der Föhrenperiode noch von Wasser bedeckt waren. Auch standen Eichenwaldungen hin und wieder so niedrig, dass sie jetzt unter der Meeresfläche liegen, oder dass der vom Meere aufgeworfene Sand sie bedeckt, von welchem eben die Sturmfluthen sie bisweilen wieder entblössen. *(Steenstrup)*.

In den grossen Eichenwaldungen der Vorzeit fand sich viel mehr Unterwald vor als jetzt, und auf gutem Boden trat er in solcher Fülle auf, dass er den Eindruck der Stärke erhöhte, den ein Eichenwald stets auf den Beschauer ausübt. *(Vaupell*, De danske Skove Kjöbehavn 1863. S. 187.) Der Unterwald bestand aus Haseln, Weissdorn, Faulbaum und Ahorn, auch aus Ellern und Hagebuchen. Bald als Unterwald, bald als gemischter Wald trat neben der Eiche die Linde, Esche, Ulme und Buche auf. *(Vaupell*, l. c. S. 171.) Namentlich der Unterwald von Haseln, dem natürlichen Begleiter der Eiche auf gutem Boden, gab den alten Eichenwaldungen das eigenthümliche Aussehen. Daher findet man auch ganz allgemein in allen Torfmooren, die Eichenstämme enthalten, Haselnüsse. Es ist übrigens der Eichenwald älter als der Unterwald, denn dieser kann sich in jenem bilden, aber nicht umgekehrt der Eichenwald in einem Unterwalde von Haseln und Weissdorn. Der schlimmste natürliche Feind der Eiche ist die Buche, die nirgends besser gedeiht als im Schatten der Eiche, wenn der Boden nicht zu feucht ist. Hat nun aber die Buche ein Alter von 30 Jahren erreicht, so bringt der Schatten derselben die lichtbedürftige Eiche allmählig zum Absterben und hemmt ebenso den jungen Nachwuchs derselben. *(Vaupell.)*

Während in dem luftigen, sonnendurchstrahlten Eichenwalde der Boden mit einem Grasteppich bedeckt ist, der zahlreiche Sträucher, namentlich von wilden Rosen trägt, verschwindet im Schatten der Buchenwälder besonders da, wo der Laubabfall liegen bleibt und langsam verwesend den Boden bedeckt die Grasdecke und dafür treten bisweilen hohe Farnkräuter ein, während der Epheu sich hoch an den Stämmen emporrankt und an lichteren Stellen Lonicera, Rhamnus und Cornus auftreten. Am Waldessaum herrscht zumeist die Haselnuss und daneben entfalten Viburnum und der duftige Flieder ihre weissen Blüthendolden.

Wo die Eiche dem Geschiebesande fehlt, wuchert die Haidepflanze *(Calluna vulgaris)*, für die Haiden Schleswigs ist die Mehlbeere *(Arbutus uva ursi)* charakteristisch. Weil der Haidesand jetzt alle Pflanzen ausschliesst, deren Wurzeln über 6—8 Zoll tief gehen, hat man noch kein Recht, ihre frühere Bewaldung in Abrede zu stellen; denn die Ahlformation ist ein Product der Haidevegetation. Einen schönen Beweis, dass der Raseneisenstein der Haide in historischer Zeit sich gebildet, hat *Kemble* (Zeitschrift des historischen Vereins für Niedersachsen Jahrgang 1852. S. 172) geliefert. Er fand auf der Feldmark des Dorfes Ripsdorf (Amt Oldenstedt) in der Lüneburger Haide Graburnen aus dem Eisenalter im Raseneisenstein stehend, die oft im Inneren mit demselben gefüllt waren. Der Raseneisenstein hatte sich über die verbrannten Knochen gelegt und war zu einer steinharten Masse geworden. Seine Bildung war also jünger, als die Beisetzung der Urne. Doch waren keineswegs alle Haiden bewaldet. Denn da, wo die Ahlformation stellenweise eine Mächtigkeit von 6—12 Fuss erreicht, geht die Haidevegetation wohl bis in vorhistorische Zeiten zurück. Wo die grossen Hochmoore sich finden, auch da fehlte die Bewaldung, wie denn auch aus einzelnen historischen Nachrichten der Schluss zu ziehen, dass schon grosse Haiden in der Urzeit hier existirt haben. Vergl. den alten Namen Môrungôland für Holstein in § 28. Der alte Name der Stadt Schleswig, Hethebye, darf seiner Etymologie nach nicht darauf bezogen werden. Nach Einigen soll nämlich ihr nordischer Name Heidabyr oder Heidabaer die Haidenstadt bedeuten (von *Haedh*, pl. *Haedha*, altisl. *Heidr*, jetzt *heidi*, die Haide). Die Haide, worauf Schleswig lag, hiess die Aslakshaide. Der alte anglische Urname des Ortes war Haethe, wie er in Othars Reisebericht vorkommt und von dem das Wort „Heitscheffel" abzuleiten ist. Der Angelsachse Robert, Bischof von Elgin, sagt: Haethe, quod lingua Anglica significat portum *(Langebek*, Scriptor. rer. Danic. IV p. 258). Nach der dänischen Eroberung des Landes war der Ort Haetheby, d. h. die Hafenstadt genannt, denn Adam von Bremen sagt: Sliaswich, quae nunc Heidabu dicitur. Noch 1307 kommt der Name Haetheby in einer Urkunde vor (Pontoppidan, Kirchengeschichte II. 95), doch trifft man den Namen Sleswyk auch bei den Isländern z. B. Fornmana Sögur XI. p. 417—419. Bei den Sachsen hiess der Ort Sliesthorp oder später (zuerst in Ansgarii Vita von Rembert cap. 21 bei Langeb. I. p. 469—470) Slieswyk, Dietmar von Merseburg hat schon Sleswic.

Dagegen erzählt Helmold p. 33 dass der grosse Holstenwald, der Isarnho, sich von Schleswig bis Lübeck erstreckte, woraus aber folgt, dass er in Süden wenigstens theilweise an waldfreies Land angegrenzt habe, welches hier nur Haide gewesen sein kann.

Dass Schleswigholstein einst mehr wie jetzt bewaldet gewesen, darauf deuten die Namen vieler Ortschaften, bei denen jetzt kein Gehölz mehr gefunden wird, z. B. in Ditmarschen die Namen Bokholt, Ekstedt, Rade (eine Gegend, wo Hölzung ausgerodet ist *(Geuss* II. 24.); auch Rode oder Rodde) Oderrade, Süder- und Osterrade, Borgholt, Oster- und Westerwold, Bennewold, Linden, Birkenholm, Schalkholz, Rodderstedt, Lütten-, Grossen- und Schelrade. Auch das häufige Vorkommen von Bäumen und Baumwurzeln einige Fuss tief unter der Erde in Gegenden, wo jetzt kein Holz ist, lässt auf das frühere Dasein von Wäldern schliessen. Solch begrabenes Holz findet man in Menge in manchen Gegenden des westlichen Theiles der Tonderschen Geest, namentlich bei Burkal, Ubarg, Niebüll, Deetzbüll, Risum (Topogr. statist. Handbuch), ferner bei Morsum auf Sylt *(Camerer* II. 660) auf Romöe *(Camerer* I.), auf dem Langenberg (Provinzialberichte 1791. 2. S. 9.) u. s. w. Selbst historisch bezeugt, sind die grossen Waldungen des Landes. So heisst es, »das Land sei der Wälder und des Gehölzes allenthalben ganz voll« (Helvader, Sylva etc. I. p. 26.) und *H. Rantzow* (Westphalen Monum. I. 3.) sagt: sylvosa et nemorosa cum sit regio etc. Krantz aber (De bello Ditmars. in initio) theilt Holstein ein in regionem palustrem (Marschland) und memorosam (Holzland), Schleswig war mit Waldungen dicht überzogen, denn Adam von Bremen sagt in seiner Schrift de situ Daniae: Cum omnes tractus Germaniae profundis horreant saltibus, s ola Jutland caeteris horridior. Im Norden Schleswigs erstreckte sich der Fyriskov in einer Länge von 8, und in einer Breite von $1^1/_2$ Meilen mitten durch das Amt Hadersleben (Topogr. statist. Handbuch). Nach Danckwerth (p. 101) war die Halbinsel Kekenis auf Alsen schier lauter Gehölz; die Insel Arnis war dicht mit Holz bestanden; das alte Fehmarsche Landrecht gedenkt der fürstlichen Waldungen *(Otte* p. 3.) und in Schwansen besass König Waldemar nach seinem Erdbuche multas sylvas *(Langebek*, Script. rer. Dan. VII. p. 522.). Nach seinen grossen Waldungen erhielt die Halbinsel zwischen dem Kieler und Eckernförder Meerbusen seinen Namen: dänischer Wohld.

Von dem Isarnho Holsteins ist schon die Rede gewesen. Einen Theil desselben bildeten die vier ansehnlichen Hölzungen, in deren Mitte das Kloster Bordesholm angelegt ward. Diese Hölzungen hiessen Emekenby, Dudendorp, Bellenhusen und Brügge (Westphalen Monum. II. Praefat. p. 17.). Zu beiden Seiten der Bille ging der ungeheure Sachsenwald einerseits nach Lauenburg hinein, anderseits bedeckte er die Aemter Reinbeck und Trittau (Westphalen Monum. III. p. 1757.). *Danckwerth* (p. 4.) rühmt wegen ihres grossen Holzreichthums das Amt Reinbeck und die Herrschaft Pinneberg. Bei Schiffbeck, Hammerbrook und zwischen Horn und Hamburg lagen Waldungen *(Schütze,* Geschichte von Hamburg II. 85 u. 86.). Daher musste zur Anlage Hamburg's (d. h. der Waldburg) Wald ausgerodet werden. Es existirte später noch ein Eichholz (quercetum), wo seit dem 13ten Jahrhundert die Neustadt angebaut worden ist *(Schütze,* l. c. II. 27.) und von dem noch am Ende des 16ten Jahrhunderts ein grosser Theil stand *(Zimmermann,* Neue Chronik von Hamburg.

S. 296.). Da im 14ten Jahrhundert auch bei Ottensen eine Hölzung war (*Schütze*, l. c. II. 321.), so steht zu vermuthen, dass auch Altona auf vormaligem Waldgrunde stehe. Bei Dockenhuden befand sich ein ausgedehnter Wald, von dem Hugo Grotius in einem Briefe noch spricht (Provinzialberichte 1792. 1. S. 385). — Die erhabene Fläche bei Kaltenkirchen, die noch jetzt »de Wohld« heisst, deckte ein meilenlanger Wald, welcher noch vor hundert Jahren »wohl über eine Meile« lang war, jedoch mit vielen leeren Plätzen in seinem Umfange (*Camerer* I. S. 822.). Bei Rendsburg befand sich auch ein ansehnlicher Wald. In der Schrift: de profectione Danorum in terram sanctam edid. Kirchmann 1684 (die um das Jahr 1185 geschrieben ist), heisst es im 5ten Kapitel: vasta solitudo, quae conjungit Slaviam, Holsatiam atque Daciam. Das Wort solitudo bezeichnet hier wohl die Waldungen. — Die ditmarsische Geest war einmal fast ein zusammenhängender Wald. Sie hatte unter andern bei Heide und Hemmingstedt zwei dicke Wälder, in welchen die Hammen lagen (Westphalen, Monum. III. p. 122.). Tellingstedt war »en Caspel fast, grot und holtrik« (Westphalen l. c. IV. 1477.) und hatte unter andern den ansehnlichen Glüsinger Wald (*Bolten*, Ditmarsische Geschichte I. S. 260.). Bei Norderhastedt lag »de Riesewolt, eine gemeine Holtung des Landes« (Westphalen l. c. III. p. 38). Weiter südlich lag das Bornholt und bei Meldorf insbesondere war es um das Jahr 1400 so »voller Büschen, Holtungen und Bröken, dat err Ekerken by Meldorp an bet Osten an des Landes Grenzpelen op idel Bömen springen können und de Erde nicht beröhren dürfen (Neocorus). — Selbst die höchsten Gegenden des Landes waren bewaldet. So trug z. B. im 12ten Jahrhundert der Süllenberg einen Wald (*Adam*, Brem. Histor. eccl. III. c. 27.) und die Wellenbarge im Stapelholm (*Bolten*, Stapelholm S. 40.) und die Nordhoer Berge bei Itzehoe (*Geuss* I. S. 15.) waren mit Hölzung bedeckt. Wie gross der Waldreichthum des Landes gewesen, erhellt auch aus der Zahl der Schweine, welche früher in ihnen die Mast fanden. In den Rendsburger Hölzungen konnten jährlich 14000, in den Waldungen um Segeberg über 19000, in denen von Bordesholm 10,000, von Reinfeld 8000, von Ahrensbök 4000, in den Waldungen der Aemter Trittau und Reinbek 8000, in manchen Gehölzen auf Alsen über 5000 und auf Kekenis 17000 Schweine gemästet werden. Unter den fürstlichen Hölzungen gaben mehrere jährlich für 20,000, die Gottorfer insbesondere für 30,000 Schweine Mast. (*H. Rantzow* bei Westphalen Monum. I. p. 10. 54—56.).

Das schleswigholsteinische Land entsprach demnach in der Urzeit vollkommen der Schilderung, welche die Römer uns von Germanien überhaupt hinterlassen haben. Während es einerseits heisst: Germania silvis horrida, paludibus foeda (Tacit. Germania c. 5.) und Perpetua hiems (d. h. der den Römern unbekannte Sommerregen zur Zeit ihrer militärischen Expeditionen ins Innere des Landes), triste coelum (Seneca, do prov. 4.), bricht anderseits Plinius (H. N. XVII. 3.) beim Anblick der deutschen, dem Südländer so fremden Wiesenmatten in die Worte aus: Quid laudatius Germaniae pabulis!

Der Urflora des Landes fremd war ein grosser Theil der Ackerflora,

d. h. der Pflanzen, die auf unkultivirtem Boden gar nicht oder nur sporadisch gedeihen, wie die Kornrade (Agrostemma Githago), die Kornblume (Centaurea cyanus), die Wucherblume (Chrysanthemum segetum) u. s. w. Der Stechapfel (Datura Strammonium) ist durch die Zigeuner nach Norddeutschland eingeführt worden. Von Bäumen sind der Urflora fremd die aus dem Süden stammende Rosskastanie und die aus dem Osten herrührende Lärche, und aus ihr verschwunden (als Waldbaum) die Föhre und die Eibe (Taxus baccata). Während die letzte noch jetzt wild wächst in Norwegen und Schweden und auch in England und Hannover vorkömmt, ist sie in Schleswigholstein und Dänemark gegenwärtig verschwunden. Allein noch 1688 spricht Kylling vom Buchsbaum in den Waldungen bei Fjelderup im Amte Randers (Vaupell, De danske Skove. Kjöbenhavn 1863. S. 52.). In Hannover ist der Baum dem Verschwinden nahe. Man findet ihn nur noch in schwachen Beständen an der Plesse bei Göttingen und am Süntel. Früher war er weit verbreitet, wie der vielfach vorkommende Name Iberg, contrahirt aus Ibenberg, beweist (*Guthe*, Die Lande Braunschweig und Hannover 1867. S. 536.). Sein Verschwinden erklärt sich einfach durch sein äusserst langsames Wachsthum. So hatte ein Baum von 9 Zoll Durchmesser 376 Jahresringe; demnach muss eine Eibe von $3^1/_2$ Fuss Durchmesser, die in den bairischen Alpen steht, über 1750 Jahre alt sein. (*Guthe* l. c.)

Durch Trockenlegung der vielen Sümpfe und Landseen Schleswigholsteins sind jetzt einige Sumpf- und Wasserpflanzen ganz verschwunden, andre stehen auf dem Aussterbeetat. Zu den ersteren gehören die Trapa natans, deren Früchte man nicht selten in Torfmooren findet, und die Sennebiera didyma, welche früher bei der Altonaer Gasanstalt gefunden wurde; zu den letzteren sind folgende Pflanzen zu zählen, bei denen die Fundorte zugleich bemerkt worden: Sturmia Loeselii bei der Stadt Schleswig und im Eppendorfer Moor, Corollorhiza innata bei Lübeck und in Angeln, Epigonium aphyllum im Sielbecker Holz bei Eutin, Eriophorum alpinum im Eppendorfer Moor, Carex chordorhiza mit Corallorhiza zusammen und Subularia aquatica bei Riepen.

Gross ist der Einfluss gewesen, den die bedeutende Ausrodung der Wälder unseres Landes auf das Klima ausgeübt hat. [1]) Denn der Wald spielt in der Witterung die Rolle eines Ausgleichers und Regulators. Durch die längere Erhaltung des Schnees im Frühling, namentlich in den Nadelwäldern, werden Quellen und Bäche länger und gleichmässiger gespeisst und die Schädlichkeit der Nachtfröste durch Zurückhaltung der Vegetation gemindert. Im Sommer hält der Wald die Feuchtigkeit länger an, indem der zwischen dem dichten Wurzelgeflecht zurückgehaltene Regen mehr in die Erde eindringt und dadurch die Quellen speist. Die den Waldboden wie mit einem dichten Teppich überziehenden Moose nehmen in ihren grossen Blattzellen bedeutende Mengen Wasser auf, das sie nur langsam wieder abgeben und dadurch auf längere Zeit für die Luftfeuchtigkeit sorgen. Bei feuchter Luft kommt es aber bei geringer Temperaturabnahme leicht zum Regen. Daher hat ein grosser Waldreichthum des Landes eine

---

[1]) Siehe hinten die Zusätze.

gleichmässigere Vertheilung des Regens zur Folge und vermindert die Zahl der wolkenbruchartigen Sommerregengüsse mit ihren verderblichen Folgen. Auch die Bäche und Flüsse haben bei bestehenden Waldungen einen gleichmässigen Wasserstand: sie versiegen nicht völlig im Sommer und schwellen nicht übermässig an im Frühjahr bei der Schneeschmelze. Desshalb hatten auch alle unsre zahlreichen Landseen früher einen höheren Wasserstand und dehnten sich weiter aus. Endlich mildern die Wälder die Winterkälte theils durch den Schutz, den sie gegen die kalten Winde gewähren, theils durch die Beschränkung der Wärmestrahlung des Bodens gegen den klaren Himmelsraum in den langen Winternächten. —

§. 26. Das Thierreich. Weil die Thierreste aus der Urzeit in Schleswigholstein bisher weit weniger Beachtung gefunden, als in den Nachbarländern Dänemark, Mecklenburg und Hannover, so können wir deren Funde auch hier anführen als Beweise ihres einstigen Vorkommens im Lande. Da an die Nadelwälder eine ganz andere Vogelfauna gebunden ist, als an die Laubholzwaldungen, so fanden sich hier im Lande, wo in der Urzeit die Föhre als Waldbaum vorherrschte (§ 4. b.) ganz andre Vögel als jetzt. Als Beispiel wollen wir nur den Auerhahn, Tetrao urogallus L. nennen, dessen Knochen man gefunden. In Hannover findet man diesen Vogel noch in schwachen Resten am Harz und am Solling, während er früher im Flachlande häufig war. (*Guthe*, Die Lande Braunschweig und Hannover 1867. S. 572.) Ein Auerhahnfuss aus dem 15ten Jahrhundert ward in Mecklenburg gefunden. (*Lisch* Jahrb. B. 27. S. 290.) — Ferner sind nicht wenige Vögel ihres Nesterbaues wegen so eng an die Wohnungen der Menschen geknüpft, dass sie in einem Lande, wo senkrecht steile Klippenwände nicht vorkommen, zu einer Zeit nicht genistet haben können, wo als Ersatz der natürlichen Klippenwände hohe Gebäude, Thürme, Mauern u. s. w. noch nicht existirten. Zu solchen Vögeln gehören aber die Hausschwalben, Hirundo urbica und Hirundo rustica L., der Mauersegler, Cypselus apus L. und wahrscheinlich der Sperling, Fringilla domestica, der, wenn auch einzeln in den Waldungen vorkommend, doch erst durch den Häuser- und Kornbau späterer Zeiten zu seinem Nestbau und seiner Ernährung ein günstiges Terrain gefunden. Zerschlagene Flügelknochen des Storches wurden im Pfahlbau zu Wismar gefunden. (Bericht II. 36.) In den Torfmooren werden nur selten Vogelknochen gefunden, desto häufiger aber in den Speiseabfallhaufen Dänemarks. In diesen hat man auch die Reste von Alca impennis entdeckt, einer jetzt fast ganz ausgestorbenen Vogelart. Mit dem Austrocknen vieler Sümpfe hat auch die Zahl der Sumpfvögel abgenommen.

In den dicken Urwäldern Kimbriens hausten einst viele wilde Thiere, welche heutigen Tages längst ausgerottet sind. Der Wölfe nicht zu gedenken, welche noch am Ende des vorigen Jahrhunderts im Lande existirten (Schleswigholsteinische Provinzialberichte 1797. B. 2. S. 232.), gab es von Raubthieren noch Luchse und Bären. Was den Luchs betrifft, so ward der letzte 1738 in Pommern (*Schmidt*, zur naturgeschichtlichen Statistik der in Pommern ausgerotteten Säugethiere. Stettin 1856. S. 11), 1745 in Westphalen (Zoologischer Garten VII. 432.), 1758 in Mecklenburg, 1818 im Harz, 1846 in Würtemberg, (Würtemberger naturwissenschaftliche Jahreshefte II. 128), 1852 im östreichischen Schlesien (Bericht über die österreichische Literatur der Zoologie u. s. w. Wien 1855. S. 10), 1862 in Ostpreussen erlegt. Nur in Niederöstreich und in Krain kommt er gelegentlich noch vor (Bericht über die Mittheilungen Wiener Freunde der Naturwissenschaften IV. 167; Zoolog. botanische Gesellschaft in Wien X. 60.) cfr. Boll im Archiv für Naturgeschichte Jahrg. XXI. S. 366. Anm. 3. — Von den Bären spricht Saxo Grammaticus mehrmals in seinem Werke, z. B. im zweiten Buche. Das jütsche Lov (II. 36.) erwähnt junger Bären und in Waldemar II. Erdbuche (*Langebek*, Scriptor. rer. Danic. VII 532) heisst es von der Insel Gath (der jetzigen Halbinsel Oehe): ibi sunt cervi, ursi et apri. In Jütland finden sich noch manche Ortsnamen, welche auf das frühere Vorkommen von Bären (dänisch: Björn) hindeuten, z. B. Björnager, Björndal, Björndrup, Björnekjaer, Björnholm, Björnlund, Björnskov u. s. w.; andere Namen dagegen, wie Björnsgaard, Björnsholm und Björnsknude enthalten den altnordischen Mannsnamen Björn. Da die alten Deutschen den Eber oft als Bären, ahds ber, ags. bar engl. boar bezeichneten, so ist aus deutschen Ortsnamen kein gültiger Schluss auf das Vorkommen von Bären abzuleiten. Wann der letzte Bär in Schleswigholstein erlegt worden, weiss man nicht; in Hannover ward im Flachlande der letzte Bär in der Mitte des 17ten Jahrhunderts bei Weyhausen im Lüsswalde im Lüneburgischen geschossen und 1705 der letzte am Brocken erlegt. In Mecklenburg war der letzte Bär in der Mitte des vorigen Jahrhunderts beim Dorfe Mölln unweit Penzlin und um dieselbe Zeit auch einer in Pommern erlegt, die wohl aus Polen hinübergestreift waren, da weder Kantzow noch Micraelius ihrer in früherer Zeit erwähnen. Dass aber Mecklenburg und Pommern früher Bären gehabt, das zeigt in Mecklenburg der Dorfname Medewede, jetzt corrumpirt zu Medewege, denn der Bär heisst im Slavischen Medwed, und in Pommern der Madue See, in dessen Nähe 1248 ein silva Meduad d. h. Bärenwald lag. (*Dreger*, Codex Pomer. diplom. p. 281.) Im Torfmoor bei Neukulen fand man 1824 einen sehr schönen Bärenschädel. (Boll im Archiv für Naturgeschichte Jahrg. XXI. S. 361 fg. *Schmidt* l. c. S. 14.) Neuerdings hat man im Bothkamper See den Unterkiefer eines Torfschweins, Sus palustris Rytim. aufgefunden (Hamburger Nachrichten 1867. Febr. 19. No. 43.). Diese jetzt im wilden Zustande ausgestorbene Species ist dem siamesischen Schweine verwandt und steht diesem näher als dem Wildschwein. In zahmen Rassen hat es sich erhalten, namentlich in einigen Thälern Graubündtens. Die Eckzähne sind viel kleiner als die des zahmen und wilden Schweines und bleiben auch im Alter dreieckig, während sie bei jenen fast cylindrisch werden. (*Rütimeyer.*) Auch die kurze Kinnsymphyse charakterisirt dasselbe.

Von den Wiederkäuern ist jetzt das Rennthier und Elenn aus dem Lande verschwunden, der Riesenhirsch gänzlich ausgestorben.

Das Rennthier war aber nicht aus dem scandinavischen Norden gen
Süden gewandert; es hat sich umgekehrt von Süden her aus Deutschland gen
Norden bis nach Schonen hin verbreitet, wie man denn einerseits auf Seeland,
Bornholm, Oeland und in Schonen, anderseits in Holstein, (Bericht des geognostischen Vereins für die baltischen Länder. Lübeck 1851. S. 5.) und an
vielen Orten Mecklenburgs (*Lisch* Jahrb. XI. 496; XVI. 350; XVII. 409; XX.
368; XXVI. 298; XXVIII. 323; XXIX. 282 und 283; XXXI. 118, 119, 120; XXXII.
Quartalbericht I. S. 13. Archiv f. Naturgeschichte II. 25; V. 10, 116, 118; VII.
8. XI. 152; XVI. 171; XXI. 364) und Pommerns (Boll. l. c. XXI. 365;) Reste davon
in Torfmooren entdeckt hat. Dagegen hat man nie Hörner oder Knochen dieses
Thieres in dem ganzen Landstrich gefunden, welcher sich von Schonen an gen
Norden bis zum 62° N. B., der südlichsten Gränze des Rennthiers in Scandinavien, erstreckte. *(Nilsson.)*[1]

Das Elennthier, ahd. Elah, der Elch, Cervus Alces, war in Schleswig-
holstein zu Hause, denn ein Fragment seines Geweihes ward bei Wrist gefunden,
(Mittheil. des Vereins zur Verbreitung naturwissenschaftlicher Kenntnisse 1859
S. 70); man hat seine Knochen auch in Jütland (*Molbech*, Ungdomsvandringer
II. 290) und in Mecklenburg (Jahresberichte für Mecklenburgische Geschichte
Jahrg. II. 86; V. 122; VI. 67; *Lisch* Jahrb. X. 418; XV. 362; XVI.
351; XXVI. 301 fg. XXVII. 172; XXIX. 281; XXXI. 120; Pfahlbauten in
Mecklenburg. Bericht II. 35; Boll im Archiv der Naturgeschichte. Jahrgang
21. S. 383) gefunden, wie denn dieses Thier von einer Chronik von Flandern
noch als ein Bewohner des Landes im 10ten Jahrhundert genannt wird. (Le
Hon, L'homme fossile 1867. p. 86. Not. 1.) Selbst noch im 11ten Jahrhundert
existirte das Thier in Deutschland und Holland. So heisst es z. B. in einer
Urkunde des Kaisers Otto I. vom Jahre 948: Nemo sine venia Balderici Epis-
copi in pago forestensi Trentano (d. h. in Drenthe) cervos, ursos, capreas, apros,
bestias insuper, quae teutonica lingua Elo aut Schelo appelantur, venari prae-
sumat. (Heda, Episcop. Ultratraject. Ultratraj. 1648. p. 83). Dieselben Worte
kommen in einer Urkunde Heinrich II. von 1006 (l. c. pag. 101.) und Konrad
II. von 1025 (l. c. pag. 114.) vor. Das Elo ist das Elenn (*Schlozer*, Briefwechsel
Heft II. S. 80.); der Schelo der „grimme" Schelch, der jetzt ausgestorbene
Riesenhirsch, der bis in's 10te Jahrhundert in Deutschland existirte. Beide,
Elch und Schelch sind oft verwechselt worden. Das Elenn hat sich jetzt nach
Ostpreussen, wo es künstlich erhalten wird, nach Russland, Finnland und
Schweden zurückgezogen. In Mitteleuropa war das letzte Elenn 1746 in Sachsen
erlegt. Vielleicht steckt der Name des Elenn im Namen Elm (z. B. Elmschen-
hagen = der Wald mit Elennthieren?)

Von den verschiedenen Ochsenarten sind in Dänemarks Torfmooren
nicht nur sämmtliche flachstirnige Species: der Ur (Bos urus L., Bos primigenius Bojan.), der hochstirnige Ochse (Bos frontosus Nils.) und der kleine
Zwergochse (Bos longifrons Owen, Bos brachyceros, die Torfkuh, Rütimeyer),

---

[1] Siehe hinten die Zusätze.

sondern auch der unzähmbare mit stark gewölbter Stirn, der Wisent- oder Auerochse (Bos bison L., Bos priscus~Boj. poln. Zubr.) gefunden worden. *(Steenstrup* in der Oversigt over det k. Danske Videnskabernes Selskabs Forhandlinger for 1848. S. 3 u. 6, 1852 S. 237; 1853 S. 24 fg.) In Mecklenburg fand man bei Düssin, Amt Wittenburg, beim Ausroden eines Busches auf einer Wiese Zähne von einem Wisent (*Lisch* Jahrb. VIII. 9) und in einem Moore der Pene bei Malchin hat man den schönen Schädel einer Kuh von der gezähmten Trochocerosrasse gefunden. Im Allgemeinen der Primigeniusrasse ähnlich, hat der Schädel eine auffallend lange Stirn und ein niedriges Hinterhaupt. Die Hörner auf wohl ausgebildeten Stielen, wie sie nur dem Bos frontosus zukommen, sind in horizontaler Ebene bogenförmig nach vorne gekrümmt und merklich abgeglattet. (Rütimeyer im Arch. für Anthropologie von Ecker und Lindenschmit B. 1. S. 238.). Der Wisent lebt noch in Lithauen und im Kaukasus. In Norddeutschland findet man nach ihm keinen Ort benannt, dagegen in Schwaben ein Wiesentissteiga, jetzt Wiesensteig. — Am häufigsten findet man die Ueberreste des Ur, denn er war über ganz Europa und das nördliche und westliche Asien verbreitet, während die beiden andern flachstirnigen Species eine mehr beschränkte Verbreitung hatten. Er ist jetzt ausgestorben. An ihn erinnert noch Auersberg (?) am Harz und vielleicht das Dorf Urbach in der Grafschaft Hohnstein. Von dem Ur, der fälschlich auch bisweilen Auerochse genannt und mit dem Wisent, dem wahren Auerochsen, verwechselt wird, erzählt Tacitus (Annal. IV. 72), dass der römische Legat Olennius, nicht zufrieden mit den coriis boum, welche die Friesen bis dahin den Römern als Tribut bezahlt hatten, von ihnen terga urorum verlangt habe, Thiere, welche in Friesland selten waren und deren Häute daher von den Nachbarstämmen theuer erkauft werden mussten. — Der Ur, der Stammvater unseres gezähmten Ochsen (Cuvier, Bojanus, Nilsson) hat einen langen Kopf mit zugespitzten Kiefern, eine flache Stirn und sehr lange Hörner, die anfangs nach aussen und etwas nach hinten, in der Mitte nach vornen gekrümmt, mit der Spitze nach oben gekehrt waren. Er scheint als wildes Thier erst nach 1550 ausgerottet worden zu sein. Er war wild, stark und schnell. Die Hörner dienten als Trinkhörner; jedes konnte eine Urne (= $5^1/_2$ Pott = 5,2 Litre) fassen (Plin. H. N. XI. 37.) Nach einer Zeichnung, ungefähr aus dem Jahre 1500, war er glatthaarig über den ganzen Körper, ausgenommen die flache Stirn, wo das Haar, wie beim zahmen Thier, etwas gekräuselt war; der Kopf war gross, der Hals dick, die Wampe klein, der Rücken grade und der Schwanz so lang, dass er über die Mitte der Fusswurzel reichte. Am ganzen Körper war das Thier kohlschwarz, nur die Kinnspitze weiss; auch die Hörner sind weiss mit langen schwarzen Spitzen. Er war 11—12 Fuss lang, die Höhe über der Mähne ging bis zu 6 Fuss. *(Nilsson).* Nilsson hat Schädel gefunden, die auf noch grössere Individuen hindeuten.[1]) Alle in Schonen gefundenen sind kleiner als die in England entdeckten, die einer noch früheren Erdperiode angehören. Auch in Mecklenburg

---

[1]) Siehe hinten die Zusätze.

wurden Gerippe gefunden. (*Lisch*, Jahrb. XIX 422; XXIX 275. 279; XXI. 120 u. Lisch Pfahlbauten in Mecklenburg Bericht II 55 u. 59) Da der Slavische Name des Ur Tur lautet, so deuten die Gaunamen Ture, Turne, die Dorfnamen Turow, Turbor (jetzt Törber) d. h. der Urenwald, Turglowe (jetzt Turlow) d. h. der Urenkopf, sowie der in Mecklenburg, Pommern und der Mark Brandenburg oft vorkommende Name des Thur- oder Thürbruches auf das frühere Vorkommen dieses Thieres hin. Der Bos frontosus steht der Grösse nach unserem jetzigen Ochsen am nächsten, aber in der Gestalt weicht er am meisten von ihm ab. Er ist ausgezeichnet durch den in der Mitte hoch aufstehenden Nackenkamm, welcher den obersten Theil der Stirn zwischen den Hörnern fast ebenso-gewölbt macht, wie beim Büffel und Buckelochsen, und zugleich durch die kurzen Hörnerzapfen, welche an der Wurzel zusammengedrückt sind und sich rück- und auswärts richten. Er ist in Schonen und an mehreren Stellen in Seeland, sowie in England gefunden. Seine Urheimath ist Deutschland, von wo er gen Norden nach Scandinavien, gen Süden nach der Schweiz vordrang. Von ihm stammt das nordische Fleckvieh ab. (*Rütimeyer.*) Das einfarbige oder Fleckvieh ist einfarbig roth oder einfarbig schwarz oder weiss und roth oder weiss und schwarz. Alle drei Farben finden sich fast nie bei einander und nie gemischt, sondern stets in reinen, scharf umgränzten Flecken. — Der Zwergochse, Bos longifrons hatte die Grösse unserer kleinsten Landrasse. Er ist fein und schlank gebaut, der Kopf ist lang und schmal mit flacher Stirn und mit ganz kleinen runden dicken Hörnern, die nach aussen und etwas nach vorne gerichtet sind. Die Beine sind hoch und schmächtig, an die des Hirsches erinnernd, aber kürzer und feiner, die Klauen sehr klein. Seine Ueberreste werden in Waldmooren, z. B. in Penzin bei Blanckenburg in Mecklenburg. (*Lisch* Jahrb. B. 29. S. 280.) gefunden. Er ist wahrscheinlich gezähmt gewesen und möglicherweise stammen von ihm ab einige kleine Rassen z. B. die frühere seeländische und die alte schonische. Der Schädel der letzten ist nicht von dem des Zwergochsen zu unterscheiden. (*Prosch*, Kvœgets Avl og Pleie. Kjöbenh. 1862. S. 6—8.) Von ihm stammt das s. g. Braunvieh der Schweiz ab. Es ist ohne alle reinen Farben, namentlich ohne reines Weiss; in allen Abstufungen geht seine Farbe vom Hellgrauen bis ins Dunkelschwarzbraune über; nie sind die Haarfarben scharf von einander geschieden, die Gränzen sind verwischt. (*Rütimeyer.*) [1]

Zu Heinrich Rantzow's Zeiten existirten noch Biber im Lande. (Westphalen, Monum T. 1. p. 4.) In Mecklenburg ward der letzte Biber 1819 bei Dömitz erlegt. Einzelne Ortsnamen in Schleswigholstein sind nach dem Biber benannt, z. B. das Dorf Bevern in der Grafschaft Rantzau, die Beverö, durch dessen Landfestwerden das Geltinger Noër eingegangen, und die Ortschaft Beveringhusen (jetzt Bergenhusen) in der Landschaft Stapelholm, d. h. die Niederlassung (husen) (auf) der Biberinsel (Ueber ing. cfr. §20. S. 86 Not.). In einem Moore bei Cappeln ward ein Biberschädel gefunden. (Kieler Schulzeitg. 1855

---

[1] Siehe hinten die Zusätze.

No. 33.) Einen Beweis, dass die Biber in der Urzeit hier im Norden gewesen, geben die von ihnen benagten und entrindeten Zweige und Stämme ab, die man in einem Moore nahe bei Kopenhagen gefunden. So viel man ersehen konnte, gehören diese Stämme der Zitteresche an; sie waren ungefähr 2 Ellen lang und 2—5 Zoll dick und lagen, bedeckt von Torf, neben einander auf der Unterlage in einem Torfmoore. Andre waren nur $\frac{1}{2}$—1 Fuss lang und 3—10 Zoll dick; einige waren noch nicht entrindet. Die deutlichen Zeichen der grossen meisselförmigen Zähne des Bibers an den Enden der Stämme und die Eindrücke rings um alle entrindeten Stöcke beweisen, dass der Biber einst im Wasser gelebt, wo später der Torf sich gebildet. Ihrer Lage nach haben die Stämme den Boden eines Baues oder einen Theil eines Dammes gebildet. Weil die meisten entrindet sind, so können sie nicht zum Wintervorrath des Bibers gehört haben, den er in der Nähe seines Baues ansammelt, um von der Rinde zu leben. (*Steenstrup* in Oversigt etc. 1855. S. 2.) Diese Biberstöcke geben ein vortreffliches Mittel ab, die frühere Verbreitung und Wirksamkeit der Biber zu erforschen. Steenstrup fand sie besonders in grosser Anzahl im Moor des Brönsholmer Sees, etwas nördlich vom Dorfe Brönsholm, westlich von der Landstrasse nach Helsingör, wo die 2—4 Zoll dicken Stämme in einer Ebene ganz regelmässig gelagert waren; ferner in dem Moore östlich von der Landstrasse zwischen Gjentoft und Lyngby, nicht weit von dem kleinen Dorfe Vangede. Die Baumzweige bildeten ein minder regelmässiges, aber wenigstens $\frac{3}{4}$ Ellen dickes Stratum, welches ungefähr 3 Fuss tief lag. (l. c. S. 381—383.)

Von Cetaceen wurden 8 Wallfischknochen, $7\frac{1}{2}$ Fuss mit Erde bedeckt, in der Gegend von Tetenbüll und Knochen des Physeter macrocephalus im Eiderstedter Adolphskoog gefunden. (Mitth. des Vereins zur Verbreitung naturwissenschaftlicher Kenntnisse 1859. S. 70.) Die Fundörter der Thierknochen sind vorzugsweise die Torfmoore, die uralten Gräber und die Speiseabfallhaufen. In ihnen hat man Knochen, Zähne und Geweihe von Hirschen, Rehen, wilden Schweinen, Hunden, Katzen u. s. w. gefunden. Das Pferd ist erst viel später importirt, dem Steinalter war es unbekannt. Dasselbe ist der Fall mit dem Schaf und der Ziege. Alle jetzt lebenden Thiere, (Säugethiere, Vögel und Amphibien) waren in der Urzeit grösser als jetzt und um so grösser, je früher sie gelebt haben. Nur der Mensch macht eine Ausnahme von diesem Gesetze, welches sich in den verschiedensten Ländern — doch mit einzelnen Ausnahmen z. B. des viel kleineren Fuchses in den Pfahlbauten der Schweiz (*Rütimeyer*) — bestätigt hat. (*Nilsson, Lund.*)

§. 27. Demnächst haben wir von den uralten, einheimischen Landesnamen der kimbrischen Halbinsel, der Chersonesi Cimbricae der Römer, zu handeln. Da Schleswig in der Urzeit von Jütland durch eine Meerenge getrennt war (§ 22), so kann unter der kimbrischen Halbinsel ursprünglich nur Schleswig verstanden worden sein.[1]) Dass der Name dieser kimbrischen Halb-

---

Da Strabo, welcher als Sitze der Kimbern die Meeresküste zwischen den Mündungen des Rheins und der Elbe angibt, ausdrücklich erklärt, dass zu seiner Zeit alles Land jenseits der Elbe

insel Raunonia gelautet, lässt sich unzweifelhaft darthun. Wir haben schon gesehen (§ 20), dass die ungenannten Inseln des Plinius in der Nordsee müssen gelegen sein; dass nach Timaeus eine derselben, bei welcher das Meer Bernstein im Frühjahre auswarf, vor dem Raunonia genannten Theile Scythiens lag, und dass diese Bernsteininsel Basilia gewesen. Da nun der Name Raunonia das Land als Bernsteinland bezeichnet (von Rav, Bernstein), so kann dieses entweder nur die Preussische Ostseeküste oder die Westküste der kimbrischen Halbinsel gewesen sein, die beiden einzigen Orte des Nordens, wo der Bernstein in grossen Massen gefunden wird. (vergl. *Werlauff* in *Falk's* Neuem Staatsbürgerlichen Magazin Bd. X. Schleswig 1840.) Aber eben wegen der Lage der ungenannten Inseln des Plinius in der Nordsee, von denen Basilia eine war, die vor Raunonia lag, muss dieses die kimbrische Halbinsel gewesen sein.

Dass Xenophon's von Lampsacus Baltia, eine Insel von ungemessener Grösse, Jütland gewesen, ist mit Sicherheit zu verneinen. Baltia ist nämlich die jetzige Halbinsel Samland, denn die Samländer behielten nach Schaffrik (Slavische Alterthümer I. 452) für ihr Land lange den Namen Baltia bei und nannten sich selbst Baltikkei. Das Wort gehört der lettischen und lithauischen Sprache an, in der baltas weiss bedeutet. So erklärt sich auch, wie das einst im Zusammenhange mit dem baltischen Meere gestandene weisse Meer zu seinem Namen gekommen. Es ist also dies Wort nicht, wie in der ersten Ausgabe dieser Schrift vermuthet wurde, finnischen (tschudischen) Ursprungs. Wohl findet man in Schleswig, nicht in Holstein, wenn auch höchst selten, Namen, die aus tschudischer Quelle abzuleiten sind; so das Wort Noër, womit eine tiefer ins Land eintretende Ausbuchtung eines Meerbusens bezeichnet wird. Im Mongolischen heisst aber Noor (zusammengezogen aus Naghor) der See. (Im Westmongolischen wird regelmässig der aspirirte Gaumenbuchstabe in der Mitte ausgestossen: aus Khaghan wird Khan Fürst, aus bughurul wird burul grau u. s. w.) Uebrigens ist noch keinesweges aus dem Worte Noër auf eine frühere lappische oder finnische Bevölkerung in Schleswig zu schliessen, denn das Wort ist mit den erobernden Dänen ins Land gekommen, indem diese es von den Lappen oder Finnen erhalten, mit denen sie in vielfachem Verkehr standen, wie sich denn ja auch noch manche ihrer Wörter im Dänischen vorfinden.

Was nun, beiläufig bemerkt, noch die Insel Seeland betrifft, so war diese einst viel kleiner als jetzt. Adam von Bremen, wo er die dänischen Inseln aufzählt, sagt: sexta (sc. insula) est Selandia, septima, quae illi adhaeret etc. und ferner: Caeterum Fioniae insulae aliae septem adjacent minores ab Euro, quas supra diximus frugibus opulentas, hoc est: Monland, Imbria, Falster, Laaland etc. Man hat diese Adam'sche Insel Imbria für Fehmarn erklärt, eine Interpretation, die

---

den Römern unbekannt gewesen sei — τὰ δέ πέραν τοῦ Ἄλβιος, τὰ πρὸς τῷ Ὠκεανῷ, παντάπασιν ἄγνωστα ἡμῶν ἐςιν. Lib. VIII. p. 451 — so kann sein Chersonesus Cimbrica nicht Schleswig sein. Es ist vielmehr ein Theil von Nordholland, das jetzige Kemmerland, cfr. Petersen Danmarks Historie I. 444. Neikter, De situ Chersonesi Cimbricae Upsaliae 1797. 4.

Adam selbst widerlegt, denn er sagt späterhin: quarum (sc. insularum, quae Slavis adjacent), prima Fembre vocatur. Haec opposita est Wagris. Fembre ist also unleugbar Fehmarn, folglich muss Imbria anderswo gesucht werden. Aber wo? Die septima insula Adam's ist jene, quae illi (Selandiae) adhaeret. Sie ist also ein Anhängsel von Seeland, oder mit andern Worten, zu Adam's von Bremen Zeiten hing eine Insel mit einer so schmalen Landenge mit Seeland zusammen, dass er sie noch als eine von Seeland gesonderte Insel aufführen konnte. Diese Seeland adhärirende Insel nennt er an dieser Stelle nicht; jedenfalls wird sie einen eigenen Namen gehabt haben, wenn auch im Laufe der Zeit, sowie beide Inseln immer mehr verschmolzen, der Name Seeland auf sie ausgedehnt ward. Es lehrt nun die geologische Untersuchung, dass das jetzt mitten auf der Insel Seeland liegende Ringstedt, einst an einer jetzt versandeten Meerenge gelegen, die beide Inseln trennte. Was den Lauf dieser Meerenge betrifft, so findet man darüber beim Pontoppidan (Nachrichten, die Naturgeschichte in Dänemark betreffend. Kopenhagen und Hamburg 1765 S. 105 fg.) folgende Angaben. Die grösste Au Seelands, die ehemals unter dem Namen Suusaa bekannt war, nun aber Naesbyaa heisst, kommt nordwärts her, läuft bei Ringstedt, Sorö, Naesbyholm, Bavelse und Nestved vorbei bis unterhalb Karbergsminde, wo sie in die See fliesst. Diese Suusaa ist ehemals, wie viele andre, ein beträchtlicher Fluss gewesen, der viel tiefer und breiter war, als anitzt, indem er Seeland von Kallundburg bis Nestved durchschnitt und durch seinen doppelten Ausfluss verursachte, dass man von zwo Seiten bis Ringsted oder eigentlich bis Sigersted, das in derselben Gegend lag, wo einige Könige ihre Hofhaltung hatten, segeln konnte. — Zu Saxo's Zeiten war die Fahrt auf diesem Meeresarme von Kallundburg aus schon sehr schwierig; denn er erzählt (Lib. VII. p. 133, ed. Stephani): Nocte vero proelium insecuta, ad constituti portus receptaculum classis Susam rimata pervenit, cujus alveum quondam remigiis pervium, nunc solidioribus elementis concretum angustiae limitam, vetante constrictionis inertia, rarus puppium admittitur ingressus. — Jetzt dagegen entspringt die 11 Meilen lange Suusaa südwestlich von Faxe in der Nähe von Kongsted, nimmt den Ablauf mehrerer mitten im Lande liegender Seen (des Valsölille-, Lange-, Gyrsting-, Tuel- und Sorö-Sees) auf, durchströmt den Tjustrup- und Bavelsee und fällt in die Wordinburger Bucht. (*Trap*, Statist.-topographist. Beskrivelse af Danemark. Kjöbenhavn 1856. I. 4.) Fasst man nun alle diese Thatsachen zusammen, so ist man wohl berechtigt zu der Annahme, dass Adam's insula septima, quae Selandiae adhaeret, Imbria geheissen habe. Die Insel Imbria war also der westliche und theilweise südliche Theil des heutigen Seelands. — Doch wozu — wird man vielleicht fragen — eine solche Abschweifung von dem vorliegenden Thema? Die Antwort lautet: Um durch Nachweis der Existenz der Adamischen Insel Imbria hier im Norden die Namenswiederholung der griechischen Insel Imbros im aegaeischen Meer zu constatiren; zu welchem Zwecke aber? Das wird im Verlauf unserer Urgeschichte dem Leser klar werden.

Das Wort Codanonia ist ein ἅπαξ λεγόμενον; es kommt nur bei Mela III 6. vor: In illo sinu, quem Codanum diximus, ex insulis Codanonia, quam adhuc Teutoni tenent, ut foecunditate, ita magnitudine antestat. Ohne allen Grund hat man durch einen Gewaltstreich Codanonia in Scandinavia ändern wollen. Man hat auf Seeland gerathen und dafür nur die foecunditas anführen können; die magnitudo verträgt sich aber nicht mit dieser Auslegung. Dass aber Codanonia Kimbrien gewesen, dafür spricht die Bezeichnung sinus Codanus, von welchem wir nachgewiesen (§ 13), dass er gebildet worden von der Ostküste der kimbrischen Halbinsel einerseits und von der Ostseeküste Deutschlands bis zur Spitze Rügens andererseits. Unzulässig ist es, das Wort Codanus in Gothanus zu ändern. (J. Grimm.) Dass das Wort wirklich Codanus gelautet, dafür zeugt der Name des Dorfes und des Landsees Kuden in Ditmarschen, wie denn dieser wiederum für die kimbrische Halbinsel als Codanonia spricht.

Ein anderer Name der kimbrischen Halbinsel ist Reidgotaland, welches dem Eygotaland entgegengesetzt wird. Unter dem ersten versteht man im Allgemeinen das von Gothen bewohnte Festland, unter dem zweiten die von ihnen bewohnten Inseln, also inclusive Schonen. (§ 4). Dänemark hiess früher in der gothischen Periode seiner Bevölkerung Gotlönd, ein Name, der sich bis ins 9te Jahrhundert erhalten. Da die Gothen, wie wir später nachweisen werden, nicht blos die kimbrische Halbinsel, sondern auch die angränzende deutsche Ostseeküste inne hatten, so ist unter Reidgotaland bald jene Halbinsel, bald diese Küste zu verstehen. Das Geotland in Othars Reisebericht ist Jütland, Gautland ist das schwedische Göthaland, Gutland (dänisch Gulland) die Insel Gothland.

Plinius (H. N. IV. 12) kennt den Namen Scandinavia, er spricht aber auch (H. N. IV. 16) von einem Scandia. Ptolomaeus, der den Namen Scandinavia gar nicht kennt, versteht unter Scandia Schonen, wogegen Jordanes's Scandja[1]) bald dieses, bald die ganze nordische Halbinsel bezeichnet. Weil man mit diesem Namen Scandia nichts anzufangen wusste, war der für identisch mit Scandinavia erklärt. Prüfen wir diese Frage näher! Zu dem Ende haben wir zuvörderst zu bestimmen, was ursprünglich unter dem Namen Scandinavia verstanden worden ist. Es lässt sich aber die sprachliche Continuität zwischen den Wörtern Scandinavia und Schonen nachweisen. Das Wort avi ist ein gothisches und bedeutet Insel. Das gothische avi geht

---

) Scandja und nicht, wie meistens geschieht, Scandzia ist bei Jordanes zu lesen. Denn da bei ihm Mundzuccus statt Mundjuccus, Attila's Vater, vorkommt und auch anderwärts z statt goth. j gefunden wird, so ist das z statt des von Jordanes gebrauchten j von einem unkundigen Abschreiber in den Text gekommen. (Munch, Norsk Historie B. I. S. 83 Anm. 1.) Die Form Scandja bürgt aber für die Lesart Scandia beim Plinius, wo einige Handschriften Scandea haben. Scanzia kommt übrigens auch bei Schriftstellern des Mittelalters mehrfach vor, z. B. bei Pertz VIII. 119 123. 142, 301. Nach der alten Vita Sigismundi sollen die Burgunder aus der Insel Scandania (rectius Scandavia, oder etwa Scandinia?) gekommen sein und desswegen Scandinii geheissen haben. Bei Erchimpert (Pertz Momum: V. 242) kommt Scandanavia vor und bei Pertz VII. 392 steht Scathia insula Daciae.)

in das altnordische ey, in das dänische öe über, gleichwie das gothische mavi ins altnordische mey, dänische möe (die Jungfrau), das gothische havi ins altnordische hey, das dänische höe (das Heu); folglich ist Scandinavia = die Insel Scandin. Und gleich wie im Angelsächsischen durch Erweiterung das gothische Skand — in — avi in Sced — en — igge des Beowulf-Liedes (v. 3370) übergeht, so wird im Altnordischen durch die demselben charakteristische Contraction Skandin in Skán zusammengezogen. Aus dem gothischen Scandinavi wird also altnordisch Skáney, dänische Skaanöe, Skaane, deutsch Schonen, bei Aelfred Sconeg, bei Adam von Bremen Sconia und bei Saxo Grammaticus Scania. Im Althochdeutschen wird das Wort Scandinavia aber zu Schat—en—auge (*Zeuss* S. 472.) oder Schat—en—awe, latinisirt zu Schatanavia (*Fredegar.*) Es ist also offenbar Scandinavia oder die Insel Scandin ursprünglich das heutige Schonen, von dem wir bereits (§ 4) geologisch nachgewiesen, dass es vormals eine Insel gewesen, und da es nun sprachlich auch als Insel bezeichnet ist, so muss es offenbar in geschichtlichen Zeiten noch eine solche gewesen sein. — Gehen wir aber weiter und fragen, was bedeutet sprachlich die Insel „Scandin"? Die Endsilbe in bezeichnet das Wort als ein keltisches. In ist die gadhelische Form von dem suffigirten innis, cymr. ynys, die Insel. So heisst z. B. Albion gadhelisch Alba—inn, cymr. contrahirt Alban, d. h. die Berginsel (von alp, hoch). Die alten Scoten nannten sich Albannach und ihr Land Albainh (Buchanani Histor. Scotiae p. 11. 12). Ebenso ist der alte Name der an der Küste von Raumdal in Norwegen gelegenen Insel Gossen Gorsin, was durch Gorsey, Gorsinsel erklärt wird (*Munch*). Scandin bedeutet also die Insel Scand. Und wenn die Gothen, als spätere Eindringlinge in den Norden, das Wort Scandin nicht verstehend, avi pleonastisch hinzusetzen, so thaten sie dasselbe wie der Deutsche, wenn er z. B. die Faeröer (d. h. die Schafsinseln) als Faeröerinseln bezeichnet. So erklärt sich denn auch die abweichende Lesart Scandavia für Scandinavia, wie solche bei dem Gaelen Dicuil (de mensura orbis edid. Walkenaer p. 31) vorkommt.

Die Wurzel des Wortes Scand ist nicht germanisch, seine Bedeutung ist selbst dem sprachgelehrten Munch in Christiniana seiner eigenen Erklärung nach völlig dunkel geblieben. Es kommt aber im westjütischen Dialect die Redensart vor: de gaaer aa Skands, d. h. sie gehen schräge (zur Seite), und im Nordfriesischen heisst skan schräge, schief, krummgebogen (*Outzen's Glossar Artik. skan.*) Daraus erhellt nun die Urbedeutung der Wörter: Schanze, nordisch Skandse; Schanne oder Schande (das gekrümmte Joch zum Tragen zweier Eimer), pandum, jugum; Skandaek (ein in die dänische Seemannssprache aufgenommenes, nicht dänisches Wort), holl. Schandeck, Schandekel, d. h. der oberste Rand des Schiffrumpfes u. s. w. Im Altnordischen hat das Wort die abgeleitete Bedeutung des Aeussersten, des Saumes erhalten z. B. Erikrauda saga cap. 5: settr steinum alt i skant nidr (besetzt mit Steinen bis auf den Grund hinunter.) Das Wort Scadvin, Scödvin oder Sködin, ursprünglich Skandvin, bedeutet: Wiesen am Saume. (*Munch,*

Norsk. Historie B. 1. S. 120. Anm.[1]) Die sanscr. Wurzel Kam, curvum esse, liegt dem Worte zu Grunde, daher das gaël. cam, curvus, flexus, das griechische καμψος flexus, καμπτω curvo, καμπη u. s. w. bedeutet. Durch den Dental d geht das m in n über und das sk ist eine Entwicklung zweiter Potenz. (*Dieffenbach*, Celtica I. S. 96.) Weil das S nicht wurzelhaft ist, kommt auch die Lesart Candavia statt Scandavia vor. In alten Auszügen aus Solinus und Plinius wird wie Salmasius bezeugt, Candavia gelesen.

Das Wort Scandin bedeutet also die gekrümmte, gebogene Insel, gleich wie der Name Skanderborg in Jütland, vormals Skandthorpborg, den Ort als das krumme Dorf bezeichnet. [1]) War nun aber Schonen eine solche gekrümmte Insel? Jordanes (de rebus Geticis c. 3) beschreibt nach Ptolemaeus, I. 2. Schonen folgendermassen: Est in Oceani arctoo salo posita insula magna, nomine Scandja, in modum folii citri (so ist zu lesen, statt des unsinnigen cedri) lateribus pandis (ausgebogenen) post longum ductum concludens se; ejus ripas influit Oceanus. Heutigen Tages gleicht freilich Schonen dieser Beschreibung nicht, allein man muss in Betracht ziehen, dass Blekingen, welches in Wulfstans Reisebericht Blecingaeg heisst, früher eine Insel (ags. eg) war, wie solches auch mit Halland seinen geologischen Verhältnissen nach der Fall gewesen sein muss, so dass der viel spätere Saxo Grammaticus noch sagen konnte: Caeterum Hallandia ac Blekingia, ab integritato Scaniae ceu rami duplices ex unius arboris stipite promeantes Gothiae Norvagiaeque longe declinationis spaciis, diversisque recessuum intersticiis, adnectuntur, während der ältere Adam von Bremen noch schreibt: Sconia fere insula est ultima pars Daniae, undique cincta mari, praeter unum terrae brachium, quod ab oriente continens Suediam disterminat a Dania, ubi sunt profundi saltus montesque asperrimi, und der noch ältere Dicuil (er schrieb um das Jahr 823) geradezu sagt: Germanicarum insularum Candavia maxima est. (De mensura orbis cap. VI. § 4.) (Erst durch Hineincorrigiren ist Scandinavia in den Text gekommen.) Es waren also die vier Scandischen Inseln des Ptolemaeus, von denen drei kleinere, eine sehr gross war: Schonen, Halland, Blekingen und Smaaland (§ 4).

Und nun das Wort Scandia! Im Keltischen heisst ia das Land: Italia, das glänzende, feurige Land (von ital, dem deutschen eitel, glänzend, feurig); Arcadia das Bergland (von arcoed, die Anhöhe) u. s. w. Scandia ist also das krumme, gebogene Land, welches also offenbar von der krummen, gebogenen Insel unterschieden ist. Es kann folglich Scandia nicht identisch sein mit Scandin oder Scandinavia. Wo ist nun aber Scandia zu suchen? Wir haben zwei Merkmale entdeckt, die es charakterisiren müssen; 1) dass es keine Insel, folglich Festland gewesen ist; 2) dass das Land eine krumme gebogene Figur

---

[1]) Es gibt übrigens ausserdem noch 4 Dörfer in Jütland, die den Namen Skanderup (d. i. Skandthorp) führen: zwei im Amte Skanderborg, in der Hjelmslev- und in der Gjernharde, eins im Amte Riepen, in der Andsharde und eins auf der Insel Mors in der Norderharde des Amtes Thistedt. Da nun in Schonen der Name gar nicht vorkommt, so ist er nicht von dort auf Jütland übertragen worden.

gebildet. Da aber ein Küstenland, dessen Meeresufer gebogen sind, schwerlich
als das krumme, gebogene Land $\varkappa\alpha\tau'$ $\grave{\epsilon}\xi o\chi\grave{\eta}\nu$ bezeichnet worden wäre, weil
dieses Merkmal mehr oder minder jeder Küste zukommt, so kann ein Land
nur dann als gekrümmt, gebogen durch seinen Namen bezeichnet worden sein,
wenn es nicht bloss an einer, sondern an zwei oder drei Seiten, vom Meere
bespült, dieses Merkmal an sich getragen, d. h. wenn es eine Halbinsel gewesen.
So werden wir darauf hingeführt, dass Scandia der altkeltische Name der kimbrischen Halbinsel gewesen.[1]) Vergegenwärtigen wir uns nur seine einstige Form
in der Urzeit. Die beiden Meerbusen der Schlei und der Eider (§ 21) schnür-
ten, einen schmalen Isthmus bildend, das Land vom Festlande fast ab. Es
war bei weitem nicht so breit wie jetzt: theils fehlten noch viele Marsch-
districte, theils waren sie in der Bildung begriffen und bestanden grösstentheils
aus Inseln. Im Norden schied eine Meerenge die Halbinsel von Jütland. —
Aber nicht bloss einen ähnlichen Namen führten die kimbrische Halbinsel
(Scandia,) und Schonen (Scandin), sie hatten auch sonst in ihrer natürlichen
Beschaffenheit manche Aehnlichkeit gemein. Beide waren, die eine als Insel
ganz, die andere als Halbinsel grösstentheils von Wasser umgeben; beider
Küsten zeichneten sich durch ihre Flachheit und ihren Buchtenreichthum aus.
Was die Buchten Schonens betrifft, so sind des Jordanes Worte bereits oben
(S. 129) angeführt; in Betreff der flachen Beschaffenheit seiner Küsten sagt
aber Paulus Diaconus (De rebus gestis Longobardorum I. 2): Haec ergo insula
(sc. Scandinavia) — — — non tam in mari est posita, quam marinis fluctibus
propter planitiem marginum terras ambientibus circumfusa. Von der
kimbrischen Halbinsel, der Jutlandia des Adam von Bremen, sagt derselbe in
seiner Schrift de situ Daniae: Sicut vero brachia maris occurrunt, ibi civi-
tates habet maximas, und von der Stadt Ripen bemerkt er: quae civitas tan-
gitur alveo, qui ab Oceano influit. Endlich bildeten beide, Kimbrien und
Schonen, früher ein sehr waldreiches Flachland und ein Strom, der hier wie
dort den Namen der Elbe führt, fliesst neben beiden ins Meer. Adam von
Bremen sagt nämlich: Ibi (sc. in Sueonia) est Albis fluvius — — —,
qui oritur in praedictis alpibus, perque medios Gothorum populos currit
in Oceanum, inde et Gothelba dicitur. — Daher wird nicht blos einerseits
die schwedische Göthaelv, die ja auch, wie wir gesehen, den Namen Elbe
führt — in Jütland giebt es ihr entsprechend eine Gudenau [2]) — nicht selten

---

1) Beiläufig sei noch als auf einen Beitrag zum s. g. nordischen Griechenthume (H. Müller),
d. h. hier zum griechischen Keltenthum hingewiesen auf $\Sigma\varkappa\acute{\alpha}\nu\delta\epsilon\iota\acute{\alpha}$, die Hauptstadt der Insel Cythere.
(Thucydides IV. 54; Pausanias III. 23, 1; Lycophron, Cassandra v. 108) und auf die kleine Insel
Scandila (Mela II. 7, 8. Plin. H. N. IV. 12, 23) im nördlichen Theile des aegaeischen Meeres, zwischen Skyros, Halonesos und Peparethos, das heutige Scandole.

Die Dissertation von Bergstedt, de polyonomia Scandiae Upsalae 1707 ist mir nicht zugänglich gewesen.

2) Die 18½ Meilen lange Gudenau entsteht aus der Verbindung zweier kleinen Auen: der
Hammermühlenau und der Stougaardau, welche respective bei Wester-Neukirchen und Hveisel im
Amte Veile entspringen. Nach einem 5 Meilen langen Laufe durchströmt sie eine Reihe von Seen
(den Mos-, Guden-, Mühlen-, Klein-, Birk-, Juul-, Borre-, Bra- und Langsee), wird bei Silkeborg

mit der deutschen (nordisch Saxelfr.) verwechselt, sondern andererseits erstreckt sich diese Verwechselung auch auf die Lande selbst, auf Scandia und Scandin (Scandinavia) sowohl bei den Alten als auch bei den Neueren. Jordanes versteht unter seinem Scandja stets Scandinavien und schon in der Sceaf-Sage ist der Schauplatz bald in Schonen, bald in Schleswig. In der ältesten Darstellung derselben bei dem um das Jahr 1000 schreibenden Athelwerd (bei Savile p. 842) heisst es: Ipse Scêf cum uno dromone advectus est in insula Oceani, quae dicitúr Scani, armis circumdatus, eratque valde recens puer, et ab incolis illius terrae ignotus, attamen ab eis suscipitur et ut familiarem diligenti animo eum custodiunt, et post in regem eligunt. Dagegen sagt Wilhelm von Malmesbury († 1143) (bei Savile p. 41): iste (Sceáf) ut fertur, in quandam insulam Germaniae Scandjam (aliae lectiones: Scanziam, Scandeam), de qua Jordanes, historiographus Gothorum, loquitur, appulsus navi sine remigio, puerulus, posito ad caput frumenti manipulo, dormiens, ideoque Sceáf nuncupatus, (ags sceaf, die Garbe) ab hominibus regionis illius pro miraculo exceptus et sedulo nutritus, adulta aetate regnavit in oppido, quod tunc Sliaswich, nunc vero Haitheby appellatur   Est autem regio illa Anglia vetus dicta, und Angli venerunt in Britanniam, inter Saxones et Giothas constituta. In einer cotton. Handschrift, (Bibl. public. G. g. 4. 25 cfr. *Grimm's* Mythologia 1te Ausg. Vorrede S. XXIII) heisst es: Iste Sceafus, ut dicunt, sive qua fortuna commissus, sive aliud quid caussa fuerit hujus rei, ad insulam quandam Germaniae Scandeam nomine appulsus, in nave sine remige inventus est ab hominibus dormiens, posito ad caput ejus frumenti manipulo exceptusque pro miraculo, cognominatus ex rei eventu Scéaf, quod latine dicitur manipulus frumenti. Sollicitus ergo educatus etc.

Fassen wir nun die Resultate unserer Untersuchung kurz zusammen, so haben wir nachgewiesen, 1) dass Scandin (die krumme Insel) oder Scandinavia Schonen gewesen; und 2) dass mit Scandia (dem krummen Lande) die kimbrische Halbinsel bezeichnet worden. Daraus können wir aber den Schluss ziehen, dass, als die Kelten in den Norden einwanderten, Kimbrien bereits eine Halbinsel gewesen, weil sonst der Gegensatz von Scandia und Scandin nicht in ihrer Sprache sich ausgedrückt hätte.

§ 28. Schliesslich haben wir noch die alten Specialnamen Holsteins und Schleswigs zu erwähnen. Unter den Namen Nordalbingia oder Saxonia transalbina tritt unser Land zuerst in das Licht der Geschichte. Man verknüpfte aber mit diesem Namen keinen scharf begrenzten geographischen Begriff, sondern verstand darunter das von Sachsen bewohnte Land der nördlichen oder rechten Seite der Niederelbe, die Grenzen gen Norden und Osten unbestimmt lassend. Der Name Holsatia (Holstenland, Holsteen, Holstein) wird zum ersten Male beim Jahre 804 in den Chroniken genannt. Das Wort Holste ist aber zusammengezogen aus Holtsete, wie Inste aus Insete, Lanste aus Landsete und wie Holstebro in Jütland aus der früheren Form des Namens: Holtsetabru entstanden ist. Holtsete oder Holsate bedeutet einen Holzsassen, einen

Waldbewohner und ist daher seiner Bedeutung nach identisch mit den Vithonen (Nuithonen) des Tacitus und den Charuden des Ptolemaeus. Vielleicht richtiger leitet man das Wort Holsete von dem friesischen hol (hal, hael, hel) hoch, trocken oder von dem alten holl, eine lange Hügelstrecke, ab, so dass es einen bezeichnet, der auf der Höhe, auf dem Trockenen (der Geest) wohnt, im Gegensatz zu den niedrigen feuchten Marschinseln. Sô erklären sich auch die Ortsnamen Hole, Hale, Holebüll, Halebüll u. s. w. Meistens heissen die Bewohner unsres Landes in den fränkischen Chroniken Nordliudi, Nordalbingi, Saxones transalbiani. Es giebt aber noch einen viel älteren Namen für Holstein. Bei den Longobarden (Paulus Diaconus de rebus gestis Longobardum I. 12. 13) heisst es Mauringa, bei dem Geographen von Ravenna Maurungavi, bei den Angelsachsen, Myrgingaland, althochdeutsch Môrungôland. Das ags., alts. und nord. Wort Môr bedeutet unter Anderen auch die Haide, ericetum, daher ist Môrungôland das rauhe wilde Haideland, und diesen Namen erhielt daher jedes Haide- und Sumpfland. So findet man denn auch südwestlich vom Harz bei Göttingen und Nordheim den pagus Morunganus, jetzt Moringen genannt. Nach dem Geographen von Ravenna soll das fränkische Königsgeschlecht der Merovinger aus Maurungavia, welches im Süden an die Elbe grenzt, gekommen sein. Die Patria Albis, quo spatiosissima dicatur terra des Geographen von Ravenna (IV. c. 18) ist wohl Nordalbingien.

Das heutige Holstein ist aus der Verschmelzung der 4 Land- oder Grafschaften: Holstein (im engeren Sinn), Stormarn, Wagrien uud Ditmarschen hervorgegangen. Bei Adam von Bremen heisst die Grafschaft Stormarn Sturmaria, ihre Bewohner Sturmarii = Sturmvarii (Förstemann), d. h. die Stürmer, grassatores *(J. Grimm)* wegen ihres unruhigen kriegerischen Charakters, wesshalb er sie als nobiliores bezeichnet. Im Gudrunepos kommt ein Wate von „Sturmlant“ vor und im ags. Byrhtnodh heisst ein Held Sturmere; Verden liegt im alten Sturmgau und die Marca Sturmithi umfasst Theile von Engern und Westphalen. — Wagrien hat seinen Namen von den Wager-Wenden, den Wagiri des Helmold. — Als ältester Name Ditmarschens kommt Thiatmaresgaho in der Vita St. Willehadi cap. 7. beim Jahre 782 vor. Nach Wiarda bedeutet mar oder mare die Gränze, Scheide, marca; daher kommen auch die Formen Th(i)etmarcia, Th(i)etmarchia, Th(i)etmaring, in einem Diplom des Erzbischofs Adalbert von 1059 Thietmaresca vor. Das Wort Thiad, Thied, Thiod (ags Theod, Thiöd) bezeichnet das vereinigte Volk, von theodan vereinigen. Ditmarschen — Thiatmaresgaho — ist also der Gau des vereinigten Volkes der Mark.

Der alte Name Schleswigs lautet bei Paulus Diaconus Scoringa (vom ags. score, ripa). Denn als die Longobarden (Winiler) aus Scandinavien auswanderten, kamen sie nach Ueberwindung der Wandalen (in Vendsyssel in Jütland) nach dem Scoringa genannten Lande, wo sie einige Jahre blieben. Als sie nun von Scoringa aus nach Mauringa ziehen wollten, versperrten die Assipithi[1]) ihnen den Weg u. s. w. Mauringa ist, wie wir gesehen, Holstein, folglich

muss Scoringa Schleswig gewesen sein, da sie an der Spitze Jütlands die Wandalen geschlagen hatten. In der Frankenzeit wird Schleswig Sillendi, richtiger
Sinlendi, d. i. das öde, wüste Land (J. Grimm) genannt, weil es damals schwach
bevölkert war. So heisst es z. B. in den Annal. Bertin ad annum 815 von dem
sächischen Heere, welches auf Kaiser Ludwigs Befehl den König Harald in sein
Reich zurückführen sollte: Transgressi Eidoram fluvium in terram Normannorum
vocabulo Sinlendi perveniunt. König Aelfred sagt in seiner geographischen Ueber-
sicht: In Westen [1]) der Altsachsen ist die Elbmündung und Friesland, und nordwestlich von da ist das Land, welches man Angel heisst, und Sillendi (*Dahlmann*, Forschungen B. I. S. 418) und Othar erzählt in seiner Periplus (*Langebeck*, Scriptor II p. 116), dass er, von Norden kommend, am Steuerbord Jütland
und Sillendi gehabt habe. — Der Name S c h l e s w i g ist erst im späteren Mittelalter von der Hauptsadt des Landes, dem Sitze des Herzogs und eines Bischofs,
auf das Land übertragen. Die Stadt Schleswig und die Schliesharde [2]) trägt aber
ihren Namen von der Schlei, deren ursprüngliche Form, wie der Stadtname
beweist, Sle gewesen ist. Beim Saxo Grammaticus kommt im 8ten Buche Sle
oppidum (d. i. Slesthorp) vor. J. Grimm hat sich vergeblich abgemüht, eine
germanische Wurzel darin nachzuweisen. Das Wort ist keltisch: le heisst Wasser;
das prostethische S. ist dem Irischen eigenthümlich. [3]) Die Schlei ist also das
Wasser κατ' ἐξοχήν.

Die Namen Marca Danorum, Prafectura Slevicensis (Saxo), Suderjutia,
Cimbria Slesvicensis u. s. w. bedürfen keiner weiteren Erklärung. Adam von
Bremen begreift unter seinem Jutlandia auch Schleswig. So sagt er z. B.,
Latitudo Jutlandiæ secus Egdoram diffusior est, inde vero paulatim contrahitur
ad formam linguae in unum angulum, qui Windila dicitur, ubi Jutlandia finem
habet. (De situ Daniae, in inito).

Verfolgen nachstehender Spur zu einem Resultate. Den altsächsichen Ort Aspithara wird man wohl
auf ein einfaches Aspithi zurückführen müssen und in ihm einen um ein 2tes Suffix—ara verlän-
gerte Form zu erkennen haben (Förstemann, Die deutschen Ortsnamen S. 229). Das Suffix—ithi
ist aber friesisch, sächsisch, thüringisch. (l. c. S. 228). Der Stamm Asp steckt aber wohl auch im
Volksnamen Assipithi.

[1]) Bei den Nordbewohnern, sowie bei manchem Schriftsteller des Mittelalters bezeichnet
Norden den Nordosten, wodurch natürlich die andern Himmelsgegenden auch verrückt werden. Auf
solche Weise werden die Angaben des Königs Alfred erst verständlich.

[2]) In Mecklenburg giebt es einen Schliesee (Lisch. Jahrb. X. 263).

[3]) Daher kommt die Form Liestorp für Sliestorp (= Sleswyk) vor. Es sind diess keine
falsche Lesarten, welche überall aus dem Texte auszumerzen sind.

Schluss.

So wäre denn das Schleswig-Holsteinische Land in seiner Alterthümlichkeit wieder restaurirt und damit die Möglichkeit gegeben, eine Urgeschichte des Landes zu schreiben. Die kimbrische Halbinsel ist nämlich gleichsam die geschichtliche Brücke, die den scandinavischen Norden mit dem Festlande Europas verbindet. Einst in der Dämmerung der Vorzeit ergoss sich über diese Brücke der Völkerstrom der Kimbern, Longobarden, Angeln und Sachsen nach Süden; in späterer geschichtlicher Zeit drang über sie das Licht germanischer Cultur vom Süden aus in die Nacht der nordischen Barbarei. Die Geschichte ist aber das edelste, geistigste Erzeugniss des Bodens, worauf ein Volk lebt: wie das Land, so das Volk; wie das Land und das Volk, so auch seine Geschichte. Jedes Volk ist ursprünglich eins mit dem von ihm bewohnten Boden, oder, wie A. von Humboldt sich ausdrückt, die Völker tragen die Livrée der von ihnen bewohnten Gegenden. Denn wie der Menschengeist' auf keine Weise sich loszuringen vermag von der Erde und daher, wie er irdisch lebt, wie er irdisch fühlt und irdisch denkt, den wahren Erdgeist darstellt, so ist dieses sein Verschmolzensein mit dem Leben der mütterlichen Erde eben dadurch begründet, dass er nicht nur auf oder vielmehr in ihr lebt, dass er nicht nur von ihr lebt, sondern dass er auch von ihr durchlebt wird, dass ihr Leben auch ihn durchdringt, dass er mit der Erde verbunden sich fühlt, wie die Blüthe mit dem Baume, die mit ihm krankt und gedeiht. Und wie nun einerseits und zwar ursprünglich die Natur des Landes auf seine Bewohner bestimmend einwirkt, so tritt wiederum andererseits späterhin der Bewohner auf die manichfaltigste Weise seine Wohnstätte umbildend auf, und diese Umwandlung der Heimath gleichsam zu einem neuen Lande wirkt dann nothwendig zurück auf seine Bewohner. So greifen alle Ringe in einander und bilden eine unzerreissbare Kette von Ursachen und Wirkungen. Es ketten sich aber die Bestrebungen und Anstrengungen der Menschen immer an die Schöpfungen der Natur, um von ihnen den Charakter zu entlehnen, der über sie entscheidet, und die industriellen Erscheinungen, wie die politischen und moralischen gehen meist aus physischen Phänomenen hervor, ja die Gesittung gehört zum Theil zu den Wirkungen des Bodens, die man vielfach übersieht, weil man entweder hochmüthig nicht hinter die nächste Ursache forschen will oder demüthig sich mit der allerentferntesten begnügt. *(Moleschott.)* Das Land, bemerkt der göttliche Plato in den Gesetzen 5 p. 747, gebietet mächtig über uns Sterbliche. Ein göttlicher Hauch waltet in ihm, so dass die Menschen in dem einen von Geburt an besser sind, als in dem andern. Denn die Natur ist keine todte Maschinerie, auch im Starrscheinenden ist ein göttliches Leben *(K. Ritter.* cfr. Bukle, Geschichte der Civilisation in England B. I. C. 2. und Cotta, Die Geologie der Gegenwart. Leipzig 1866. S. 373 fg.) In der Einheit der geistigen Richtung eines

Volkes mit seinem Naturdasein, in dem unzerreissbaren, wenn auch dem Bewusstsein entrückten Zusammenhange des Bewohners mit dem von ihm bewohnten Lande besteht, da der Mensch, an seiner Scholle klebend, mit seinem Sinnen und Trachten zunächst an die Naturbeschaffenheit seiner Wohnstätte gebunden ist, eben das, was man seine Nationalität oder Volksthümlichkeit nennt. In der Nationalität ist der Geist der jedesmaligen Menschenrasse [1] durch die solaren und tellurischen Verhältnisse des Heimathlandes als ein besonderer bestimmt und beschränkt. Eine tiefere Einsicht in den Gang der Geschichte ist daher undenkbar ohne eine allseitige, das Wesentliche nie aus den Augen verlierende Auffassung der physischen Bodensbeschaffenheit des geschichtlichen Schauplatzes. Denn die Menschheitsgeschichte ist ja nur ein Theil der Erdgeschichte: aus dem Ganzen ist aber nur der Theil zu erkennen und die Geschichte steht nicht neben, sondern innerhalb der Natur (*Ritter*). Der Schauplatz übt aber seinen gestaltenden Einfluss auf Alles aus, sei es bewusst oder unbewusst, was sich auf demselben zuträgt und bewegt (*Ritter*).[2] Die Entwicklungsgeschichte der Völker unter dem Einfluss der Natur, des Bodens und der Atmosphäre ist das von dem Historiker zu erstrebende Ziel. So bildet denn die Geographie des Landes das erklärende Mittelglied zwischen Geschichte und Natur des Volkes. (*Roscher*.) Und wie nun einerseits diese Grundansicht, wenn sie die geschichtliche Darstellung beseelt, die Geschichte an den grossen Kreis der Naturwissenschaften anknüpfend, ihr erst den Stempel der ächten Wissenschaftlichkeit aufdrückt, so wird andererseits eine solche ursächliche Verschmelzung der Geographie mit der Geschichte für das einfache Verständniss der letzteren selbst unentbehrlich, wenn der Schauplatz, die Bühne, auf welcher ein Volk lebt und webt, handelt und wandelt, im Zuge der Jahrhunderte und der Jahrtausende vielfache und so grosse, so tiefeingreifende Naturveränderungen erlitten hat, wie solches, wie wir gesehen, der Fall gewesen ist, mit Schleswig-Holstein.

---

[1] Hier, wo wir den Einfluss der äusseren Natur auf den Gang der Geschichte andeuten wollen, können wir nicht eingehen auf die verschiedene innere Anlage der Rassen, die den zweiten Hauptfactor der Geschichte bildet. Später werden wir auf dieses Moment noch zurückkommen.

[2] Statt vieler Beispiele nur eins! Der Jura erzeugt auf seinem harten aber kräftigen Boden einen Menschenschlag, der zu den kühnsten und thatkräftigsten gehört. Mit leichter Mühe schwingt sich der Jura-Mensch zum Beherrscher der Bewohner der jüngeren Gebirge auf, obgleich letztere in der Regel in den Erzeugnissen des Bodens wie der Industrie weit überlegen sind. Im Mittelalter schon waren die Ritter, deren Schlösser gleich Adlernestern auf den Höhen der Jurafelsen standen, die Herren des Tieflandes; ob ihre Burgen auch gefallen und in Trümmern liegen, von ihnen stammen die meisten Herrschergeschlechter der Erde ab. Sicherlich ist es mehr als blosser Zufall, dass die Stammschlösser der Hohenstaufen, der Hohenzollern, der Habsburger auf weissem Jura gelegen sind. Von den jurasischen Hochländern Asiens brachen Hunnen, Mongolen, Mandschu im Laufe der Geschichte hernieder in die jüngeren Länder. (Fraas, Vor der Sündfluth, Stuttgart 1866. S. 234). Aber freilich ist es wiederum die Wirkung des Bodens auf den Geist, wenn ein dem Jura entsprossendes Herrschergeschlecht, welches das Geschick seit Jahrhunderten in den märkischen Sand verpflanzt hat, allmählig entartet, denn der dürre nordische Sand erzeugt nur bornirte Pfahlbürger und geistesarme Junker.

Zusätze.

Zu Seite 5. Note.

Welchen Einfluss der Golfstrom auf die Milderung des Klimas ausübt, zeigt eine Vergleichung der Temperaturverhältnisse zwischen der Westküste Europas und der Ostküste Americas. So ist z. B. die mittlere Jahrestemperatur zu Alten in der Nähe des Nordkaps unter dem 70sten Grade der Breite + 1°R, dagegen die von Boothia felix in Nordamerika unter derselben Breite — 16°, also eine Differenz von 17°, welche im Januar auf 27—28° steigt. Aber auch für niedrigere Breiten, z. B. von 50° bedingt der gegenwärtige Verlauf des Golfstromes Temperaturdifferenzen zwischen Nordamerika und Europa von über 10° im Jahresmittel. Seine Wirkung zeigt sich hauptsächlich im Winter. Dann hebt er vollkommen den Unterschied in der Temperatur auf, welcher der Breite nach zwischen Nord- und Südbritannien bestehen sollte. Im Januar besteht dieselbe Temperatur im englischen Kanal und bei den Shetlands-Inseln, so dass alsdann die Isotherme von Norden nach Süden läuft. Im Januar zeigt die Fahrt von Boston um die Insel St. John herum bis Island dieselbe Temperatur. Während der Hafen von Hammerfest in Norwegen nie zufriert, ist der Hudson unter der Breite von Rom 3 Monate im Jahre mit Eis bedeckt. — Beim Ausgang der Strasse von Florida hat der Golfstrom eine Temperatur von 28° C. Er geht bis zum Cap Fear und läuft nordöstlich durch den Ocean.

Zu Seite 12.

Merkwürdigerweise werden in America die abgebrannten Nadelhölzer durch Nachwüchse von Eichen ersetzt. Ist hier einzig und allein die Milderung des Klimas Schuld?

Zu Seite 24.

Mit dem populären Namen Drückdal werden nach einer Mittheilung des Prof. der Botanik Nolte hieselbst mehrere Pflanzen von dem Volke bezeichnet, nämlich vorzüglich

1) Die Poa maritima Hudson, die nur an der Nordsee vorkommt und

2) die Poa distans L. (Poa salina Poll.), welche man an der Ostsee häufiger antrifft als an der Nordsee. Beide sehen sich sehr ähnlich, doch unterscheiden sie sich dadurch, dass die erstere grösser ist, kriechende Wurzeln und weit vollere Blüthen hat, während die letztere nach dem Abblühen die Blüthenäste abwärts kehrt. Die Pflanzen sind späterhin als Glyceria aufgeführt worden. In Ostfriesland bezeichnet man auch die Salicornia herbacea, gewöhnlich Queller genannt, als Drückdal.

3) Auch den Juncus botnicus Wahl. bezeichnet das Volk als Drückdal, ein Collectivausdruck für alle saftige Futterkräuter, die durch ihr eigene

Schwere, auf Wagen geladen, sich zusammenpressen, daher der Name. Der Juncus botnicus kommt zusammen mit Poa maritima an der Küste Ditmarschens vor. Er wird sehr oft (selbst von Botanikern) mit dem Juncus compressus Jacq. (Juncus bulbosus L.) verwechselt.

Zu Seite 41. Note.

Gegen diese Folgerung, dass die Insel Thule nur eine kleine gewesen, weil Pytheas durch sie einen Breitegrad bestimmt hatte, lässt sich einwenden, dass Strabo sagt: Θούλη, νῆσος μεγάλη, ἐν τῷ Ὠκεανῷ ὑπὸ τὰ Ὑπερβόρεια ὄρη. Da aber Strabo (VIII. p. 451.) selbst erklärt, dass man zu seiner Zeit nichts Sicheres wisse von den Ländern, die jenseits der Elbe liegen, so kann sich sein Ausspruch über die Grösse von Thule nur auf ältere Nachrichten gründen, in denen, wie später so oft geschehen, die Pytheas'schen Bezeichnungen Θούλη und τὰ περὶ Θούλην mit einander verwechselt sind. (Siehe S. 83.).

Zu Seite 45.

Einige haben den Namen Schwabstedt hergeleitet von dem im Mittelalter vorkommenden Personennamen Schwabe, Suave, so dass der Ort ein Analogon bilden würde zu den Ortsnamen Clausdorf, Vitzdorf (früher Davidsdorf), Hinrichsdorf u. s. w. Schwabstedt gehörte zu den Tafelgütern des Bischofs von Schleswig und das befestigte Schloss war oft der Aufenthaltsort derselben. Da nun der Personenname Schwabe ein hiesigen Landes sehr ungewöhnlicher ist, da unter allen Schleswiger Bischöfen keiner schwäbischer Abkunft gewesen, und der Ort auch wohl älter als das Bisthum sein mag, so ist die Ableitung seines Namens von dem Personennamen ein mindestens sehr unwahrscheinlicher.

Zu Seite 52, (§ 15.)

Excursus.

Die grossen baltischen Fluthen der Urzeit.

Ueber die sog. baltische Fluth haben Forchhammer (*Falk*, Staatsbürgerliches Magazin 1827. B. 7. S. 537 fg.) und *Nilsson* (Das Steinalter. Hamburg 1868. S. 185 fg.) sich in mehrfach abweichendem Sinne geäussert. Forchhammer sieht die Bildung der Ostsee, wie sie jetzt ist, für die Wirkung einer einzigen Fluth an, aber sicherlich mit Unrecht. Es streicht nämlich längs der Ostseeküste Schwedens von Ystad nach Trelleborg und Falsterbro ein an mehreren Stellen mehr oder minder unterbrochener, aus Kies und Steinen bestehender Landrücken, der Järawall genannt, welcher an einigen Stellen lang und breit ist, während an andern Orten mehrere derartige Wälle über und hinter einander liegen. Unterhalb dieser Höhenzüge befinden sich Torfmoore, die zum Theil unter dem Niveau des Meeres liegen und sich als eine Süsswasserbildung erweisen. Dieser Järawall kann seine Entstehung nur der grossen baltischen Fluth verdanken. *Nilsson* (l. c. S. 168) deutet aber mit Recht darauf hin, dass seine Bildung nur durch mehrfache Wasserfluthen erklärlich ist. Nach ihm liegt die Ursache zu diesen Wasserbewegungen einerseits in einer

Senkung der unterseeischen Erdrinde im südlichen Theile, anderseits in einer Hebung im nördlichen Theile der jetzigen Ostsee. — Ueberblickt man die Karte der Ostsee, so muss man Forchhammer darin Recht geben, dass der botnische Meerbusen, einst geschlossen durch die noch nicht durchbrochene Granitbarrière der Alandsinseln, einen mit dem weissen Meere in Verbindung stehenden Meerbusen gebildet habe (cfr. §. 4. S. 5). Dieser Meerbusen war aber in noch früherer Zeit in zwei Theile geschieden, denn zwischen Umeå auf schwedischer, und Wasa auf finnischer Seite verengert sich der botnische Busen bedeutend, und in der Nähe beider Küsten, besonders der finnischen, liegen hier eine Anzahl kleiner Inseln, zwischen denen die Quarkenstrasse offen bleibt. Durch den Durchbruch an dieser Stelle ward auf schwedischer Seite die Küste des südlichen Theiles des botnischen Meerbusens concav ausgeschnitten und erhielt seine jetzige Gestalt. Als nun später der solcher Gestalt vereinte botnische Meerbusen die Barrière der Alandsinseln durchbrach, schnitt die vorstürzende Wassermasse den Rigaer Meerbusen ein, an dessen Eingange die Inseln Oesel und Dagö zurückblieben. Südschweden hing noch mit Oeland, Gothland und Curland zusammen, so dass also dieser nordöstliche Theil der jetzigen Ostsee sowohl durch den botnischen, als finnischen Meerbusen mit dem weissen und mit dem Eismeere in Verbindung stand und vermuthlich ein Theil Finnlands dazwischen lag. Die Bucht von Danzig bis Memel — Samland (Baltia) bildete noch eine Insel (§. 27. S. 125.) — war durch eine Bodensenkung und nicht, wie Forchhammer vermuthet, durch den Durchbruch des botnischen Meerbusens entstanden, denn durch diese Senkung wurden die Bernsteinwälder unter den Meeresspiegel gebracht. Bornholm ist seiner geologischen Beschaffenheit nach der südlichste Ausläufer der scandinavischen Urgebirgsketten und stand wohl einst in Verbindung mit Südschweden, und die Kreidefelsen von Rügen hingen mit denen Möens zusammen. Nach *Nilsson* (l. c. S. 186) stand das südliche Schweden mit dem norddeutschen Festlande in Zusammenhang. Durch plötzliche Hebung eines grossen Theils von Finnland wurden die Gewässer des grossen Eismeerbusens, der sich bis Gothland herunter erstreckte, dergestalt gegen Südwesten gedrängt, dass die Barrière zwischen Oeland, Gothland und Curland durchbrochen [1] und der Meerbusen zwischen der Insel Rügen und Hinterpommern eingeschnitten, Bornholm von Pommern getrennt wurde. Das Uebergangsgebirge von Oeland und Gothland ward grösstentheils zerstört und die Trümmer bis nach Bornholm fortgeführt. Es besteht nämlich die Nordostküste dieser Insel aus Granitgrus, der aber bis zu einer Höhe von 250 Fuss über den Meeresspiegel mit einem fetten Lehm bedeckt ist, in dem unzählige Bruchstücke von Uebergangsschiefer, Sand- und Kalkstein, wie sie jetzt noch auf Gothland und Oeland gefunden werden, ein-

---

[1] Solche Durchbrüche im kleinen Maassstabe kommen in jenen Gegenden gar nicht selten vor. So sprengte 1818 der Souwando in einer Breite von einer We.ste die Scheidewand, welche ihn vom Ladoga trennte. Seine Länge wurde dadurch von 40 auf 15 Werste reducirt. (7 Werste = 1 geographische Meile.) (Forchhammer l. c. S. 541.)

gebettet sind. Höher hinauf findet man sie nicht mehr. (*Forchhammer*, l. c. S. 542.) Durch eine spätere, mehr von Osten kommende Fluth ward der Meerbusen von Christianstad eingeschnitten und Bornholm von Schweden abgerissen, und dann noch später Rügen von Möen getrennt, und die tiefe Bucht von Travemünde gebildet. Diese letzten beiden Fluthen haben namentlich zur Bildung des Järawalles beigetragen. Da man aber auf dem Boden der unter dem Järawall liegenden Torfmoore, auf dem feinen Blauthon, roh bearbeitete Steingeräthe (Messer, Pfeile u. s. w.) von Feuerstein gefunden hat (Nilsson), so fallen jene grosse baltische Fluthen in eine Urzeit, wo Schweden bereits bewohnt war.

In den Geschieben, die man in Schleswigholstein gefunden, hat man mannigfache Versteinerungen entdeckt, welche äusserst selten der devonischen, fast sämmtlich der silurischen Formation angehören. Eine grosse Zahl dieser Petrefacten stimmt mit denen der russischen Ostseeländer überein, während andre scandinavischen Ursprungs sind. Allein eine Anzahl und zum Theil in grosser Häufigkeit vorkommender Gesteine weisen auf ein jetzt nicht mehr anstehendes Gebirge hin. Dahin gehören 1) der märkische Uebergangskalk oder Beyrichienkalk; 2) der Backsteinkalk; 3) das kalkig-thonige Gryptolithengestein; und 4) der Hornstein oder jaspisartige Kieselgesteine, die durch Crinoidenreste characterisirt sind. Bei der Häufigkeit wenigstens der drei ersten Gesteine und weil für sehr viele characteristische krystallinische Gesteine keine gleiche anstehende Gesteine in Scandinavien oder Russland gefunden werden, so müssen zahlreiche Reste in den Geröllen Schleswigholsteins gänzlich zerstörten Gebirgsmassen ihren Ursprung verdanken. (Karsten, Beiträge zur Landeskunde der Herzogthümer Schleswig und Holstein. Kiel 1869. Heft 1. S. 78.) Diese Trümmer zerstörter Gebirge, welche in Schleswigholstein gefunden werden, sind wenigstens theilweise durch die grossen baltischen Fluthen herbeigeschwemmt worden.

Zu Seite 56.

Nach einer gütigen Mittheilung des Herrn Professor Nolte hieselbst kommen im Lande Oldenburg folgende Pflanzen vor, die im übrigen Holstein fehlen:

1. Althamanta Libanothis L.
2. Allium sphaerocephalum L.
3. Silene anglica L.
4. Silene noctiflora L.
5. Thalictrum simplex L.
6. Thalictrum minus L.
7. Geranium sanguineum L.*
8. Orobanche elatior Sutton.
9. Orobanche caryophyllacea Smith.
10. Lepidium latifolium L.*
11. Trifolium montanum L.

12. Zannichellia polycarpa Nolte.

13. Rottböllia incurvata L.

Uebrigens variiren die Angaben in der Literatur bedeutend. Schröder gibt in seiner Topographie von Holstein von den obigen Pflanzen nur die Nummern 1—5 incl., 7—10 incl. und ausserdem noch folgende 6 Species an:

Athamanta Oresilinum L.

Scabiosa columbaria L.*

Cistus Helianthemum L.

Betonica officinalis L.*

Bunias orientalis L.*

Chondrilla juncea L.*

Biernatzki dagegen giebt von den obigen 13 Pflanzen als nur im Lande Oldenburg vorkommend Nro. 1, 2, 3, 6, 7, 10 und 11 an. Ausserdem macht er noch namhaft

Peucedanum officinale.

Althaea officinalis.

Anthyllis vulneraria und

Bunias orientalis.

Prof. Nolte hat von allen zuerst Nro. 12 und 13 in dieser Hinsicht angeführt. — Welche von den obigen 13 nur im Lande Oldenburg vorkommenden Pflanzen in Mecklenburg gefunden werden, kann ich nicht sagen. Beiläufig habe ich die mit einem * bezeichneten bei Boll als in Mecklenburg vorkommend angegeben gefunden.

Zu Seite 67.

Während des Druckes erschien die kleine Schrift von dem Deichinspector Hübbe: Einige Erläuterungen zur historisch-topographischen Ausbildung des Elbstromes und der Marschinseln bei Hamburg. Mit 3 historischen Karten. Hamburg 1869. Wir theilen aus ihr das Wesentliche über die Terrainverhältnisse, den früheren Lauf der Elbe und seiner Nebenflüsse mit Uebergehung der wechselnden weltlichen und kirchlichen Territorialverhältnisse und deren Ursachen mit; doch kommen wir schliesslich zu einem andern Resultate als Herr Hübbe. Das Material für die Darstellung des Stromgebietes der Elbe in der Vorzeit und der Bildungsverhältnisse der Marschinseln bei Hamburg liefern uns theils die in den Chroniken und Urkunden zerstreuten Nachrichten, theils die Elbkarte des Melchior Lorich von 1568, die älteste, die wir besitzen und welche Lappenberg 1847 mit Erläuterungen herausgegeben hat, theils endlich eine auf der Stadtbibliothek befindliche Karte von 1621. Dazu muss aber noch vor allen Dingen eine Kenntniss der Naturgesetze kommen, nach denen der Lauf der Ströme sich bestimmt und ändert, welche wohl durch Naturereignisse oder Menschenkunst momentan gestört werden, dann aber ihren natürlichen Verlauf wieder aufnehmen. Bei hydrotechnischer Sachkenntniss lassen sich Unmöglichkeiten leicht erkennen, so dass man zu einer richtigen Darstellung der Configuration des Stromlaufes gelangt. Wenn nun auch die Erforschung nicht in die Urzeit zurückführen kann, sondern nur bis zum Anfang des zwölften Jahrhunderts, wo die ersten Deichanlagen, die frühesten Ansiedler in den Hamburger Marschen sich finden, so lässt sich doch daraus von dem Zustande einer früheren Zeit im Allgemeinen ein Bild entwerfen.

Es sind hier überall Moormarschen (§ 8). Die Moorbildung tritt zu Tage besonders vor dem Rande der Geest, am alten Gestade des Meerbusens, jedoch nicht überall. Ausgedehnte Moorstrecken von zum Theil grosser Breite finden sich längs dem ganzen Rande des südlichen (hannöverschen) Geestabhanges; dagegen am nördlichen (holsteinischen) Geestabhange liegen nur an wenigen Stellen, in geschützten Buchten der Geesthöhen, kleine Moordistricte zu Tage wie bei Boberg und Escheburg. Ueber das Moor lagerte sich der Marschschlick ab, doch dauerte es noch lange, bis die Ablagerungen durch ihre Höhe sich den Einwirkungen der Gewässer und den Anschwellungen des oberen Stromes und der Meeresfluth entzogen. Eine genauere Kenntniss der Tiefe und Dicke der Moorschichte des ganzen Elbthales würde dessen Entstehungsgeschichte wesentlich aufklären; sie fehlt aber fast ganz und ist der Kosten wegen wohl schwerlich je zu beschaffen. Im Anfang des zwölften Jahrhunderts bildeten die Marschgegenden bei Hamburg eine weite, von grösstentheils steilen und sandigen Abhängen der Geesthöhen eingefasste Fläche von $1\frac{1}{2}$ Meilen. Breite, die von der Fluth fast in seiner ganzen Ausdehnung täglich überfluthet und bei höherem Wasserstande der Oberelbe im Frühjahr überschwemmt ward. Das ablaufende Wasser hat in der ziemlich ebenen Fläche zahlreiche Priele ausgefurcht, die sich den Stromarmen anschliessen. Bei der Elbe tritt so ein ausgedehntes Bett, sumpfig und feucht hervor, der palus der Urkunden.

Als Nebenflüsse der Elbe, so weit sie hier in Betracht kommen, sind am nördlichen Ufer die Alster und Bille, am südlichen die Ilmenau mit der Ilau, die Luhe, die Seve und die Este zu nennen. Auch diese Nebenflüsse haben Flussthäler, enger als das Elbthal, an beiden Seiten vom Geestabhange begränzt, in welche die Meeresfluth eintritt, sofern sie nicht durch Dämme geschlossen sind und beim Wiederablauf die Ausspülung einer entsprechenden Stromrinne durch die vorliegende Marschfläche bis zum Strombett der Elbe bewirkt. Jeder Nebenfluss hat also in früherer Zeit zwei Mündungen: beim Hochwasser den Ausgang des Flussthales in das Elbthal, bei Niedrigwasser die Mündung des Flussbettes in das Elbbett.

Bei einer aufmerksamen vergleichenden Betrachtung des Laufes dieser Nebenflüsse, wie die Karten bei Hübbe sie uns zeigen, wird man alsbald sich überzeugen, dass deren Lauf ein wesentlich verschiedener ist, so dass man diese Ströme in zwei Klassen vertheilen muss. 1) Zu der einen Abtheilung gehören die Flüsse, deren unterer Lauf innerhalb des Elbthals das Marschland hier der Quere nach durchströmt, wie die Alster, die Luhe, die Seve und Este. Dagegen verlaufen 2) die Bille und die Ilmenau nebst der Ilau nach ihrem Eintritt in das Elbthal auf eine grosse Strecke der Länge nach durch dasselbe und zwar auch durch Marschland. Wir halten diesen von Hübbe übersehenen Unterschied für einen wesentlichen und tiefeingreifenden in die früher bestandenen Gestaltungen der Elbarme; denn man fragt sich unwillkürlich: worin ist dieser Unterschied begründet? Wir wollen hier den Beweis liefern, dass dieser untere Lauf der Bille, der Ilmenau und Ilau durch das Elbthal seiner Länge nach einst selbst Elbarme gewesen sind.

1. Was die Bille betrifft, so vereinigt sich ihr Flussthal mit dem Elbthal bei Bergedorf. Der in dem Elbthal noch über zwei Meilen westwärts verlaufende Theil der Bille, die Unterbille, mündete in die Elbe zwischen dem Billewerder und dem Grasbrook: der östliche Arm in der Gegend der jetzt s. g. Baak, der Ostspitze des jetzigen Grasbrookes, der westliche in der Gegend der Gasfabrik auf dem Grasbrook. Zwischen beiden Armen der Bille lag der Boicen- oder Grandeswerder.*) Der Grasbrook hing aber noch mit dem Hammerbrook unmittelbar zusammen. Dieser im Elbthal verlaufende Theil der Bille war ursprünglich ein Elbarm, der sich von Bergedorf an noch weiter östlich fortsetzte und ungefähr in der Gegend von Horst sich mit dem Hauptstrom der Elbe verband. Die Brookwetterung, welche die Gammer Marsch von dem Moor bei Escheburg schied, war der Ueberrest dieses alten Elbarmes. Wir haben bereits S. 70. nach Guthe nachgewiesen, dass die Elbe einst in grader Richtung nach Nordwesten durch die Vierlanden ihren Lauf genommen und erst später ihre jetzige Richtung nach Südwest eingeschlagen habe. Hier ist nun zum ersten Mal dieser Elbarm in seinem ganzen Verlaufe nachgewiesen, in den bei Bergedorf die kleine Bille (die Oberbille) mündete. Die Gränzscheide zwischen der Grafschaft Holstein-Stormarn nördlich und der Grafschaft Stade südlich von der Elbe auf der einen Seite und dem Herzogthum Sachsen auf der andern Seite ging also vom Ausfluss der Bille bis zum Ausfluss der Seve in die Elbe, offenbar eine natürlichere Scheide, als wenn ein Punkt im Verlaufe der Bille (nach der gewöhnlichen Ansicht) als Anfangs- respective Endpunkt der Gränzlinie gewählt worden wäre. Als nun jener Theil des Elbarms zwischen Bergedorf und Horst, nach und nach zu der Brookwetterung zwischen der Gammer Marsch und dem Eschenburger Moor einschrumpfte, ging der Name Bille auf den zwischen Bergedorf und Hamburg befindlichen Rest des Elbarms über, wozu die Gränzstreitigkeiten zwischen den weltlichen und geistlichen Fürsten und Würdenträgern reichlich Veranlassung boten und gierig benutzt wurden. Uebrigens hatte der Hauptelblauf in dieser Gegend oberhalb Besenhorst früher einen andern Lauf. Jetzt liegt Geesthacht am nördlichen, Marschacht am südlichen Elbufer. Einst lag das letztere ebenfalls am nördlichen Ufer des Stromes vor dem Geestabhange und bildete dort eine mit Geesthacht zusammengehörige Brookfläche (Lappenberg, Lorichs Elbkarte S. 7). So wird denn auch 1211 ein Novum Erteneborch (Artlenburg) super litus Al-

---

*) Oben S. 70. ist nach Neddermeyer ein anderer Verlauf der Bille angegeben, eine Differenz, die sich dadurch ausgleicht, dass man, wie Hübbe (l. c. S. 36.) bemerkt, zur Verbesserung der Tiefe des Hafens (der s. g. Deep) mittelst der Fluthen Gon Billestrom künstlich hineingeleitet hatte.

biae genannt (Lappenberg l. c. S. 11. Anm. 2.) und wie die Elbe in dortiger Gegend sich vielfach verlegt hat bei Oberwasser und Eisgang, zeigt noch jetzt die bunt durch einander sich streckende Lage der hannoverschen, Amts Bergedorfer und Lauenburger Aussenländereien oder Warder zwischen Geesthacht und Altengamme.

2. Auch die Ilmenau nebst Ilau soweit sie im Elbthal verlaufen, sind einst Elbarme gewesen. Der Theil des Elbstroms, welcher die Neue Gamme von der Drenhusener Elbmarsch scheidet, heisst noch jetzt »lange Grove«, ein Name, der auf eine künstliche Anlage unzweifelhaft hindeutet, wodurch man den früheren Hauptstrom, die Dove Elbe, mit der Süderelbe in Verbindung setzte. Bevor jedoch diese Verbindung hergestellt war, muss die Süderelbe doch in Zusammenhang gestanden sein mit der Oberelbe, und dieser kann nur stattgefunden haben durch die Ilmenau und Ilau, soweit sie der Länge nach im Elbthal verlaufen. Zu erforschen bliebe nur noch, wo diese Elbarme aus der Oberelbe herausgetreten, eine Aufgabe, zu deren Lösung die Hübbe'-schen Karten kein Material liefern.

Von den Nebenflüssen der Elbe, welche der Quere nach das Elbthal bis zum Elbbett durchsetzen, interessirt uns vor allen andern die Alster. Das Alsterthal, oberhalb seines Ausganges sich zu einem bedeutenden Kessel erweiternd, vereinigt sich mit dem Elbthal im Inneren Hamburgs auf der Linie vom alten Steinweg nach der grossen Bäckerstrasse, wo die Geesthöhen von beiden Seiten sich einander ziemlich nahe kommen. Die Alstermündung lag weiter unterwärts neben der früher mit Eichholz bewaldeten Geeststrecke des Scharmarktes, etwa in der Gegend der zweiten Vorsätzen. Hamburg ward gegründet auf der äussersten Spitze der schmalen östlichen Geestzunge, vor welcher das Alster- mit dem Elbthal sich vereinigt, nur im Osten gegen feindlichen Ueberfall durch Wälle geschützt. Nur beim Hochwasser wurde es von den Fluthen der Elbe bespült; bei Niedrigwasser lag es weit ab von der Elbe an der Alster, die das s. g. Deep bildete, d. h. den unteren Alsterlauf von der Mühlenbrücke abwärts bis zur Alstermündung neben dem Eichholz.

Westlich von Hamburg und der Alster liegen schon in alter Zeit Ottensen, Otmarschen, Flottbeck, Nienstädten und andre Dörfer, vor denen nicht unbedeutende, jetzt längst nicht mehr vorhandene Marschflächen von unbekannter Breite sich ausdehnten. (Siehe hierüber das über Otmarsche Seite 67. Bemerkte). So gab es auch bei Blanknese ein Blankenbrook, der mehrfach in Urkunden des 15ten Jahrhunderts vorkommt, (Lappenberg, Lorichs Elbkarte S. 89.). — Oestlich von Hamburg liegen die Dörfer Hamm, Horn, Scbiffbeck, Steinbeck und weiter zurück Boberg und im Billethal Lohbrügge. Bei diesen Dörfern und bei Hamburg selbst findet sich am Fusse des Geestabhanges ein bis an das Rinnsal der Bille (des Elbarms) reichender Streifen Marschlandes, Brook genannt. Es gibt noch jetzt ein Steinbecker, ein Schiffbecker, ein Hammer- und ein Grasbrook (schlechtweg Brook genannt, das eigentliche Hamburger Brook).

Was nun die Marschelbinseln bei Hamburg betrifft mit Rücksicht auf ihre Niveauverhätnisse, so sind die am frühesten urbar gemachten, d. h. eingedeichten Districte sehr niedrig. Man kann je nach der Lage solche unterscheiden, welche auf oder über der gewöhnlichen Fluthhöhe liegen, während andre sich nur wenig über die gewöhnliche Ebbehöhe erheben. Bisweilen liegt der eine Theil einer Insel über, ein anderer Theil unter der Fluthhöhe. So erhebt sich vom Billwerder nur der oberste Theil in der Nähe der früheren Nettelnburg in geringer Ausdehnung bis zur gewöhnlichen Fluthhöhe oder etwas darüber, der grösste Theil aber nur wenig über gewöhnliche Ebbehöhe. Der Hammerbrook und der Ausschlag liegen in ganzer Ausdehnung nur wenig über gewöhnlicher Ebbehöhe. Auch Tatenberg bleibt unter der gewöhnlichen Fluthhöhe. Der Ochsenwerder erhebt sich am oberen Ende über die gewöhnliche Fluthhöhe, fällt aber abwärts bedeutend unter dieselbe herab. Der Kirchwerder liegt grösstentheils unter der täglichen Fluthhöhe und erhebt sich nur am oberen Ende nach der Kirche, dem Zollenspieker und der Riepenburg zu bedeutender über dieselbe herauf. Korslak und Alte-Gamme dagegen liegen durchgehends ungefähr auf dem Niveau der gewöhnlichen Fluth und nur ihr westliches Ende sinkt nennenswerth unter dasselbe herab. Die später eingedeichte Neue Gamme mit dem Reitbrook liegt etwas höher, als die umliegenden früher bedeichten Landschaften. Die hannöverschen Marschen : das Winsener Neuland zwischen der Luhe und Seve, das Harburger Neuland zwischen Seve und Harburg, ferner westlich von Harburg der Lauenbruch und das hamburgische Amt Moorburg (früher Glindesmoor) befinden sich durchweg unter dem Niveau der gewöhnlichen Fluthhöhe. Dasselbe gilt auch für den ältesten Theil von Wilhelmsburg, dem alten Stillhorn. Dagegen liegen die übrigen zwischen der Norder- und Süder-Elbe belegenen Inseln, die jetzt theilweise mit Wilhelmsburg landfest zusammenhängen, theils als besondere Inseln noch jetzt bestehen, erheblich höher und über dem Niveau der gewöhnlichen Fluth. Ein Gleiches gilt auch für die Inseln Finkenwerder und Altenwerder. (Dr. *W. Hübbe* in der Zeitschrift des Vereins für hamburgische Geschichte. Bd. 5. S. 430 fg.).

1. Der Hammerbrook. Zuerst ward der östliche Theil desselben bis an den Grevenweg, hinter dem s. g. Hammerdeich, später der westliche Theil zwischen dem Grevenweg und Hamburg mit Ausnahme des jetzigen Grasbrookes eingedeicht. Ausdrücklich genannt wird der Hammerbrook zuerst 1300. (*Lappenberg,* Hamburger Urkundenbuch Nro. 922.) Er muss schon sehr frühe eingedeicht sein.

2. Der Billwerder wird zuerst im Jahre 1162 genannt (*Lappenberg* l. c. Nro. 225). Die obere Hälfte ward zuerst, wahrscheinlich von der Nettelnburg aus eingedeicht, wahrscheinlich folgte die Eindeichung des Restes bald nach. Der Billwerder Ausschlag, die ehemals durch einen Arm der Bille getrennte Insel Billhorn, ward viel später eingedeicht.

3. Die Gammer Marsch, östlich vom Billwerder, theilte sich später in die Alte Gamme und Korslak. Beide sind gleichzeitig eingedeicht worden. Diess war schon 1158 geschehen (*Lappenberg* l. c. Nro. 215.)

4. Die Neue Gamme war 1158 noch unbedeicht, aber 1212, wo sie nova insula heisst, wird sie als urbar bezeichnet (*Lappenberg* l. c. Nro. 215. 387). Der westliche Theil, der s. g. Alte Brook (früher Reithbrook) wird schon 1252 als urbar erwähnt, (*Lappenberg* l. c. Nro. 570). Der Neue Brook ward später eingedeicht.

5. Der Kirchwerder wird 1217 als eingedeicht genannt. (v. *Hodenberg*, Verdener Geschichtsquellen II. 66) und hat sich wahrscheinlich an die' hier erbaute Riepenburg angeschlossen.

6. Der Ochsenwerder ward etwas später eingedeicht als der Kirchwerder. Die zum Ochsenwerder gehörige Landschaft Spadenland ist später urbar gemacht worden. Der Tatenberg, sonst Inwerder genannt, lieferte 1315 schon Zehnten. Der Moorwerder ist vor 1311 eingedeicht worden. Die Aussenländereien zwischen Tatenberg, Ochsenwerder und Spadenland wurden 1630 an beiden Enden überdämmt, und dadurch diese 3 Landschaften in einen gemeinsamen Deichband gebracht.

7. Der Gories- oder Griesenwerder war eine grosse Elbinsel, dem Nordufer der Elbe gegenüber, die urkundlich bis zum Ness auf Finkenwerder hinabreichte und daher ausser mit dem früheren Stillhorn und Finkenwerder vielleicht mit dem Altenwerder zusammenhing. Schon 1158 wird der Gorieswerder als eingedeicht erwähnt. Der Altenwerder soll zur Zeit Otto des Strengen (1277—1330) (wieder) eingedeicht worden sein (*Lappenberg*, .Elbkarte von Lorichs. S. 54.). Der Finkenwerder, von dem früher nur der westliche Theil der südlichen Hälfte bedeicht gewesen (*Lorichs* Elbkarte), hat mehr als alle andern Inseln dieser Gegend, von den Wasserfluthen gelitten, daher hier die Wohnstellen auf Wurthen im Innern der Insel liegen, was bei keiner der neueren Inseln der Fall ist. Der Gorieswerder ward durch die grossen Fluthen von 1380, 1393 und hauptsächlich durch die Cäcilienfluth von 1412 arg verwüstet; grosse Eisfluthen und Eisstapfungen am untern Theile der Süderelbe zwischen dem Gorieswerder, dem Altenwerden und Moorburg vielleicht kurz vor 1400 stauten das Wasser in der Süderelbe auf und führten seine Zerreissung in eine grosse Anzahl durch Querströme getrennter Inseln herbei. So entstanden in ihrer unnatürlichen, sonst nicht su erklärenden Lage die Querströme aus der Stillhorner Elbe zwischen der Veddel und dem späteren Rothen Hause, der Reiherstieg und Köhlbrand und erweiterten sich nach und nach durch die Sturmfluthen. Namentlich der Nordrand von Gorieswerder ward durch diese Querströme stark mitgenommen und durch vielfache Nebenströme zerrissen und dadurch die Norderelbe erweitert. Eine Folge dieser Durchbrüche im Gorieswerder war nun eine bleibende Strömung aus dem südlichen, vorzugsweise den oberen Abfluss aufnehmenden nach dem nördlichen Stromarme, und der Abbruch des holsteinischen Marschufers von Ottensen und Otmarschen. — Von dem zerstörten Gorieswerder nahm Hamburg das Land auf beiden Seiten der Draudenau im weiten Umfange in Besitz, nämlich ausser der Hälfte des Finkenwerders die Insel in der Draudenau (das jetzige Pacht-

gut dieses Namens), die Draudenau-Weide oder Rugenbergen, die östliche Spitze der Gorieswerder- oder Kreuzweide, die östliche Spitze des jetzigen Mühlenwerders und den Ross. Der Rest des übrigen holsteinischen Theiles von Gorieswerder blieb lange unbedeicht als sumpfige Insel und ward durch Aufschlickung allmählig höher. Nur am östlichen Ende scheinen der Kaltehof, die Peute und die Veddel als Sommerpolder brauchbar geblieben zu sein. Im Lüneburger Theile des Gorieswerder wurden die Polder des Rothen Hauses, des Reiherstieges (früher Hartigen- oder Herzogenhof genannt) und des Kirchhofes bald wieder nutzbare Inseln.

Eine Folge des Durchbruches dieser Querarme zwischen Süder- und Norderelbe war die ununterbrochene Abnahme jener Elbarme, welche die Vierlande (Kirchwerder, Neu- und Alte-Gamme und Korslak) durchschnitten. Die Gamm-Elbe zwischen der Alten- und Neuen-Gamme ward 1482 beim Gammer Ort, und der andre Elbarm zwischen der Neuen Gamme und dem Kirchwerder 1488—1492 beim Krauel und der Riepenburg abgedämmt, so dass von da an jede Einströmung in diese jetzt als Dove- und Gose-Elbe bezeichneten Elbarme von oben her aufhörte. In Folge dieser Abdämmungen musste in dem einzig bleibenden Elbstrome eine Vermehrung der Wassermenge und ein Abbruch der Ufer des Kirch- und Ochsenwerders, sowie der Lüneburger Neulande entstehen.

Diesen Abdämmungen der Gammer-Elbe gegen die Fluthen der Oberelbe folgte sofort der Abschluss des Bassins der Unterbille gegen die Elbe. 1492 ward die Bille am unteren Ende des Billwerder Ausschlags Billwerder Seits abgedämmt, und zum Abfluss der Bille in dem Abschlussdeiche die Bullenhuser Schleussen erbaut, an deren Stelle jetzt die Grünebrücke sich befindet. Die nothwendig dazu gehörige Abdämmung der Unterbille am oberen Ende fand 1494 bei den Heckkathen Statt, wo im Damm die Heckkathenschleusse angelegt ward. Um das Jahr 1208 war bereits das Billethal durch den Bergedorfer Mühlendamm abgedeicht worden (*Lappenberg* l. c. Nro. 372. 404). Später ward die Oberbille durch den Bergedorfer Schleussengraben in Verbindung gebracht mit dem Elbarm zwischen der Alten und Neuen Gamme (die später s. g. Dove-Elbe). Vor der Mündung dieses Schleussengrabens ward 1530 die Bergedorfer Schleusse erbaut, (*Klefeker*, Hamburgische Gesetze. B. XI. S. 290). Als Folge dieser Abdämmung der Unterbille von der Elbe konnte beim Mangel einer Spülung die Verschlickung des Hamburger Hafens nicht ausbleiben. Welche grosse Anstrengungen und Vorkehrungen die Hamburger getroffen, um ihren Hafen im schiffbaren Stande zu halten, kann bei Hübbe nachgesehen werden. Durch verschiedene Durchstiche ward eine Spülung wieder zu Wege gebracht.

8) Die jetzige grosse Insel Wilhelmsburg ist aus den Trümmern des Gorieswerders und verschiedenen hinzugekommenen Marschflächen nach und nach wieder zusammengedeicht worden. Durch die zunehmende Verlandung der Drögen Elbarme war es ermöglicht worden, dass man 1600 die Inseln Rothe-

haus und Reisherstiegsland mit dem Stillhorn zusammendeichte, indem man über das dazwischen liegende alte Dröge-Elbbett und die in demselben entstandene Landfläche, der s. g. Bauwiese, an beiden Enden Dämme legte. 1612 ward auch der jetzt Georgiuswerder genannte Theil des alten Gorieswerders mit Stillhorn und Rothenhaus zusammengedeicht, indem man durch das hier noch verbliebene alte Elbbett, in dem die Verlandungen der Hövel entstanden waren, am oberen und unteren Ende Dämme legte. 1623 ward der Kirch- oder Neuhof mit dem Ross durch einen Deich verbunden. In das 18te Jahrhundert fällt die Zusammendeichung der Kaltenhofe, der Peute und der Kleinen und Grossen Veddel mit Wilhelmsburg. Endlich ward 1852 ein bedeutender Theil bis dahin unbedeichter Inselflächen an der Norderelbe, Hamburg gegenüber, mit Winterdeichen umgeben und an die Veddeler und Wilhelmsburger Deiche angeschlossen. — Der Grevenhof, welcher sicherlich einst auf dem Gorieswerder lag, hat nicht wieder eingedeicht werden können. Denn die zwischen ihm und dem Ross belegenen Flächen des Gorieswerders sind so zerstört worden, dass das Hauptbett der Norderelbe sich hier hinzog, wogegen das frühere Flussbett zwischen dem Grevenhof und dem Grasbrook von dem letzteren aus zulandete.

9) Schliesslich fassen wir noch einige Eindeichungen zusammen, die wir nicht wohl anderswo unterbringen konnten.

a) Die Moorburg (Gliedesmoor) ward 1600 mit dem Altenlande zusammengedeicht.

b) Die Gammelbe zwischen der Billwerderinsel und den Spadelander Aussenländereien ward 1828 abgedämmt, und von der Spitze der Billwerderinsel aufwärts bis zum Spadelander Deich ein zusammenhängender Kajedeich hergestellt, der das Wasser und die Strömung in der Norderelbe auch bei höherem Wasserstande zusammenhält.

c) Längs der Westseite des Reiherstieges hat Hamburg 1842 einen Kajedeich von Ross bis an die Norderelbe gelegt und dadurch die dortigen kleinen Stromarme schliessend, die ganze Inselgruppe zwischen Reiherstieg und Köhlbrand in Zusammenhang gebracht. Im Anschluss an diesen Damm entstand im Norden des Grevenhofes auf dem, durch das Schrattloch (die jetzige Mündung des Reiherstieges) von dem östlichen Theile getrennten, westlichen Theile des kleinen Grasbrookes und auf dem Grevenhofe gehörigen Nordersande durch Aufhöhung mit Baggererde der schon jetzt zu einem dicht bevölkerten Districte gewordene Steinwerder.

Zu Seite 84. Note 2.

Erman (Reise um die Welt I, 1. S. 307. 327. 330) entdeckte übrigens, dass die Agrippaeer (von ἄγριος wild und ἵππος Pferd) des Herodot die heutigen Baschkiren im Uralgebirge sind, welche noch jetzt dieselbe Lebensweise führen, wie Herodot sie beschreibt.

Zu Seite 96.

Nach Gens fand in alter Zeit eine Verbindung zwischen dem Aralsee und den Seen Ak-sakal, Sarykupa, dem Ulu-Turgai, dem Taran-Becken und dem Tschagli-See Statt. Es ist gleichsam eine Furche, die man von S.W. nach N.O. jenseits Omak zwischen Irtysch und Obi verfolgen kann, zuerst quer durch die Baraba-Steppe (mit Seen, die durch die Kultur ausgetrocknet worden) und dann nördlich jenseits Surgut durch die Sümpfe der Samojeden im Osten Berezoffs bis zum Eismeer (*A. Bastian*, Das Beständige in den Menschenrassen und die Spielweite ihrer Veränderlichkeit. Berlin 1868. S. 44. Note).

Es hat ferner die wissenschaftliche Expedition, welche die russische Armee in Mittelasien begleitete, unter andern uns auch das Gebirge Alantau kennen gelehrt, welches eine Fortsetzung des Thianschan, des Himmelsgebirges, gen Westen ist und die Steppe der schwarzen Kirgisen gen Süden begränzt. Es ist ein über 12,000 Fuss hoher Gebirgskamm, dessen Spitzen nur einige 1000 Fuss über ihn emporragen. Seine Schneegränze liegt bei 12,000 Fuss. Gegenwärtig besitzt er keine Gletscher, hat sie aber einst besessen. Die Spuren ehemaliger Gletscher, ungeheure Moränen, reichen nicht tiefer als etwa 2500 Fuss hinab und die Schneelinie lag in der Gletscherperiode wahrscheinlich 8000 Fuss hoch, d. h. 4000 Fuss tiefer als jetzt (*Koner*, Zeitschrift für Erdkunde B. III. S. 437.) Daraus folgt, dass das Gebirge damals ein viel feuchteres Klima gehabt haben muss, welches wiedrum nur möglich gewesen, wenn die sibirische Tiefebene noch unter Wasser gestanden und das Eismeer bis hierher gereicht. Denn zur Gletscherbildung ist grade keine extreme Kälte nöthig, es bedarf dazu vielmehr der Wärme, um die Atmosphäre mit Wasserdunst zu überfüllen. Um die Schneegränze herabzudrücken bedarf es nur einer grösseren Verdunstungsfläche, einer grossen Wasserbedeckung des Tieflandes und eines reichlicheren Niederschlages in der kälteren Jahreszeit. Ssäwerzow hat überdiess nachgewiesen, dass die geographische Verbreitung der Fische eine vormalige Verbindung der centralasiatischen Binnenseen mit dem Eismeere beweisen. An Fischen sammelte derselbe etwa 50 Arten in den aralokaspischen Gewässern, d. h. in den beiden genannten Seen und ihren Zuflüssen, im Balchasch, in den Steppenseen und in den in die Steppe sich verlierenden Flüssen. Die ichthyologische Fauna dieser Gewässer bestätigt nun aber die geologischen Schlüsse von dem ehemaligen Verbande derselben unter einander und mit dem Polarmeer, sowie von ihrer stufenweise erfolgten Trennung (*Koner* l. c. S. 441.) Siehe S. 95.

Zu Seite 97.

Im Gouvernement Astrachan findet man 129 Salzseen, von denen 32 auf Kochsalz benutzt werden. Um Kistiar im Gouvernement des Kaukasus werden von 21 Salzseen 18 ausgebeutet. Ueberhaupt ist der ganze Boden längs des Kaspischen Sees von der Wolga bis zum Terek so mit Salz beladen, dass nur wenige und zwar Salzpflanzen dort wachsen. Alle diese Thatsachen beweisen, dass diese ungeheure Ländermasse einst Meer gewesen, dessen Boden noch nicht einmal überall über das Nivean des Weltmeeres erhoben ist. Der Eltonsee soll noch 14 Fuss unter dem Meeresspiegel liegen. Die Salzseen der grossen Kirgisensteppe bestätigen diese Ansicht (*Mohr*). Die Erscheinung des allmähligen Austrocknens, welches an den Aralufern wahrgenommen, kehrt überall in der Steppe wieder. Die Kirgisen wissen, dass manche Rosenkranzseen früher nur ein einziges Becken füllten (*Bastian* l. c.). Was nun die Trennung dieser grossen Wasserbassins, des Aralsee, des Kaspischen und Schwarzen Meeres theils unter sich, theils von dem Eismeer und dem Mittländischen Meere betrifft, so sonderte sich nach Ssäwerzow zuerst das Steppenbassin vom nördlichen Eismeer, dann trennte sich der Balchasch ab. Darauf ging die Trennung des Schwarzen Meeres vom Kaspischen und die Vereinigung des ersteren mit dem Mittländischen vor sich, zuletzt wurde der Aralsee und das Kaspische Meer von einander gerissen. Auf eine solche Folge der Ereignisse deuten die bis jetzt bekannten, allerdings spärlichen Thatsachen, welche über den Verwandtschaftsgrad der ichthyologischen Fauna dieser Wasserbecken und ihrer Zuflüsse gesammelt sind. Dass das Schwarze Meer erst nach seiner Ablösung vom Kaspischen mit dem Mittländischen in Verbindung trat, wird nach Ssäwerzow deshalb anzunehmen sein, weil dem Kaspischen Meere alle Fische fehlen, die das Schwarze Meer aus dem Mittländischen entlehnt hat (*Koner* l. c. S. 441.) Diese Schlussfolgerung ist aber eine falsche. Denn aus der Thatsache, dass das Kaspische Meer keine Fische enthält, welche von dem Mittländischen ins Schwarze Meer eingewandert sind, folgt nur, dass die Verbindung dieser beiden letzten Wasserbecken nicht vor der Trennung des Schwarzen von dem Kaspischen stattgefunden. Dagegen kann sehr wohl die Trennung des Kaspischen Meeres vom Aralsee und die Verbindung des Schwarzen Meeres mit dem Mittländischen gleichzeitig stattgefunden haben, so dass jene Trennung durch vulkanische Hebung des dazwischen liegenden Landes die Ursache wurde zum Durchbruch des Isthmus bei den Dardanellen (S. 98) und als Folge durch Senkung des bis dahin weit höher stehenden Spiegels des Kaspischen und Schwarzen Meeres die Trennung dieser beiden herbeiführte. Denn während dieser Katastrophe werden keine Fische aus dem Mittländischen Meere, weder ins Schwarze noch in das Kaspische Meer eingedrungen sein, da namentlich das letztere ja eben von dem Schwarzen in der Scheidung begriffen war. Uebrigens wird die Trennung des Kaspischen Meeres vom Aralsee nur eine theilweise gewesen sein, im Süden müssen sie noch in Verbindung gestanden sein, weil das klassische Alterthum sie hier noch in Zusammenhang gekannt hat. Ihre völlige Trennung wird erst viel später durch Verdunstung ihrer Wassermasse allmählig eingetreten sein.

Zu Seite 104.

(am Schluss des §. 23.)

Was die Schwentine betrifft, so entspringt sie am südwestlichen Abhange des Bungsberges, tritt in den Stendorfer See und geht durch den Sibbersdorfer, Grossen Eutiner, Keller-, Diek- und Behler, Grossen Plöner-

und Lanker See und mündet unterhalb Neumühlen in den Kieler Meerbusen.
Bei einer Länge von 8 Meilen hatte der Fluss 1809 ein Entwässerungsgebiet
von 176 Seen, jetzt aber nur noch von gegen 70. Aus diesem Verlaufe der
Schwentine durch die genannten Seen folgt, dass die Meereshöhe ihrer Spiegel
von dem Stendorfer bis zum Lanker See allmählich abfällt. Es liegt nämlich
über der Ostsee der Spiegel

des Stendorfer Sees . . . . 116 Fuss,
» Sibbersdorfer Sees . . . . . . 100 »
» grossen Eutiner Sees . . . . 96 »
» Keller Sees . . . . 86 »
» Diek u. Behler Sees . . . . . 82 »
» grossen Plöner Sees . . . . . 80 »
» Lanker Sees . . . . 73 »

Ausser einigen lehmigen Anschlüssen z. B. östlich vom Keller-, nördlich
vom Diek- und grossen Plöner See sind fast alle Seen von Sandboden begleitet. Das Ausgebreitete dieser Erscheinung lässt auf eine gemeinsame
Ursache schliessen. Diese dürfte, wie man vermuthet hat, theilweise darin
zu finden sein, dass alle jene Seen früher nur einen grossen See gebildet
haben. Diesen alten Schwentiner See würde man noch wiederherstellen können,
wenn man beim Rastorfer Park eine Stau anlegte. Erreichte diese 78 Fuss,
dann würde das Wasser im grossen Plöner See 50 Fuss steigen, also 50 + 80
= 130 Fuss über dem Ostseespiegel stehen und folglich würde dasselbe im
grossen Eutiner See 130 — 96 = 34 Fuss und im Stendorfer See 130 — 116 = 14 Fuss
steigen. Die Gränze dieses hypothetischen Schwentiner Sees liesse sich ungefähr
durch eine Linie bezeichnen, welche folgende Orte berührt: Rastorf, Preetz,
Wilhelminenhof, Wielen, Wittmold, Görnitz, Timmdorf, Gremsmühlen, Malente,
Sielbeck, Nüchel, Wüstenfelde, Fissau, Sibbersdorf, Eutin, Gremsmühlen,
Nieder-Cleveez, Bosau, Muggesfelde, Stocksee, Nehmten, Ascheberg, Dörnick,
Kühren, Bundhorst, Schmalsee, Bornhövd, Nettelau, Depenau, Pohnsdorf und
Rastorf. In Folge des höheren Wasserstandes dieser Seen würde das Wasser
dann auch über die niedrigsten Puncte der drei benachbarten Wasserscheiden
fliessen, die in derselben Höhe von 130 Fuss über der Ostsee liegen, nämlich
bei Görnitz in die nach Lütjenburg fliessende Kossau, westlich von Neudorf
bei Eutin in die Schwartau und beim Muggesfelder Moor in die Trave. An
vielen Seen, namentlich dem Eutiner und Plöner erkennt man die vormaligen
Ufer solcher hoher Wasserstände, weshalb die beim jetzigen Rastorfer Park
durchbrochene Höhe nicht viel niedriger als 130 Fuss gewesen sein kann.
(*Bruhns*, Führer durch die Umgegend der ostholsteinischen Eisenbahn. Eutin
1868. S. 8 und 13.)

Da nun nachgewiesen ist, einmal die Thatsache, dass das ganze östliche
Holstein in der jetzigen Erdperiode gehoben worden und zweitens das Factum,
dass die Ufer mehrerer Landseen, namentlich des Eutiner und Plöner Sees
Merkmale zeigen, die auf einen höheren Wasserstand in früherer Zeit hinzu-

deuten scheinen, so liegt es nahe, sich die Frage vorzulegen, ob nicht beide
Erscheinungen, die Hebung des Landes und der angeblich einst höhere Wasserstand der Landseen in Einklang mit einander zu bringen sind. Es ist nun
aber einleuchtend, dass, wenn eine Hebung des ganzen östlichen Holsteins
stattgefunden, die Wasserstandslinien der Landseen auch müssen gehoben
worden sein, ohne dass das Wasser der See früher ein höheres Niveau braucht
eingenommen zu haben. Es ist also die Bruhns'sche Hypothese von einer
Stauung des Wassers und von dem Durchbruche eines hypothetischen Schwentiner Sees bei Rastorf ganz überflüssig, da Newtons Grundsatz: causæ non præter
necessitatem multiplicandæ, auch hier seine Gültigkeit behält. Durch eine
genauere Untersuchung der früheren Wasserstandslinien der Landseen wird
sich daher wohl auch ergeben, dass diese Linien in den verschiedenen Seen
in verschiedener Höhe über dem Ostseespiegel liegen und daher auch in einem
und demselben grösseren Landsee nicht vollkommen horizontal verlaufen, was
doch der Fall sein müsste, wenn ein höherer Wasserstand früher stattgefunden hätte.

<h3 style="text-align:center">Zu Seite 111.</h3>

Ueber das Verhältniss der Diluvial- zu den Alluvialbildungen in Schleswigholstein hat sich der um die Geologie des Landes wohlverdiente
Dr. *Meyn* (Ecker und Lindenschmit, Archiv für Anthropologie B. 3. S. 32 fg.)
eingehend ausgesprochen. Das Hochland Schleswigholsteins besteht aus einem
älteren, mittleren und jüngeren Diluvium. Das erste ist frei von Steinen;
das zweite hat eine ausgeprägte Gletscherbildung mit Steinen jeglicher Grösse;
das dritte eine Eisschollenbildung mit einzelnen erratischen Blöcken. Im
Osten der Herzogthümer bildet das Hochland ein zusammenhängendes Plateau
bis an die Meeresküste, nur durchschnitten von jüngeren Alluvialbildungen
am Rande der Bäche und in den kesselförmigen Einsenkungen. Nach Westen
hin gehen vom Rande dieses Plateau, am sog. Rücken des Landes, die Dilu-
vialbildungen, wie Landzungen breiterer oder schmälerer Art in die Meeresfläche, in eine schwach gegen Westen geneigte, sehr ausgeprägte Ebene hinaus, welche nur durch diesen Rücken und durch inselförmig gruppirte Erhe-
bungen gleicher Art unterbrochen wird und bis an die Meeresniederung her-
anreicht. Dieses Blachfeld ist das alte Alluvium. Vielfach beginnt dies
Terrain in gleicher Meereshöhe wie die Gipfel des Hochlandes und senkt sich
von da überall bis an den Meeresspiegel nach der westlichen Küste, sö dass
die Breite des Landes den Grad der Neigung bestimmt. Auf 6—8 Meilen
wird meistens ein gleichmässiger Fall von 60—70 Fuss vorhanden sein. An
andern Stellen beginnt das obere Ende in einer Einbuchtung des Hochlandes
mit einem flachen See oder Torfmoore. In diesem westlichen Gebiete sind
alle Flussthäler ins Blachfeld des alten Alluviums eingeschnitten und berühren
nur an sehr vereinzelten Stellen das Hochland des Diluviums selber. Diese
Flussthäler sind mit sandigem und moorigem jüngeren Alluvium gefüllt,
in denen der Fluss seine Sergentinen eingeschnitten hat, die er von Zeit zu
Zeit wechselt.

Idealprofil des älteren Alluviums quer über ein beliebiges westöstliches Flussthal, von Süden nach Norden.

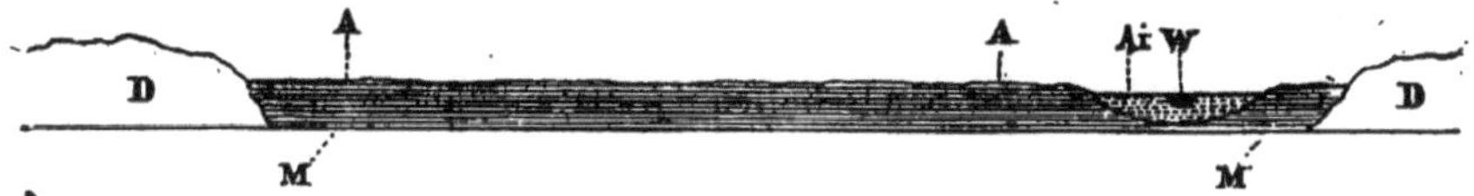

Dasselbe vom Hochlande bis zur Westsee, von Osten nach Westen.

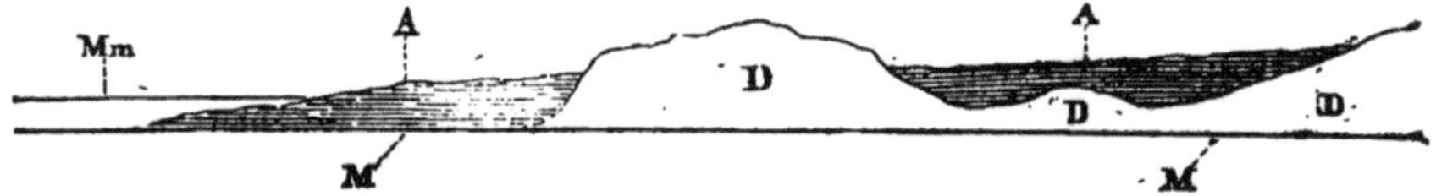

D bedeutet Diluvium, A älteres Alluvium, Ai jüngeres Süsswasseralluvium, M den Meeresspiegel, Mm die Marsch oder jüngeres Meeresalluvium, W ein Flussbett.

Der Abhang des Diluviums gegen das ältere Alluvium ist theils eine sanfte Böschung, theils ein steiler Abbruch, wie eine Meeresküste, ein sog. Klint, vielleicht nirgends deutlicher zu sehen, als bei der Ortschaft Klint im Amte Segeberg. Da nun an vielen Stellen der Niveau-Unterschied nur drei oder vier Fuss beträgt und beinahe verschwinden kann, so muss man von einer ausgeprägten Stelle, wie bei Klint ausgehend, den fortlaufenden Rand des Hochlandes auch da, wo er niedrig wird, beobachten, um das Auge für die allgemeine Auffassung dieser Situation zu schärfen. Wenn man vergisst, dass meilenweite horizontale Ausdehnung und nur vertikale Niveau-Unterschiede von 10—20, höchstens 70—80 Fuss in Betracht kommen, so hat man ein genaues Abbild der Verhältnisse in den Gebirgsthälern, wo ebenfalls das Flussbett mit seinen neueren Alluvionen in einem älteren Alluvium eingebettet ist, während dieses die ganze Breite des Thalgrundes füllt. Man braucht aber nur einmal gesehen zu haben, wie klein in Norddeutschland die Räume des Hochlandes in dem ungeheuren Blachfelde des meilenbreiten Alluviums sind, um den Gedanken an eine lokale Ausbildung dieses Alluviums gänzlich aufzugeben und es als das Resultat einer allgemeinen Meeresbedeckung zu erkennen. In der That haben auch die mannigfaltigsten Beobachtungen dahin geführt, dass dieses ältere Alluvium nicht blos gleichaltrig, sondern sogar vollkommen identisch ist mit der holländisch-belgischen Campine und der Mecklenburgischen Haideebene. Andre Zeichen als die Allgemeinheit der Ablagerung und die Beschaffenheit des Niveau hat das Meer von seiner Thätigkeit und seinem Dasein nicht zurückgelassen. Petrefacten kommen nicht vor, aber eine Thalanfüllung, welche bald auf 100 Fuss Breite eingeschnürt ist und eine viertel Meile weiter drei oder vier Meilen breit wird, ohne von Bergen überragt zu sein, konnte nur das Meer selber bewirken. Die Schichten dieses älteren Alluviums sind völlig ungestört, und da der Grad der Neigung auf den kleinen Entfernungen einer Entblössung überall verschwindet, erscheinen sie horizontal in jeder Richtung. Sie bestehen in der Nähe des Meeres theilweise aus dem, was Forchhammer Sandmarsch genannt hat, in den oberen Regionen aus Forchhammers Haidesand und einem Theile seiner Ahlformation, vielfach aus einem völlig steinfreien Sande, daher fast auch alle Binnenlandsdünen oder Sandschollen daraus entstanden sind. An manchen Stellen ist der Sand bis in grossen Tiefen humusreich, vielfach auch mit einer 1—2 Fuss mächtigen versumpften Torflage überdeckt, und an diesen Stellen die eigentliche Heimath des Raseneisensteins. Gerölle und Geschiebe von irgend einer Ausdehnung werden nicht darin gefunden. Wo dasselbe scheinbar darin verwebt ist, erkennt man bald einen verschlissenen Gipfel des darunter liegenden Diluviums. Meilenweite Strecken sind ohne jeglichen Stein; wo Steine auftreten, sind es meistens Feuersteine bis zur Grösse eines Taubeneies, aber niemals in ihrer ursprünglichen Knollenform, sondern mehr oder weniger stumpfkantig, zerbrochen und in den Kanten etwas durch Wasser geglättet, meistens bis auf ein Drittel der Dicke braun gefärbt durch Eisenoxyd und durch humöse Infiltrationen in die scheinbar so dichte Substanz.

Zu Seite 118.

Von welchem Einfluss die Bewaldung auf den Feuchtigkeitszustand des Landes ist, das hat ein Experiment im Grossen uns gelehrt. In Oberägypten regnet es nie, im Nildelta zählte man früher nie mehr als 5—6 Regentage jährlich. Als nun aber Mehemet Ali auf dem Delta 20 Millionen Bäume pflanzen liess, so betrug einige Jahre später, als die Bäume gewachsen, die mittlere Zahl der Regentage 5—6 auf 40 Tage. (Der Naturforscher, herausgegeben von *Sklarek*, 1868. Nr. 42. S. 341.)

Zu Seite 119.

(am Schluss des §. 25.)

Die Flora Schleswigholsteins gehört übrigens jenem Gebiete der mitteleuropäisch-nordasiatischen Ebenenflora an, welches am Westrande des atlantischen Meeres und am Nordfusse der Pyrenäen beginnend, in grosser Gleichförmigkeit sich tief nach Norden hinein bis nach Ostsibirien erstreckt. Sie wird characterisirt durch die Waldungen von Nadel- und sommergrünem Laubholz und durch dazwischen auftretende natürliche Wiesen- und Weideflächen mit kurzem Grase: die Buche, die Eiche, die Föhre, die Rothtanne und das Haidekraut sind die Characterpflanzen dieser Region. Das Klima ermöglicht durch eine längere warme Periode den Baumwuchs, erhält durch die über das ganze Jahr vertheilten wässrigen Niederschläge die Grasnarbe frisch, schliesst aber durch einen unter den Nullpunkt sinkenden Winter das Gedeihen immergrüner Laubhölzer und andrer südlichen Formen fast ganz aus. Es ist die Flora, deren Züge von Keinem so tief verstanden, von Keinem so sinnvoll in Landschaften dargestellt sind, als von dem grossen Ruysdael, eine Flora, welche allem Anschein nach in dem gemässigten Nordasien ihr Schöpfungscentrum, den Ausgangsort ihrer Wanderungen gehabt hat. (H. Christ. Ueber die Pflanzendecke des Juragebirges. Basel 1868. S. 11. u. 18.)

Zu Seite 121.

Die Rennthierscelette aus den schonischen Mooren gehören, einer anderen Species an, als das lappländische (Nilsson). Jene Species lebte in einem minder kalten Klima und dadurch wird der Anstoss beseitigt, dass zu Cäsar's Zeiten das Rennthier noch in Deutschland gelabt hat, welches, wenn auch kälter als jetzt, doch kein lappländisches Klima gehabt haben wird. Nach den norwegischen Hochalpen ist das Rennthier in einer verhältnissmässig viel späteren Zeit über Finnland hingekommen. Denn das wilde Rennthier macht weite Reisen (*Blasius*, Reise in Russland I. S. 265.)

Zu Seite 122.

Nilsson fand aber nie in demselben Torfmoor die Scelette von Ur und Bison beisammen. Noch jetzt herrscht zwischen dem Bison in Lithauen und dem zahmen Rind eine unüberwindliche Feindschaft. Nie paart sich der Bisonstier mit einer zahmen Kuh; er spiesst sie mit den Hörnern, bis sie erliegt (*Nilsson*, Das Steinalter. Hamburg 1868. S. 183 Note*) Der Ur hat jedenfalls im Bronzealter in Scandinavien gelebt, denn eine bronzene Kriegstrompete (*Nilsson*, Das Bronzealter. S. 144. Taf. IV. Fig. 50.) ist offenbar dem Horn eines Ur nachgebildet.

Zu Seite 123.

Ueber die verschiedenen vorhistorischen Rinderarten und deren Verhältniss zu den noch jetzt existirenden theilen wir nach Rütimeyer das Wesentlichste mit. Der Schädel der Kühe repräsentirt weit getreuer den Typus ihrer Rasse, als der Ochsenschädel. Besonders characteristisch ist die Occipital-Ansicht des Schädels.

1. Die Primigeniusrasse ist der gezähmte Ur. Die Stirnfläche ist vollkommen eben, mit gradlinigem, in der Mitte kaum ausgeschweiften Hinterrande. Sie läuft beiderseits ganz flach in die Hornstiele aus, deren Wurzel sowohl seit- als rückwärts kaum aus dem Umriss der Fläche der Stirn heraustritt. Auch die Augenhöhlen ragen seitlich nicht über den Hornansatz hinaus. Die Supraoccipitalfurchen verlaufen, scharf ausgeschnitten, fast der Mittellinie der Stirn parallel. Die Hornzapfen sind- cylinderisch und erheben sich rasch in regelmässiger Halbmondbiegung nach oben, fast ohne aus der verticalen Fläche hinauszutreten, in der sie sich von Anfang an befanden. Aus sehr compacter Knochensubstanz bestehend, haben sie tiefe und scharf gezeichnete Längsfurchen, namentlich am hinteren Umfange. Die Hornscheiden zeigen noch feinere Biegungen der Hörner an und zwar dieselben, welche an den Hornzapfen von Bos primigenius und häufig bei langhörnigen zahmen Rassen dieses Ursprungs noch stärker ausgeprägt sind: erst eine schwache Rückwärtskrümmung, dann etwas nach vorne, bis endlich die Spitze wieder rückwärts schauen, im Allgemeinen also eine Art von leierförmigem Umriss, obgleich nicht in einer und derselben Vertikalebene. Zwischen den Augenhöhlen, die auch nach oben sich nicht über die Stirnfläche erheben, ist diese letztere schwach vertieft. Sehr characteristisch ist die Occipitalfläche 'die

vertical liegt, rechtwinklich zur Stirn und auffallend flach ist. Der occipitale Theil derselben unterhalb des Schläfeneinschnittes ist von querovalem Umriss mit wenig vorragenden Seitentheilen. Weit characteristischer ist der dem eigentlichen Occiput aufgesetzte Stirnwulst. Er ist nach oben vollkommen horizontal abgegränzt und bildet eine vertical gestellte niedrige Zone von einem Hornstiel zum andern, die nur in der Mitte im Bereich des Interparietale seicht ausgehöhlt ist.

Die Primigeniusrasse von Norddeutschland und Holland fehlt jetzt der Schweiz, in einer Form wenigstens. Ihre letzten Spuren finden sich in Vindonissa. Zu dieser Rasse gehört das weisse Rindvieh Englands und die grosshörnigen Rassen von Ungarn, Podolien und Italien. Die Höhlen Südfrankreichs von Bédeilhac und Niaux bei Tarascon besitzen eine sehr ausgeprägte Primigeniusform. In dem Knochenlager von Warteberg in Hessen (*Claudius*, Mittheilungen über ein Knochenlager, 1861) kommen Knochen von der gezähmten Primigeniusrasse vor (*Rütimeyer*).

2. Die Trochocerosrasse. Der Schädel derselben unterscheidet sich von dem des Bos primigenius nur durch die Hörner, welche in einfachen, fast halbkreisförmigen Bogen in der Ebene der Stirn d. h. in horizontaler Ebene verlaufen und einen stark von oben nach unten deprimirten Durchschnitt zeigen. — Alle Ueberreste stehen an Grösse hinter dem Bos primigenius zurück und gehören zahmen Thieren an. Diese Rasse ist nur auf einem sehr beschränkten Raum in früher Zeit bekannt. Sie ist in Concise und Chevroux am Neuenburger See, zu La Tène und Moosseedorf und an verschiedenen Puncten Deutschlands gefunden und kaum verschieden — ausser der um ein Drittel geringeren Grösse — von der von H. von Mayer aus dem Diluvium von Arezzo bei Siena bekannt gemachten Art. — Die Trochocerosform ist eine Modification der Charactere vom Primigenius, die besonders bei weiblichen Thieren vorkommt. Es ist keine Species, sondern eine Zwischenstufe zwischen der weiblichen Form des wilden Primigenius und dem nur im zahmen Zustand bekannten Bos frontosus. Die Trochocerosrasse verschwindet gleich wie die Primigeniusrasse später aus der Schweiz.

3. Die Frontosusrasse. Die Oberfläche des Schädels ist in Länge und Breite ausgedehnter und durchweg sehr uneben; bei horizontaler Stellung des Schädels steigt sie continuirlich bis zum Stirnwulst an, so dass die Oberfläche mit dem Occiput einen spitzen Winkel bildet. Die Stirnfläche fällt nach beiden Seiten dachförmig ab. Im hinteren Theil läuft die Stirn in ähnlich geneigte, sehr auffällige Hornstiele aus, über deren Ursprung das Occiput in der Mittellinie noch stark nach hinten hinausragt. Das Os interparietale, dessen grosse Ausdehnung hauptsächlich den hohen Stirnwulst bildet, kommt auf der Schädeloberfläche ansehnlich zu Tage. Die Hörner sind seitwärts gerichtet, stark abgeglattet, meist mit stark ausgebildeter, oft scharfer Kante am hinteren Rande. Mit dem Alter flacher werdend, sieht man bisweilen fast bandartig platte Hörner. Im weiteren Verlaufe erheben sich die Hörner kaum

über die Stirnfläche und biegen sich schliesslich mit der Spitze einwärts oder auch rückwärts. Die dachförmige Erhebung der Stirn nimmt nur die hintere Hälfte ein. Denn nach vorne treten die Augenhöhlen, stark und umfangreich gewölbt über die Stirnfläche vor, und zwischen ihnen an der Nasenwurzel ist die Stirn eingedrückt. Das ganze Hinterhaupt ist sehr stark in die Quere gestreckt, und namentlich im Schläfentheil sehr ausgedehnt. Der aufgesetzte Stirnwulst zeigt hier seine bedeutende Wölbung und das dachförmige Abfallen von der Mittellinie beiderseits abwärts bis in die Hornstiele; der Schläfeneinschnitt wird dadurch sehr verengt; die mittlere interparietale Ausbuchtung des Stirnwulstes ist tief und von stark vortretenden Rändern umgränzt.

Der Frontosus kömmt nur gezähmt vor und zwar im Gebiete des wilden und zahmen Primigenius. In der Schweiz hat der Frontosus den Primigenius verdrängt. Das Fleckvieh des Simmerthals und von Freiburg hat sich nach Deutschland verbreitet. Es nimmt jetzt mehr als die Hälfte der Schweiz ein, fehlte aber hier in der vorhistorischen Zeit, wo diese Rasse in Scandinavien und England existirte. Im Gebiete, wo jetzt der Primigenius gefunden wird (im Steinalter Südfrankreichs und den vorhistorischen Ablagerungen Italiens) scheint der Frontosus zu fehlen. Der Primigenius geht durch die Trochocerosrasse in die Frontosusrasse über. Die vorragendsten Eigenschaften des Frontosus sind Merkmale des Jugendalters. Die Gestalt der Hörner verharrt auf der Stufe des weiblichen Primigenius. Der Schädel des Frontosus vertritt einen Entwicklungsstillstand in der Bahn des Primigenius. Die Frontosusrasse ist also eine aus dem Primigenius hervorgegangene Kulturrasse. Ein Schädel aus dem Pfahlbau von Gägelow bei Wismar bot neben dem allgemeinen Gepräge des Primigenius einige Merkmale dar, welche sonst den Frontosus characterisiren.

4. Die Brachycerosrasse wird characterisirt durch kleine Statur, kleinen Kopf, mit kurzen, stark nach vorne gekrümmten Hörnern, hirschförmig hervortretenden Augenhöhlen, schlanken Körperbau und dunkler Hautfarbe. Die Oberfläche des Schädels ist sehr uneben, indem die Stirne in ihrem hinteren Theile eine dachförmige, doch weit weniger ausgedehnte, mehr kantige Wölbung hat, deren Gipfel weit über die übrige Occipitalkante hinausragt. Die Hörner sind sehr dicht eingesetzt, ohne Hornstiel, den hinteren Theil der Stirn verengend. Sie sind cylindrisch, relativ kurz, stark kegelförmig, nicht selten an ihrer Wurzel etwas dünner, wie eingeschnürt, und krümmen sich von Anfang an nach aussen und oben. Die Spitzen richten sich bald nach vorne, bald nach hinten. Das Hinterhaupt ist weniger in der Quere ausgedehnt, im occipitalen Theile ähnlich gebildet wie beim Primigenius; die Stirnwulst zusammengedrückt, mit kurzem, steilen, tief ausgehöhlten, stark vortretenden Interparietalbein; der Schläfeneinschnitt eng.

In der Schweiz war im Steinalter die Torfkuh sehr verbreitet. Sie herrscht vor in den ältesten Pfahlbauten (Moosseedorf, Wangen). In Concise, Wanwyl und Meilen scheint ihr die Primigeniusrasse gleichzukommen, in

Robenhausen sie zu übertreffen. In der Ostschweiz ist sie in der späteren Steinzeit stark gemengt oder fast verdrängt von der Primigeniusrasse, dagegen hält sie sich in der Westschweiz bis in die Römerzeit vorwiegend. Die Brachycerosrasse, das Braunvieh der Schweizer Bergschläge, kommt an vielen Orten Deutschlands, am meisten in Nordafrika (Algier) vor. Die Brachyceros- und Primigeniusrasse ist auch gefunden in den Terramaren Italiens (Casaroldo, Castione) und in den Gräbern der etruskischen Necropole Marzabotto bei Bologna. Der Bos brachyceros und der Bos frontosus kommen nicht nur im Torf, sondern auch in römischen Ablagerungen Englands häufig vor (*Wilde*, Ancient animals of Ireland. Dublin 1860. p. 29; *Blyth* im Dublin Quart. Journ. XIV. 1864. p. 149.). — Die Brachycerosrasse lässt sich nicht von dem Primigenius ableiten. Sie ist mindestens eben so früh, in der Schweiz sehr wahrscheinlich früher gezähmt, als der Primigenius. Es giebt Zwischenstufen zwischen ihnen. Neben den Schädelstücken grosser zahmer Primigenius-Thiere fand man in Robenhausen solche von weit geringerer Grösse, ausgezeichnet durch ungewöhnlich lange und schmale Stirn. In den Torfmooren Irlands fand man einen ähnlichen Schädel mit kurzen, stark gekrümmten Kugelhörnern und mit der Primigeniusform der Stirn. Aehnliche Schädel stammen aus belgischen Grabhügeln. Diese Mittelform findet sich auch in Wallis, dem Graubündtner Oberlande, Ober-Hasle und in Dänemark. Für die Mischung beider Rassen spricht Geschichte und Anatomie. Die Brachycerosform hat sich seit dem höchsten Alterthum an vielen Orten (den Pfahlbauten der Schweiz, den älteren Ablagerungen Mecklenburgs, Mährens und Italiens) neben der Primigeniusrasse vollkommen unabhängig erhalten, was gegen die Entstehung aus einer anderen Rasse spricht. Wir wissen nichts über den wilden Zustand der Brachycerosrasse. Auch von heutigen oder fossilen Wildrindern stammt diese Rasse nicht ab. Sie ist eine Species, deren Urstamm noch unbekannt ist, vielleicht aber in Afrika noch existirt.

Sinnstörende Druckfehler.

Seite III. Zeile 19 von oben lies **Metonomon** statt Metononom.

" 1. " 5 von unten " H. N. statt N. N.

" 2. " 4 " " " **Alveus** statt Alveu.

" 5. " 19 " " " **botnischen** statt botanischen und ebenso an mehreren Stellen.

" 5. " 6 " " " **Strandmarken** statt Standmarken.

" 6. " 4 von oben " 1865 statt 1805.

" 15. " 22 " " " **Plin.** statt Prien.

" 15. " 27 " " " **1527** statt 152,7.

" 16. " 3 von unten " **radix** statt rüdix.

" 16. " 25 " " " **Italer** statt Italen.

" 20. " 5 von oben " Dünen statt Dänen.

" 22. " 1 von unten " **Everschop** statt Everschon.

" 29. " 21 " " " **ihnen** statt ihren.

" 32. " 2 " " " **Gamsbüll** statt Gansbüll.

" 33. " 16 " " " **Pelwormharde** statt Peltwormharde.

" 41. " 18 " " " **plattgedrückte** statt glattgedrückte.

" 43. " 1 " " " forna statt forma.

" 52. " 11 " " fallen die Worte „als einer vorgeschichtlichen" weg; siehe hinten die Zusätze.

" 56. " 3 von oben lies **Bustorfer** statt Rustorfer.

" 56. " 11 " " " **Tidsskrift** statt Fidsskrift.

" 56. " 6 von unten " 13 statt 12.

" 57. " 5 " " " **sumunt** statt summunt.

" 57. " 6 " " " **bubus** statt bubos.

" 58. " 10 von oben " **Böml** statt Bömle.

" 90. " 19 " " " **Klein-Dannewerk** statt Klein-Danneweck.

" 91. " 13 von unten " Noër statt Méer.

" 101. " 14 " " " 80 statt 40.

" 101. " 33 " " " **Stendorfer** statt Steendorfer.

" 102. " 20 von oben " **Agrimesau** statt Argrimesau.

" 102. " 26 " " " **Süsswasserinsel** statt Südwasserinsel.

" 103. " 15 von unten " **Görnitzer** statt Görmitzer.

" 113. " 4 " " " 1039 statt 1139.

" 127. " 16 " " " ward er statt war der.

" 131. " 17 von oben " unde statt und.

" 145. " 19 " " " **Gamme** statt Gamma.

" 148. " 1 " " ⎱
" 148. " 11 von unten ⎰ " **Reiherstieg** statt Reisherstieg.

" 152. " 2 " " " **Serpentinen** statt Sergentinen.

    Fehler, wo ein Buchstabe ausgelassen oder versetzt, die Interpunktion fehlerhaft ist u. s. w. wird der Leser entschuldigen mit der weiten Entfernung vom Druckorte.